KB214393

기독교적 삶의 아름다움과 영광

The Beauty and Glory of Christian Living

ⓒ 2014 by Puritan Reformed Theological Seminary
Originally published in English under the title *The Beauty and Glory of Christian Living*
by Reformation Heritage Books, Grand Rapids, MI, USA.

This Korean edition is translated and used by permission of Reformation Heritage Books
through rMaeng2, Seoul, Republic of Korea.

This Korean Edition ⓒ 2020 by Reformed Practice Books, Seoul, Republic of Korea.

기독교적 삶의 아름다움과 영광

편집　　조엘 비키
옮긴이　　조계광
펴낸이　　김종진
초판 발행　2020. 11. 11.
등록번호　제2018-000357호
등록된 곳　서울특별시 강남구 선릉로107길 15, 202호
발행처　　개혁된실천사
전화번호　02)6052-9696
이메일　　mail@dailylearning.co.kr
웹사이트　www.dailylearning.co.kr

책값은 뒤표지에 있습니다.
ISBN 979-11-89697-14-3　03230

그리스도인의 삶의 개혁된 실천

기독교적 삶의 아름다움과 영광

조엘 R. 비키 편집 | 조계광 옮김

THE BEAUTY & GLORY
OF CHRISTIAN LIVING

개혁된실천사

목차

머리글

1637년 11월 21일, 청교도 목회자 새뮤얼 러더퍼드는 사랑하는 한 친구에게 보낸 편지에서 "세상 사람들은 우리의 삶을 알지 못한다. 그것은 그들에게 신비다."라고 말했다.[1] 그러나 러더퍼드처럼 "그리스도의 온전한 소유가 되어 그분 안에 온전히 거하는 것"[2]의 달콤함을 직접 경험해본 사람들에게는 기독교적 삶이 더할 나위 없이 아름답고도 영광스럽지 않을 수 없다.

이 책은 2013년에 "기독교적 삶의 아름다움과 영광"이라는 주제로 열린 "청교도 개혁주의 콘퍼런스"에서 전해진 강연들로 구성되어 있다. 우리는 이 강연들을 (1) 기독교적 삶과 그 신적인 뿌리,

---

1. Samuel Rutherford, *Letters of Samuel Rutherford*, ed. Andrew A. Bonar (London: Oliphant Anderson & Ferrier, 1891), 530.

2. Rutherford, *Letters*, 13.

(2) 기독교적 삶과 그 인간적인 가지, (3) 기독교적 삶과 세상의 풍랑이라는 세 부분으로 나누어 정리했다.

1부의 강연들은 기독교적 삶의 성경적 원천을 살피는 데 초점을 맞춘다. 마이클 바렛은 1장에서 골로새서 3장 1-17절에 대한 강해로 모든 강연의 방향을 설정한다. 그는 "그리스도 안에서 이루어지는 우리의 온전함과 복음에 대해 더 많이 알수록 삶 속에서 복음을 더 많이 경험하고 누릴 수 있다."고 말한다. 이안 해밀턴은 2장과 4장에서 이 주제를 좀 더 발전시킨다. 그는 "성령의 거룩하게 하고, 아름답게 하시는 사역이 정확히 무슨 의미인가?"라는 질문에 대답하며, "성령께서는 우리의 협력 없이는 죄를 죽이지 않으신다. 그분은 우리의 노력을 축복하시지만 우리의 나태함을 돕지는 않으신다."라고 결론지었다. 해밀턴은 4장에서 하나님이 자기 자녀들을 아름답게 하시는 수단들을 다룸으로써 이 개념을 더욱 발전시킨다. 그는 하나님의 아름답게 하시는 사역의 본보기는 예수 그리스도이시며, 하나님의 자녀들은 그분의 형상을 닮아간다고 결론짓는다. 존트위드데일은 3장에서 존 오웬의 "두 가지 기본적인 동기 : 하나님의 영광을 위한 열정과 인간의 영혼에 대한 깊은 동정심"에 초점을 맞춰 "영의 생각"이라는 주제를 다룬다.

2부는 "가정, 일터, 복음 전도"라는 세 가지 실천적인 영역과 관련해 신자들 가운데서 역사하시는 하나님의 사역을 다룬다. 조엘비키는 5장에서 결혼과 자녀양육에 관한 청교도 윌리엄 가우지의 실천적 관점을 다루면서 가정에 대한 성경적 이해와 관련해서는 청교도가 우리보다 훨씬 더 앞섰다고 지적한다. 윌리엄 반두드와드는 6장에서 베드로전서 2장 18-25절에 근거해 "일터에서의 그리스도 인"이라는 주제를 다룬다. 반두드와드는 "완전한 본보기이신 예수 님과 그분의 겸손한 고난"이 신자들에게 하나님의 영광을 위해 일할 수 있는 최상의 동기를 부여한다고 강조한다. 브라이언 나자푸르는 7장에서 그리스도를 믿는 신자들이 복음을 전해야 할 다섯 가지 이유와 복음 전도를 회피하기 위한 다섯 가지 변명을 다룸으로써 2부를 마무리한다.

마지막 3부는 인생의 시련과 고난의 와중에서 드러나는 기독교 적 삶의 아름다움과 영광을 다룬다. 제럴드 빌커스는 8장에서 "하나님의 용광로를 이상하게 생각하지 않아야 할" 열 가지 이유를 제시한다. 9장에서는 브라이언 크로프트가 성경이 가르치는 결혼을 설명함으로써 남자들이 생각해야 할 세 가지 교훈(음란한 여자를 피할 것, 아내를 즐거워할 것, 하나님을 두려워할 것)을 제시한다. 데이비드 머리는 10장에서 빌립보서 4장 8절에 기록된 바울 사도의 말에 초점을 맞춘다. 그는 예나 지금이나 신자들은 걱정과 염려로부터 자유롭지 못하지만 "바울은 우리의 마음과 생각을 철옹성처럼 굳게 지켜줄 상상 초월의 뛰어난 평화가 우리의 감정과 사고 속으로 유입되는 것들을 지켜줄 것이라고 말했다."라고 지적한다. 그리스도인들은 마음에 공급되는 것들을 바꾸도록 부름받았다.

브라이언 크로프트는 11장에서 마가복음 5장을 근거로 질병이나 고난이나 죽음에 직면했을 때 발견할 수 있는 희망에 관해 말하면서 "오직 주님만이 우리의 희망이요 기쁨이라는 것을 알고 주권자이신 우리의 구원자, 곧 우리의 질병은 물론, 심지어는 죽음의 상황까지도 능히 다스려 자기 백성을 유익하게 하고, 복음을 밝히 드러내며, 자신의 위대한 이름을 영화롭게 하시는 그리스도를 굳게 의지하자."라고 권고한다. 아울러 존 트위드데일은 마지막 장에서 사사기를 근거로 죄의 파괴적인 결과들과 포기를 모르는 하나님의 은혜를 다룬다.

이 책도 콘퍼런스에서처럼 기독교적 삶이 그리스도 안에서 값없이 주어진 하나님의 주권적인 은혜와 함께 시작하고 끝난다고 확언한다. 우리는 콘퍼런스를 계획하고, 이 책을 출판하는 데 도움을 준 모든 사람에게 감사한다. 또한 2013년 청교도 개혁주의 콘퍼런스에 참여했을 뿐 아니라 자신들의 강연을 출판하도록 허락해준 강사들에게도 심심한 사의를 표한다. 특히 "그리스도 안에서 하늘에 속한 모든 신령한 복을 우리에게 주시는"(엡 1:3) 성삼위 하나님께 겸손히 엎드려 감사드린다.

조엘 비키와 크리스 한나

1부

기독교적 삶과 그 신적인 뿌리

1장

믿음을 살아내는 삶 : 생명을 안에서 밖으로 드러내라

마이클 바렛

골로새서 3장 1-17절

신앙생활에 문제가 있는 그리스도인들이 많다. 믿음이 매력을 잃고, 초창기의 열정이 쇠퇴하고, 환상이 깨어진다. 어떤 사람들은 기독교를 단지 일련의 신념으로 여긴다. 어떤 사람들은 기독교를 엄격한 규칙으로 여긴다. 성공을 위한 새로운 운동이나 세미나는 대개 기독교적 삶에 대한 성경의 가르침을 옳게 이해하지 못해 불만을 느끼는 그리스도인들의 심리를 이용한다. 교리는 실천적 측면을 지니며, 성경 말씀은 믿음과 삶을 밀접하게 연관시킨다.

1세기 그리스도인들의 생각을 매료시켰던 진리들이 21세기 그리스도인들의 생각에는 별다른 영향을 미치지 못하는 것처럼 보이는 현상은 참으로 의아하다. 복음 안에는 삶을 올바른 길로 이끌고, 활기차게 만드는 능력이 있다. 기독교가 힘들고 단조롭게 보이는 이유는 그리스도인들이 복음을 무시하는 탓이다. 복음을 믿는 신앙이 진리 체계로 고양되고 응집되어 계속해서 현재의 믿음과 적용을 이끄는 원동력이 되기보다 한갓 지난날의 선택으로 축소될 때가 너무나도 많다. 그리스도인들은 삶의 모든 것을 정확히 그리스도께 초점을 맞춰야 한다. 그리스도와 그분의 십자가와 복음이 우리의 삶에 영향을 미쳐야 한다. 복음이 믿음의 실천을 이끄는 초점이 되어야 한다. 복음이 모든 죄를 가로막고, 경건의 길을 보여줄 수 있어야 한다. 복음에 대한 올바른 이해는 항상 복음 안에서의 올바른 삶으로 이어지기 마련이다.

골로새서 3장 1-17절은 그런 상관관계를 잘 보여준다. 바울은 골로새서 2장에서 그리스도 외에 다른 것을 통해 영적 만족과 성취를 얻으려는 시도에 대해 경고했다. 그는 그리스도의 신성과 인성을 통해 그분의 온전하심을 설명했고(9절), 또한 그분과의 연합을 통해 신자들이 그분 안에서 온전해진다는 것을 보여주었다(10절). "충만"과 "온전함"이란 용어가 동일한 헬라어 어근에서 비롯했다는 사실은 매우 의미심장하다. 바울의 어법은 진리의 경이로움을 강조한다. 우리는 다양한 형태의 종교의식이나 "자의적 숭배"(23절)를 통해서가 아니라 그리스도와의 연합을 통해 온전해진다.

바울은 골로새서 3장에서 보좌에 앉으신 그리스도와의 연합이라는 신학적 진리를 구축하고, 그리스도인의 생명을 안과 밖이라는 두 가지 관점에서 바라보았다. 그는 기독교적 삶의 원리를 규정하고, 그것을 실천하는 방법을 제시했다. 골로새서 본문은 신학이 어떻게 삶의 실천으로 발전하는지를 보여주는 대표적인 사례다. 찰스 스펄전은 골로새서 3장이 하늘에서 시작해서 부엌에서 끝난다고 말했다. 바울의 논리는 우리가 그리스도 안에서 온전해진다는 사실을 분명하게 보여준다.

따라서 나도 이 본문을 두 가지 관점(기독교적 삶의 원리와 방법, 곧 감추어진 생명과 드러나는 생명)에서 다룰 생각이다.

원리 : 감추어진 생명

바울은 처음 네 구절에서 영적인 삶과 경건한 삶에 없어서는 안 될 근본적이고, 본질적인 신학을 제시했다. 그는 그리스도와 신자의 연합이라는 객관적인 현실에 초점을 맞춰 그것이 지닌 심오하고, 신비롭고, 상징적이고, 생명력 넘치는 의미를 규명했다. 이 연합은 예수 그리스도 안에 있는 참 신자들 모두에게 똑같이 적용되지만 그것을 의식적으로 경험하거나 누리는 것은 개인에 따라 차이가 있다. 따라서 바울은 이러한 현실 아래 있는 신자들이 어떻게 생각해야 할지 자세하게 보여주었다. 신자의 감추어진 생명과 관련해 생각해야 할 것은 크게 세 가지다.

감추어진 삶의 현실

3절은 "이는 너희가 죽었고 너희 생명이 그리스도와 함께 하나님 안에 감추어졌음이라"라고 말한다. 이것은 부인할 수 없는 현실이다. "너희가 죽었다." 바울은 분명히 육체적으로 살아 있는 사람들을 향해 말하고 있기 때문에 이 죽음은 뭔가 영적인 것, 즉 신비로운 것을 가리키는 것이 틀림없다. 성경의 한계만 지킨다면 "신비롭다"라는 표현을 사용하는 것을 두려워할 필요가 없다. 신학적으로 말하면 이 표현은 그 본질과 의미의 초월성 때문에 인간의 이해를 뛰어넘는 영적 진리를 가리킨다. 이것은 예수 그리스도와 우리의 연합을 가리키는 가장 적절한 표현이 아닐 수 없다. 이것은 어떤 말로도 설명할 수 없는 엄숙한 진리다. "너희가 죽었고"라는 말은 그리스도의 십자가의 죽음을 통해 모든 신자가 그분과 연합했다는 신비롭고 불가사의한 현실을 가리킨다.

모든 신자가 주 예수님의 사역에 함께 참여한다는 것은 이해를 초월한 분명한 현실이다. 이것은 너무나도 놀라운 사실이다. 신자들이 그리스도의 죽음과 연합했다는 사실을 보여주는 놀라운 말씀들이 많다. "내가 그리스도와 함께 십자가에 못 박혔나니"(갈 2:20). "우리가 그의 죽으심과 합하여 세례를 받음으로 그와 함께 장사되었나니"(롬 6:4, 골 2:12). "우리의 옛 사람이 예수와 함께 십자가에 못 박힌 것은"(롬 6:6). "한 사람이 모든 사람을 대신하여 죽었은즉 모든 사람이 죽은 것이라"(고후 5:14). 물론 우리는 그리스도와 함께 십자가에 매달린 채로 그분이 육체와 영혼으로 감당하신 고통과 고뇌를 겪지 않았다. 그리스도께서는 물리적인 차원에서 자기 백성을 대신해 홀로 고난과 죽음을 당하셨다. 그분은 우리를 대신해 죄의 형벌을 당하심으로 우리를 죄책에서 자유롭게 하셨다. 그분은 우리를 대표하는 머리로서 우리를 대신하셨고, 그로써 우리는 그분과 연합했다. 그리스도께서 죽으셨을 때 그분의 백성이 모두 그분과 함께 죽었다. 하나님은 신자들, 곧 그리스도의 기업으로 선택된 사람들이 자기 아들 안에 있는 것으로 간주하신다.

십자가에서 죄의 대가가 온전히 치러졌고, 죄와 우리의 관계는 단절되었다. 그리스도와 함께 십자가에 못 박혔다는 것은 곧 그 사실에 근거해 죄와 옛 삶을 바라봐야 한다는 것을 의미한다. 그리스도의 험한 십자가를 통해 바라보면 우리 앞에서 온갖 매력을 뽐내는 죄가 그 모든 매력을 잃고 만다.

아이러니하게도 우리는 죽었지만 우리의 생명은 그리스도와 함께 하나님 안에 감추어져 있다. 이 신비로운 죽음은 생명 없는 시체를 남기지 않는다. 그리스도의 죽음과의 연합은 항상 그분의 부활과 생명과의 연합을 포함한다. 신자들이 그리스도와 함께 다시 살리심을 받았다는 1절의 말씀에 주목하라. 그리스도의 죽으심과 연합하는 것은 항상 그분의 생명과 연합하는 것을 의미한다.

의미심장하게도 바울은 다른 동사형을 사용해 감추어진 생명을 표현했다. 바울은 우리가 단번에 죽었다고 말하고 나서 "감추어졌음이라"고 말할 때는 감추어졌다는 과거의 행위와 그로 인한 계속적인 결과를 동시에 나타내는 동사형을 사용했다. 우리는 그리스도와 함께 죽었고, 바로 그 순간에 그리스도 안에 감추어졌으며, 계속해서 그 상태로 머물러 있다. 더욱이 그리스도께서 지금 하나님 우편에 앉아 계신다는 사실을 고려하면 이것은 더더욱 놀라운 일이 아닐 수 없다(1절). 그리스도께서는 하늘에 계시고, 우리도 그분 안에서 하늘에 있다. 우리는 믿음으로 우리가 그리스도 안에 있다는 사실을 알고, 또 의식해야 한다.

보좌에 앉으신 그리스도와의 연합이라는 진리에 담겨 있는 의미와 그 적용은 그야말로 광범위하다. 이 진리는 하나님 앞에서 우리의 안전을 보장할 뿐 아니라 세상에서 우리가 행해야 할 의무를 일깨운다. 세상은 그리스도와 함께 하늘에 있는 우리를 볼 수 없지만(우리는 감추어져 있다), 하나님은 보실 수 있다. 왜냐하면 그분이 보지 못하시는 것은 아무것도 없기 때문이다. 머리와 몸의 비유는 바울이 그리스도와의 연합을 묘사하는 방식 가운데 하나다(골 1:18). 우리가 안전한 이유는 하나님이 머리를 통해 몸을 보시기 때문이고, 우리가 의무를 감당해야 하는 이유는 세상이 몸을 통해 머리를 보기 때문이다. 머리에 대한 세상의 평가가 몸을 보고 느끼는 것을 통해 결정될 때가 많다는 사실은 우리의 정신을 번쩍 들게 만드는 현실이 아닐 수 없다. 이런 사실은 우리의 믿음을 실천하는 방식에 지대한 영향을 미친다.

감추어진 생명의 명령법

바울은 1절과 2절에서 두 가지를 명령했다. 이것은 그리스도와 신자의 연합이라는 진리에서 비롯하는 논리적 추론의 결과다. 이 논리는 엄연한 현실을 언급한 첫 문장, 곧 "너희가 그리스도와 함께 다시 살리심을 받았으면"이라는 말에서 자연스레 도출된다. 예수 그리스도와의 연합이라는 엄연한 현실을 고려하면 생각해야 할 몇 가지 중요한 사실들을 즉각 떠올릴 수 있다. "찾으라"(1절)와 "생각하라"(2절)라는 명령은 둘 다 생각을 요구한다. 명령은 항상 의지를 겨냥하며, 우리가 해야 할 일을 명시한다.

첫째, 우리는 위의 것을 찾아야 한다. 여기에 사용된 동사의 형태는 습관적이고 지속적인 과정을 요구한다. 이것은 일시적인 생각이 아닌 규칙적인 습관으로 굳어진 생각을 가리킨다. 더욱이 찾는 것은 단순한 탐구에 그치지 않고, 추구하는 것을 얻으려는 철저한 노력을 아울러 포함한다. 그리스도께서 높임을 받아 하나님의 오른편에 앉아 계시는 하늘을 향해 나아가려는 지속적인 노력이 필요하다. 이 사도적 명령은 그리스도께서 산상 설교를 통해 친히 가르치신 말씀과 일맥상통한다. 그분은 보물을 땅이 아닌 하늘에 쌓아 두라고 가르치면서 "네 보물이 있는 그 곳에는 네 마음도 있느니라"라고 말씀하셨다(마 6:19-21). 값진 진주와 같으신 예수님보다 더 귀한 보물은 존재하지 않는다. 그분의 무한하고 본질적인 가치에 필적할 만한 것은 아무것도 없다. 그분을 그렇게 귀하게 여겨야만 그분이 지금 계시는 곳, 곧 그분과 연합한 우리가 그분과 함께 머물러 있는 그곳에 마음을 두고 살아갈 수 있다.

다시 말하지만 찾는 것은 단지 교리를 살펴보는 것에 그치지 않고, 그로 인한 온전한 축복을 경험하고 소유하기 위해 노력하는 것을 의미한다. 경탄스러운 표정으로 가나안의 포도를 묘사했으면서도 정작 그것을 소유하지 못했던 이스라엘의 정탐꾼들과 같은 그리스도인들이 얼마나 많은지 모른다. 그들은 축복의 경계선에 주저앉고 말았다. 복음을 살피고 설명하는 것은 중요하지만 반드시 설명을 넘어서서 경험으로 나아가야 한다. 우리는 우리가 믿는 것의 현실을 직접 경험해야 한다. 영적 축복의 경계선에 머물지 말고, 그 온전함 속으로 들어가야 한다. 가나안에 들어가서 하나님이 약속하신 것을 차지한 갈렙과 여호수아처럼 되어야 한다.

둘째, **우리는 위의 것을 생각해야 한다.** 이 동사의 형태도 지속적이고 습관적인 활동을 요구한다. 생각은 사고의 활동이고, 영적으로 매우 중요하다. 바울은 로마서 8장 6절에서 이 동사의 동족어에 속하는 명사를 사용했다. 그는 그곳에서 "육신의 생각은 사망이요 영의 생각은 생명과 평안이니라"라고 말했다. 개인의 사고방식은 그 사람의 본성을 보여주는 리트머스 시험지와 같다. 생각은 행위의 첫 단계다. 올바른 생각이 올바른 행동을 낳는다. 따라서 신자는 그리스도께서 계실 뿐 아니라 보좌에 앉으신 그분과 연합한 신자가 거하는 하늘의 것들을 생각하는 습관을 길러야 한다.

생각이 작용하는 방식은 불분명하지만 그것이 작용한다는 것은 분명한 사실이다. 어떤 것을 열심히, 충분히 오래 생각하면 그것에 대한 생각을 멈추기가 어렵다. 그렇게 하면 실제로 그것을 생각하지 않을 때조차도 그것을 생각할 수 있다. 습관적인 생각은 뇌의 경로를 형성한다. 바울은 빌립보서 4장 8절에서 생각해야 할 위의 것들을 몇 가지 나열했다. 참되고, 정직하고, 옳고, 정결하고, 사랑스럽고, 착하고, 덕스럽고, 칭찬받을 것들을 "우리의 뇌에 새겨야 할" 필요가 있다(이것들은 모두 그리스도 안에 포함되어 있다).

물론 다른 것들을 전혀 생각하지 말라는 의미는 아니다. 다른 것들도 삶의 불가피한 일부다. 다만 우리가 생각하는 것과 행동하는 것은 무엇이든 우리가 그리스도와 연합했다는 사실에 의해 통제되어야 한다는 뜻이다. 진리에 관한 생각이 다른 모든 것에 영향을 미쳐야 한다. 생각이 너무 신령하면 세상에서는 조금도 유익이 없다는 통념과는 달리 생각이 신령할수록 유익이 더 많다는 것이 복음의 논리다.

감추어진 생명의 전망

감추어진 생명은 계속 감추어진 채로 머물지 않는다. 장차 믿음이 보는 것으로 바뀌고, 보이지 않은 것이 보이게 되고, 주관적인 경험이 객관적인 사실로 드러날 날이 올 것이다. "나타나실"로 번역된 헬라어 동사는 온전하게 드러나 보이게 된다는 뜻이다. "우리의 생명이신" 그리스도께서 장차 그 찬란한 영광을 온전히 드러내실 것이다(그리스도께서는 우리가 소유한 생명의 본질이자 우리의 열정이 향하는 대상이시다). 더욱 놀라운 것은 우리도 그분과 똑같은 영광을 지닌 모습으로 나타나게 될 것이라는 사실이다. 그리스도와 그분의 백성은 그때나 지금이나 절대 서로 나뉘지 않는다.

장차 그리스도와 함께 영광을 누리게 될 것이라는 기대가 세상에서의 삶을 올바른 방향으로 이끈다. 그리스도께 전념하는 것이 기독교적 삶과 관련된 모든 것의 비결이다. 이처럼 믿음을 실천한다는 것은 곧 내세를 바라보는 관점으로 현재를 산다는 의미다.

방법 : 드러나는 생명

내면의 사실은 겉으로 드러나기 마련이다. 그리스도와의 연합은 보이지 않지만 그 연합의 증거는 밖으로 나타나야 한다. 교리에는 의무가 뒤따른다. 윤리적인 요구는 신학적 진리에서 비롯한다. 그리스도와의 연합은 구체적인 형태를 띤다.

바울은 5-17절에서 그리스도 안에 있는 것이 무슨 의미인지를 부정과 긍정의 관점에서 상세하게 설명했다. 웨스트민스터 총회에 참석한 목회자들은 바울의 논리를 채택해 "거룩하게 하시는 것은 하나님의 값없는 은혜의 사역입니다. 우리는 그것을 통해 하나님의 형상을 따라 전 인격이 새로워지고, 갈수록 점점 더 죄에 대해서는 죽고 의에 대해서는 살게 됩니다."라고 성화의 과정을 설명했다(웨스트민스터 소요리문답 35문). 우리도 그 논리에 따라 감추어진 생명이 어떤 형태를 띠어야 할지를 생각해볼 필요가 있다.

죄에 대한 죽음

골로새서 3장 5-11절은 성화의 부정적인 측면, 곧 죄에 대한 죽음에 초점을 맞춘다. 신자들은 그리스도 밖에 있었던 옛 삶에 속한 죄를 모두 끊어야 한다. 우리가 그리스도의 십자가의 죽음을 통해 그분과 연합함으로써 법정적 차원에서 죄에 대해 죽었다면, 또한 부활의 생명을 통해 그분과 연합함으로써 실천적 차원에서 죄에 대해 죽어야 한다. 바울은 로마서 6장 4절에서 "우리가 그의 죽으심과 합하여 세례를 받음으로 그와 함께 장사되었나니 이는 아버지의 영광으로 말미암아 그리스도를 죽은 자 가운데서 살리심과 같이 우리로 또한 새 생명 가운데서 행하게 하려 함이라"라는 말로 이 점을 설명했다. 여기에서 바울의 표현은 암시적이다. 물리적인 장사를 통해 부패한 몸은 산 자들의 땅에서 분리된다. 그러나 참으로 아이러니하게도 그리스도와 합한 이 영적 장사를 통해 신자들의 "살아 있는" 몸은 부패한 세상과 분리된다.

5-11절에 기록된 바울의 말은 세 가지를 요구한다. 첫째, 그는 **"죽음의 의무"**를 요구한다. 바울은 명령어를 사용했다. 따라서 이것은 단순히 행위의 선택을 독려하는 사도적이거나 목회적인 제안이라기보다는 복종을 요구하는 명령이다. 우리는 그릇된 행위들과 함께 "땅에 있는 지체"를 죽여야 한다. "지체"는 대개 물리적인 팔다리나 신체의 기관들을 가리키지만 여기에서는 일종의 환유법으로 우리 안에 있는 것 가운데 세상에 속한 것, 곧 죄의 성향을 지닌 모든 것을 가리킨다. 이것은 바울이 "옛 사람"으로 일컬은 것과 뜻이 비슷하다(이 점에 대해서는 잠시 뒤에 살펴볼 예정이다).

많은 점에서 볼 때 우리의 성화를 가장 크게 위협하는 것은 다름 아닌 "자아"이다. 따라서 우리는 자아에 대해 죽어야 한다. 그러나 이 죽음은 자연적으로 이루어지지 않는다. 자아에 대해 죽는 것은 가장 자연적이지 않은 일이다. "죽인다mortify"라는 용어는 현대적인 용법에서는 그 의미가 다소 약화되었지만 본래는 거기에 함축된 폭력적인 의미 그대로 "죽여 없앤다"를 뜻했다. 따라서 이것은 일종의 자살이다. 우리는 자아를 죽여 없애야 한다. 이 표현은 격하고 노골적일 뿐 아니라 다소 충격적이기까지 하지만 영혼의 영적 싸움을 위해서라면 죄를 짓게 만드는 지체를 잘라 내버리라는 그리스도의 말씀보다 더 심하지는 않다(마 5:29, 30). 지체를 죽여 없앤다는 것은 즉각적이고 신속한 태도로 하나님을 거스르는 것은 무엇이든 모두 죽여 없애려고 노력하는 것을 의미한다. 우리의 생명이 진정으로 하늘에 있다면 육신의 죄의 성향을 죽여 없애려고 노력해야 마땅하다. 그리스도께서 우리를 위해 죽으셨고, 그분 안에서 우리가 죽었다면 더 이상 자기중심적인 관점에서 은혜를 거스르는 욕망이나 야심이나 관심사를 추구해서는 안 된다(고후 5:15 참조).

또한 우리는 우리를 오염시켜 더럽히는 악한 습관들을 옷을 벗듯 "벗어버려야" 한다(골 3:8). 표현은 달라졌지만 논지는 동일하다. 바울은 옷을 바꿔 입는 것을 비유로 들어 그리스도 안에서의 삶은 이전의 삶과는 달라야 한다고 강조했다. 목욕하고 나서 더러운 옷을 다시 입으면 목욕을 다시 해야 할 수밖에 없다. 영적인 차원에서도 중생의 씻음을 받은 후에는 세상의 오물에 더러워진 옷을 벗어버려야 한다. 그리스도와 연합한 삶은 가시적인 변화를 요구한다. 아무런 변화도 요구하지 않거나 삶에 아무런 영향도 미치지 못하는 복음은 성경이 가르치는 복음이 아니다. 은혜는 말로 다할 수 없이 불결한 죄인들에게 주어지지만 그들을 그런 상태로 계속 머물러 있게 놔두지 않는다.

둘째, 바울은 **"죽여야 할 죄들"**을 열거했다. 그는 그리스도 안에 감추어진 생명에 부합하지 않는 행위들이 무엇인지 보여주기 위해 죄의 목록을 두 차례 나열했다(5, 8절). 그는 모든 죄를 다 열거하지는 않고 그중에서 대표적인 죄를 몇 가지 열거했다. 나는 이 죄들을 하나하나 구체적으로 정의하거나 상세히 설명할 의도는 없고, 단지 바울 사도가 말하고자 하는 핵심만을 간단히 살펴보고 싶다.

두 개의 목록에는 각각 다섯 가지 죄가 포함되어 있다. 이 죄들은 모두 사람과 사람의 관계를 다루는 십계명의 두 번째 부분을 어기는 죄에 해당한다. 십계명의 두 번째 부분을 어기는 것은 곧 첫 번째 부분을 어겼다는 증거다. 동료 인간과의 관계는 하나님과의 관계를 반영하는 거울이다. 5절의 죄들은 외적 행위에서부터 내적 태도로 발전해 나가는 반면, 8절의 죄들은 내적 태도로부터 외적 행위로 발전해 나간다. 이 두 목록을 한데 합치면 논리적인 "교차 배열 chiasmus"이 형성되고, 그 중심에는 내적인 태도나 생각과 관련된 죄들이 위치한다.

"교차 배열"은 성경의 여러 곳에서 사용된 문학적 기법 가운데 하나다. 현대 서구인들이 익숙하게 사용하는 논리와는 다르지만 성경적인 논지의 전개 과정을 파악할 때는 많은 도움이 된다. 이것은 선이 서로 교차하는 지점에 관심을 집중하게 만드는 큰 "엑스(x)"자와 같다.

여기에서의 교차점에서는 생각으로 짓는 죄들이 발견된다. 이런 사실은 생각이 행위를 결정한다는 우리의 명제를 뒷받침한다. 머리로 짓는 죄도 손으로 짓는 죄와 비교할 때 그 심각성이 조금도 뒤떨어지지 않는다.

열 가지 죄를 한데 합치면 또 다른 문학적 기법이 사용된 것을 알 수 있다. 여기에 구체적으로 나열된 죄들이 우리가 관심을 기울여야 할 유일한 죄들이라고 생각한다면 큰 오산이다. 바울은 "간략법 brachylogy"으로 일컬어지는 기법을 적용했다. 이것은 어떤 것의 일부만을 언급해 그 전체를 가리키는 언어 기법이다. 따라서 바울의 요점은 단지 구체적으로 열거한 죄들만이 아니라 모든 죄를 버려야 한다는 것이다. 그는 대표적인 죄를 몇 가지 나열한 목록에 거룩함과 상충되는 죄를 모두 포함시켰다. 사람들이 쉽게 유혹을 느끼는 죄는 저마다 제각각 다를 수 있다. 그러나 죄라면 무엇이든 우리의 삶에서 모두 없애야 한다. 이것이 본문의 핵심이다.

7절은 우리가 능히 죄를 죽이고 벗어버릴 수 있다는 희망을 준다. 복음 안에는 은혜가 요구하는 변화를 가능케 하는 능력이 있다. 골로새 신자들은 과거에는 그런 죄들 가운데서 행하고 살았지만 이제는 더 이상 그렇게 하지 않는다. 한때 그들의 삶을 규정하던 것이 이제는 더 이상 그렇게 하지 못한다. 삶의 변화는 모든 참 신자의 특징이다. 실질적인 차원에서 마땅히 거룩해져야 할 만큼 거룩하거나 그리스도와 함께 나타날 때의 거룩함만큼 거룩할 수 있는 그리스도인은 아무도 없지만 과거와 조금도 다를 것이 없을 만큼 거룩하지 못한 그리스도인도 아무도 없기는 마찬가지다. 신자라면 누구나 존 뉴턴처럼 "나는 마땅히 되어야 할 수준이나…내가 원하는 수준이나…내가 바라는 수준에 이르지 못했다…그러나 나는 과거의

내가 아니다…하나님의 은혜로 지금의 내가 되었다."라고 말할 수 있다(고전 15:10).[1]

셋째, 바울은 **"죄를 죽여야 할 이유"**를 설명했다. 그는 두 가지 이유, 곧 부정적인 이유 하나와 긍정적인 이유 하나를 각각 제시했다. 죄를 죽이는 것이 필요한 부정적 이유는 죄가 하나님의 진노를 초래하는 것이기 때문이다(6절). 모든 죄는 하나님의 정의를 거스른다. 따라서 하나님은 죄에 대해 진노하신다. 타락한 세상은 이미 정죄된 상태이지만 그리스도 안에 있는 자들은 모두 정죄로부터 벗어났다(롬 8:1). 그리스도인들은 하나님의 진노 아래 있지 않기 때문에 더 이상 죄를 지어서는 안 된다. 우리가 하나님의 진노를 당하지 않게 된 것은 그리스도의 속죄 사역 덕분이다. 십자가는 죄에 대한 하나님의 공의와 진노를 보여주는 가장 큰 증거다. 하나님은 우리의 죄를 그리스도의 십자가에 못 박았다. 우리도 마땅히 그래야 한다. 그리스도께서는 우리의 죄 때문에 죽으셨다. 그분이 죽으신 이유를 생각하고, 우리가 그분과 함께 죽었다는 사실을 기억한다면 기꺼이 죄에 대해 죽어야 마땅하다.

죄에 대해 죽는 것이 필요한 긍정적 이유는 우리가 하나님의 형상을 따라 새롭게 회복되었기 때문이다(골 3:9, 10). 바울은 이 논증을 전개하기 위해 옷의 비유를 사용해 이유를 나타내는 두 개의 분사

---

1. Josiah Bull, *John Newton of Olney and St. Mary Woolnoth: An Autobiography and Narrative* (London: Religious Tract Society, 1870), 334.

('벗어버리고'와 '입었으니')를 "서로 거짓말을 하지 말라"라는 명령어와 연결시켰다. 옷이 사람을 만든다고 생각하지는 않지만 사람의 성격을 드러내는 것은 사실이다. 나는 위장복을 입는 것을 좋아한다. 내가 위장복을 입고 "카벨라스(캠핑, 사냥, 낚시 전문용품을 파는 상점 이름—역자 주)"라는 문구가 새겨진 모자를 쓰고 다니는 것을 보면 내가 사냥을 하고, 숲에 가는 것을 좋아하는 성격이라고 판단해도 틀리지 않을 것이다. 그런데 만일 내가 외과 의사의 위생복을 입었는데 그것을 보고 보는 대로 판단해 버린다면 그것은 큰 오해일 뿐 아니라 어쩌면 위험한 일이 될 수도 있을 것이다. 말하려는 요점은 매우 간단하다. 그것은 본성에 맞는 옷을 입어야 한다는 것이다.

그리스도와의 연합 안에 감추어진 생명이 죄에 대해 죽는 것을 요구하는 이유는 우리가 옛 사람을 벗고, 새 사람을 입었기 때문이다. 존 칼빈은 옛 사람을 "어머니의 태에서 가지고 나온 것과 우리의 본성에 해당하는 모든 것"으로 정의했다.[2] 본문의 문맥에서는 영적 생명이나 감수성, 또는 하나님이나 영적인 것을 추구하려는 성향이 전혀 존재하지 않는 거듭나지 않은 상태를 가리킨다. 그 본성으로부터 모든 악한 행위가 발생하고 나타난다.

간단히 말해 그리스도를 믿는 사람들은 더 이상 그런 옷을 입어서는 안 된다. 신자들은 더 이상 하나님을 열망하는 성향이 없거나

---

2. John Calvin, *Commentaries on the Epistles of Paul the Apostle to the Philippians, Colossians, and Thessalonians*, trans. John Pringle (repr., Grand Rapids: Baker, 1999), 211, on Col. 3:9.

영적으로 죽었거나 무감각한 상태가 아니다. 신자들이 다르게 보이는 이유는 새 사람을 입었기 때문이다.

"새 사람"은 성령을 통해 영적 생명의 원리를 간직하게 된, 거듭난 본성을 가리킨다. 그것은 그리스도 안에 감추어진 사람들 모두가 입는 옷이다. 바울은 새 사람을 창조주의 형상을 따라 지속적이고, 습관적이고, 점진적으로 새롭게 되는 것으로 묘사했다. 그것은 죄 없는 완전함을 의미하지 않고 그런 방향으로 나아가기를 원하며 그런 방향으로 향하는 것을 의미한다.

하나님의 형상에 함축된 많은 의미를 온전히 다 생각하는 것은 여기서 묵상할 범위를 초월한다. 따라서 그것은 인간이 처음 창조되었을 때에 지녔던 독특한 특징인데 불행하게도 타락으로 인해 죄에 오염되었다가 하나님의 은혜로 복음을 통해 다시 회복되었다고 말하는 것만으로 충분할 듯하다. 예수 그리스도께서는 이상적인 형상이요 하나님의 완전한 현현이시다(골 1:15). 우리가 지금 새롭게 되어가고 있는 것은 오직 그분을 통해, 그분 안에서 이루어지는 일이다. 둘째 아담이신 그리스도께서는 저주를 없애고, 첫째 아담으로 인해 상실된 모든 것을 다시 회복하셨다.

따라서 인종이나 나라에 상관없이 새 사람을 입었다는 점에서 모든 신자는 다 똑같다(골 3:11). 새 사람을 입는다는 것은 만유시요 만유 안에 계시는 그리스도로 옷 입는 것을 의미한다. 그분은 우리의 유니폼이시다. 은혜의 영역 안에서 그리스도께서 모든 것이 되신다. 그분이 없으면 은혜를 경험하거나 누리는 것이 불가능하다. 우리는 그리스도를 바라봄으로써 죄에 대해 죽는다. 우리는 그리스도를 바라보면서 그분이 나타나실 때까지 차츰 영광에서 영광으로 변화된다(고후 3:18). 그날이 되면 우리도 그분과 같아질 것이고, 그분의 참모습을 있는 그대로 보게 될 것이다(요일 3:2). 영화는 우리의 눈으로 직접 그리스도를 보는 것이고, 성화는 믿음의 눈으로 보는 것이다. 예수님을 바라보면 우리도 그분처럼 될 수 있다.

의에 대해 산다

믿음을 삶으로 살아낸다는 것은 나쁜 행위를 하지 않는다는 것 이상의 의미를 지닌다. 선한 행위를 하는 것도 거기에 포함된다. 믿음의 삶은 소극적인 삶에 머물지 않고, 적극적인 삶을 지향한다. 《웨스트민스터 소요리문답》은 우리가 성화를 통해 "의에 대해 살 수 있게" 되었다고 옳게 가르쳤다.

바울은 영적으로 사는 것이 무슨 의미인지를 설명함으로써 "드러나는 생명"에 대한 논증을 마무리했다(골 3:12-17). 그의 설명은 세 가지 요점으로 구성된다. 첫째, 그는 **"영적 삶의 특징"**을 묘사했다. 그는 "입으라"는 명령과 함께 옷의 비유를 계속 적용하면서 새 사람이 입어야 할 옷의 종류, 곧 그가 드러내야 할 미덕들을 열거했다. 바울은 하나님의 선택을 받아 따로 구별되어 그분의 사랑을 받는 사람들에게 그런 명령을 제시했다. 이것은 그리스도와 함께 하나님 안에 생명이 감추어진 자들을 다르게 묘사한 것이다.

여기에서도 나는 이 미덕들을 일일이 설명할 의도가 없다. 이 미덕들도 모두 악덕의 목록과 마찬가지로 십계명의 두 번째 부분과 관련된 것들이다. 나는 단지 몇 가지 결론을 도출하는 것으로 만족하고 싶다. 의미심장하게도 이 미덕들은 모두 그리스도의 성품과 일맥상통한다. 이런 사실은 조금도 놀랍지 않다. 왜냐하면 그리스도를 닮는 것이 구원의 궁극적인 목표이기 때문이다. 하나님은 우리가 아들의 형상을 본받도록 미리 작정하셨다(롬 8:29). 긍휼을 느끼는 것은 곧 그리스도처럼 되는 것이다. 다른 미덕들도 다 마찬가지다. "주께서 너희를 용서하신 것 같이 너희도 그리하고"(골 3:13)라는 말씀에서 알 수 있는 대로 바울은 그리스도를 용서의 본보기로 제시함으로써 그런 상관관계를 분명하게 밝혔다. 바울이 사랑을 특별히 모든 것을 온전하게 결합하는 띠로 구별한 것은 주목할 만한 가치가 있다(14절). 사랑의 본질은 이타성이다. 교회를 위해 자기 자신을 내주기까지 사심 없는 사랑을 아낌없이 베푸신 그리스도보다 더 완전한 사랑을 베풀 수 있는 사람이 누가 있겠는가(엡 5:25)? 자아보다 그리스도인의 옷을 더 더럽히고 얼룩지게 만드는 것은 없다. 우리는 그리스도를 본받아야 한다.

바울은 미덕의 목록에서도 악덕의 목록을 언급할 때와 마찬가지로 "간략법"이라는 문학적 기법을 사용했다. 대표적인 미덕을 몇 가지 예로 들었지만, 하나님의 의의 기준과 그분의 율법과 그분의 아들에 대한 복종을 나타내고 거기에 부합하는 모든 미덕이 포함되어 있는 것이다. 세상 사람들이 우리에게서 보는 것이 곧 그리스도에 대한 그들의 생각을 결정짓는다는 사실을 잊어서는 안 된다. 하나님이 머리이신 그리스도 안에서 몸인 우리를 보시는 것처럼 세상 사람들은 몸인 우리를 통해 머리이신 그리스도를 본다. 우리는 정신을 번쩍 들게 만드는 이 사실을 우리의 행위를 결정하는 원칙으로 삼아야 한다.

둘째, 바울은 **"영적 삶의 방법"**을 자세하게 설명했다(골 3:15, 16). 그는 믿음을 실천하는 방법을 설명하기 위해 세 가지 명령을 제시했다. 모든 명령어가 습관적 활동을 가리키는 형태로 되어 있다. 이것은 기독교적인 삶을 사는 것이 항상 힘써 해야 할 일이라는 것을 보여준다.

"그리스도의 평강이 너희 마음을 주장하게 하라"(15절)라는 첫 번째 명령과 "그리스도의 말씀이 너희 속에 풍성히 거하게 하라"(16절)라는 세 번째 명령은 기꺼이 그렇게 되도록 허용해야 한다는 의미를 지닌다. 그런 일이 반드시 일어나야 한다. 우리는 그런 일이 일어나는 데 필요한 일이라면 무엇이든 기꺼이 허용해야 한다. 이 평강은 하나님에게서 비롯하는 영혼의 평화, 곧 믿음의 확신, 죄 사함의 확신, 만족과 같은 현상을 증거로 수반하는 주관적 평화를 언급한 것일 수 있지만 나는 이것을 그리스도께서 자기 피로 이루신 화목이라는 객관적 평화를 가리키는 의미로 받아들여야 한다는 생각을 가지고 있다(골 1:20). 하나님의 평강은 진정한 의미에서 그리스도 안에 온전히 집약되어 있다. 이런 이유로 어떤 번역 성경들은 이 문구를 "하나님의 평강" 대신에 "그리스도의 평강"으로 번역했다(예를 들어 《새 국제역》이나 《한글 개역개정역》은 "그리스도의 평강"으로, 《킹 제임스역》은 "하나님의 평강"으로 번역함—역자주). 본문은 그리스도의 죽으심과 그것에 대해 우리가 생각해야 할 것에 초점을 맞추고 있기 때문에 문맥상으로 뜻이 통하려면 몸과 우리의 관계를 생각할 때도 그리스도께서 자기 피로 하나님과 우리를 화목하게 하신 사실을 고려해야 마땅할 듯하다. "주장하게 하라"는 "심판을 보다, 논쟁을 중재하다, 결정하다"를 뜻하는 체육 용어다. 하나님과의 평화는 그리스도의 몸과의 평화로 나타나야 한다. 그렇게 되려면 그리스도께서 모든 문제를 해결하시도록 허용해야 한다.

또한 우리는 "그리스도의 말씀"(여기서의 소유격은 주제Topic을 뜻하는 소유격으로서 그리스도에 관한 말씀이라는 뜻을 갖는다)이 우리 안에 풍성히 거하도록 허용해야 한다. 간단히 말해 복음이 우리의 마음속에 확고하게 자리를 잡고, 삶의 모든 결정과 계획과 활동에 영향을 미쳐야 한다. 우리는 말씀의 영역 안에서 살아야 한다. 그렇게 되려면 성경이 가르치는 것을 알아야 한다. "오직 성경으로!"가 우리 개혁주의의 전통이다. 그러나 이 말은 신조 이상의 의미를 지녀야 한다. 함께 거한다는 것은 친밀한 관계를 내포한다. 따라서 말씀을 사랑한다고 고백한다면 입으로 하는 단순한 말 이상의 것이 필요하다.

바울은 일련의 "상황 분사circumstantial participles"를 사용해 우리 안에 거하는 말씀이 어떻게 작용하는지를 설명했다. 첫째, 우리 안에 거하는 말씀은 동료 신자들과의 대화에 영향을 미친다(피차 가르치고 권면하는 것). 둘째, 우리 안에 거하는 말씀은 시편과 찬송과 신령한 노래들을 사용해 하나님이 은혜로 주신 새 노래를 마음으로 노래하게 만듦으로써 하나님을 높이 찬양하도록 이끈다.

허용적 의미를 지닌 두 가지 간접 명령 사이에 "감사하는 자가 되라"라는 직접 명령이 삽입되었다(15절). 지속적이고 습관적인 감사는 믿음의 실천에 필요한 핵심 요소 가운데 하나다. 이것은 바울 서신과 그의 개인적인 권고의 말에서 자주 등장하는 주제다. 이것은 굳이 설명할 필요가 없다. 그리스도와 그분의 사역과 그것이 우리에게 개인적으로 미치는 의미를 생각하면 어찌 감사하지 않을 수 있겠는가?

마지막으로 바울은 **"영적 삶의 동기"**를 제시했다(17절). 우리가 하는 것을 왜 하는지가 중요하다. 즉 동기가 중요하다. 그리스도인들은 어떤 생각과 말과 행위를 하든지 그리스도의 명예와 영광을 가장 우선시해야 한다. 성경은 삶을 구획화시켜 종교 생활을 다른 것들과 분리하려는 현대적, 또는 포스트모던적인 개념을 용납하지 않는다. 삶과 관련된 것 가운데 예수 그리스도와 우리의 관계를 벗어나는 것은 아무것도 없다. 삶의 모든 영역에서 그리스도의 신분, 우리에 대한 그분의 권위, 그분과 우리의 일체성, 그분의 뜻을 아는 지식, 하나님께 대한 감사가 항상 고려되어야 한다. 무엇을 말하고, 무엇을 하든지 의식적이고 의도적으로 그리스도의 이름으로 말하고 행동해야 한다. 올바른 생각에서 올바른 행동이 나온다. 우리는 이 원칙에서 벗어날 수 없다.

믿음을 실천한다는 것은 우리가 믿는다고 고백하는 종교의 현실속에서 사는 것을 의미한다. 믿음과 실천, 교리와 의무는 서로 분리

될 수 없다. 객관적인 진리는 주관적인 경험으로 전환되어야 한다. 그리스도 안에서 이루어지는 우리의 온전함과 복음에 대해 더 많이 알수록 삶 속에서 복음을 더 많이 경험하고, 누릴 수 있다. 신학은 모든 학문 중에서 가장 실천적인 학문이다. 우리는 머리로 진리를 이해하고, 마음으로 진리를 믿고, 손으로 진리를 행해 그 증거를 나타내야 한다. 믿음의 실천은 안에서 시작되어 밖으로 그 모습을 드러낸다.

2장

성령의 거룩하게 하시는
사역을 따르는 삶

이안 해밀턴

바울은 로마서 8장 12-14절에서 "그러므로 형제들아 우리가 빚진
자로되 육신에게 져서 육신대로 살 것이 아니니라 너희가 육신대로
살면 반드시 죽을 것이로되 영으로써 몸의 행실을 죽이면 살리니
무릇 하나님의 영으로 인도함을 받는 사람은 곧 하나님의 아들이
라"라고 말했다.

　요즘에는 과거의 그리스도인들과는 달리 거룩한 삼위일체를 진
지하게 생각하지 않는 그리스도인들이 너무나도 많다. 개혁파 기독
교인들도 예외가 아니다. 예를 들어 존 칼빈은 《기독교 강요》 제1권
에서 4세기 헬라 교부 나지안주스의 그레고리우스의 말을 인용해
장엄한 필치로 삼위일체를 논했다. 칼빈은 그의 말이 "나를 대단히
기쁘게 한다."고 말했다.[1] 그레고리우스의 세례식 축사 가운데 한
곳에서 발췌한 삼위일체에 관한 대목을 살펴보면 다음과 같은 내용
이 발견된다. "(삼위일체 가운데) 한 분을 생각하는 순간 즉시 셋의 광채

가 나를 비춘다. 그분들을 구별하는 순간, 곧바로 한 분에게로 되돌아간다. 셋 중에 어느 하나를 생각하더라도 그분이 전체로서 생각되고, 그로써 나의 눈은 가득 채워져 그 이상 더 위대한 것을 생각할 수 없게 된다."[2]

나지안주스의 그레고리우스가 한 말에 공감할 수 있겠는가? 칼빈이 그의 말을 읽으면서 느꼈던 기쁨에 공감할 수 있겠는가? 과연 오늘날의 교회가 초기 교부들에게서는 물론, 칼빈을 비롯한 종교개혁자들과 청교도들에게서 발견되는 삼위일체에 대한 사랑에 공감할 수 있을까?

한 분이 하시는 일을 모두가 하신다

성령의 거룩하게 하고, 아름답게 하시는 사역을 삼위일체 하나님 전체의 삶과 사역이라는 틀 안에서 생각해보자. 이 점을 염두에 두고 성령이 하시는 일과 사역을 잠시 살펴보면 다음과 같다. 라틴어한 문장 *Opera trinitatis ad extra indivisa sunt*가 내가 말하려는 의도를 정확하게 보여준다. 이 말은 "삼위일체 하나님의 외적 사역은 나뉠 수 없다."라는 뜻이다. 한 분이 하는 일을 모두가 하신다.

---

1. John Calvin, *Institutes of the Christian Religion*, ed. John T. McNeill, trans. Ford Lewis Battles (Philadelphia: Westminster Press, 1960), 1.13.17.

2. Gregory Nazianzen, *Oration on Holy Baptism*, sec. 41, in *A Select Library of Nicene and Post-Nicene Fathers of the Christian Church, Second Series*, ed. Philip Schaff and Henry Wace (New York: The Christian Literature Co., 1894), 7:375.

한 위격이 하는 일을 다른 두 위격도 함께 하신다.

이것은 성부와 성령께서 성자와 함께 갈보리의 십자가에서 죽으셨다는 뜻이 아니라 히브리서 9장의 말씀대로 우리의 구원자인 예수 그리스도께서 영원하신 성령을 통해 십자가에서 성부 하나님께 자신을 바치셨다는 뜻이다. 그와 비슷하게 존 오웬이 말한 대로 성부와 성자께서도 성령께서 하시는 일을 하신다.

《오웬 전집》제2권에 보면 오웬이 장엄하고 감동적이고 심오한 필치로 신약성경에서 성부께는 거의 항상 사랑이, 성자께는 거의 항상 은혜가, 성령께는 거의 항상 위로가 각각 그분들의 속성으로 간주되고 있는 사실을 옳게 설명했다. 이것은 성자와 성령께서는 사랑하지 않으신다거나 성부와 성자께서는 위로하지 않으신다는 의미가 아니다. 오웬은 단지 성경의 증언에 근거해 성부께서는 특별히 사랑하시고, 성자께서는 특별히 은혜를 부어주시고, 성령께서는 특별히 위로를 베푸신다는 사실을 이해하도록 도왔을 뿐이다.

성경은 성령께서 새 언약 안에서 부활 승천하신 예수 그리스도의 영으로서 활동하신다고 가르친다. 성령께서는 그리스도와 성자로부터 보내심을 받아 그리스도의 은혜를 그리스도의 백성에게 적용하는 일을 하신다. 그분은 거룩하게 하고, 아름답게 하는 사역을 독자적으로 행하지 않으신다. 그분은 거룩한 삼위일체 하나님의 대리자로 일하신다. 성령께서 특별히 하시는 일을 성부와 성자께서도 하신다. 그분들과 그분들의 사역은 나눌 수 없다. 한 분을 생각할 때 세 분을 생각해야 하고, 세 분을 생각할 때 삼위일체의 영광과 위엄을 생각해야 한다. 우리는 성령의 사역을 통해 그리스도 안에서 하나님과 연합하고, 또한 교통한다. 삼위일체는 이런 연합과 교통은 물론, 기독교 신앙 전체의 근간이다.

그리스도를 본받게 하신다

"성령의 거룩하게 하고, 아름답게 하시는 사역이 정확히 무엇을 의미하는가?"라는 질문을 중심으로 성령에 관한 연구를 시작해보자. 먼저 일반적인 관점에서 이 질문을 살펴보고, 그런 다음에는 좀 더 구체적으로 살펴보기로 하자.

성령께서는 그리스도의 영으로서 신자들 안에 내주하면서 그리스도를 닮아가게 하신다. 자기 백성을 향한 하나님의 위대한 목적은 자기 아들의 형상을 본받게 하는 것이다. 성령께서는 하나님이 미리 정하신 위대한 계획에 따라 보내심을 받고, 우리를 성자의 형상을 본받게 이끄신다.

이것이 그리스도께서 많은 형제들 가운데 먼저 나신 이가 되신 이유다(골 1:18). 하나님의 궁극적인 목적은 우리 안에서 종결되지 않고, 예수 그리스도, 곧 그분의 사랑하는 아들 안에서 종결된다. 성부께서는 심지어 갈보리에서 성자를 저주하셨을 때도 실상은 "나의 예수여, 내가 너를 사랑한다."라고 말씀하고 계셨다. 하나님의 목적은 자기 아들의 백성이 아들의 형상을 본받아 자기에게 찬양과 영광을 돌리게 하는 것이다.

칼빈은 신약성경이 새 언약의 사역을 이행하시는 성령을 "양자의 영"으로 일컫은 이유가 성령께서 그리스도의 영으로 오셨기 때문이라고 설명했다. 바울은 "너희는 다 무서워하는 종의 영을 받지 아니하고 양자의 영을 받았으므로 우리가 아빠 아버지라고 부르짖느니라 성령이 친히 우리의 영과 더불어 우리가 하나님의 자녀인 것을 증언하시나니"(롬 8:15, 16)라고 말했다. 성령께서는 그리스도의 영으로 오셨다. 그분은 그리스도의 영이시기 때문에 양자의 영이 되신다.

더욱이 성령께서는 "하나님의 자녀들의 영광의 자유"(21절)로 표현된 것을 경험하는 데 장애가 되는 것들을 모두 제거하기 위해 우리 안에 거하신다. 우리 안에 내주하는 죄보다 우리가 양자의 영광스러운 특권을 누리는 것을 더 크게 방해하는 것은 아무것도 없다. 성령께서는 양자의 영으로 오셔서 우리의 삶 속에서 죄를 죽여 없애심으로써, 살아 계신 하나님의 자녀가 된다는 것이 무슨 의미인지를 좀 더 철저하고 영광스럽고 심원하고 효과적으로 경험할 수 있게 도와주신다.

이것이 일반적인 관점에서 본 성령의 거룩하게 하고, 아름답게 하시는 사역이다. 예수님은 많은 형제들의 맏아들이시다. 우리는 양자의 영을 통해 믿음의 공동체, 곧 살아 계신 하나님의 가족으로 입양되었다. 우리는 맏아들이신 그리스도께 접붙임이 된 덕분에 양자의 영을 받아 "아빠, 아버지"라고 부르짖는다.

죄를 죽일 수 있게 하신다

이번에는 "그리스도의 영이요 양자의 영이신 성령께서 신자들의 삶 속에서 어떤 일을 행하시는가? 그분이 삼위일체 하나님을 대표해 지속적으로 행하시는 새 언약의 사역은 무엇인가?"라는 문제를 좀 더 구체적으로 살펴보기로 하자.

바울은 13절에서 "너희가 육신대로 살면 반드시 죽을 것이로되 영으로써 몸의 행실을 죽이면 살리니"라는 말로 이 사역을 묘사했다. 이 구절은 문맥과 상관없이 이해될 때가 많다. "살리니"라는 말에 주목하라. 바울은 14절에서 "무릇 하나님의 영으로 인도함을 받는 사람은 곧 하나님의 아들이라"라고 말했다. 하나님의 영으로 인도함을 받는다는 것이 무슨 의미일까? 하나님의 영으로 인도함을 받는 사람들만이 하나님의 자녀라면 하나님의 자녀는 마땅히 하나님의 영으로 인도함을 받아야 하지 않겠는가?

이것은 중요한 질문이다. 우리가 살아 계신 하나님의 자녀라고 고백한다면 그런 고백를 뒷받침하는 근거는 무엇일까? 우리는 이 질문에 "우리는 하나님의 영으로 인도함을 받고 있다. 하나님의 영으로 인도함을 받는 자들은 하나님의 자녀이다."라고 대답할 수 있다. 그렇다면 우리가 진정으로 살아 계신 하나님의 아들이라는 우리의 고백을 뒷받침해 줄 근거, 곧 성령으로 인도함을 받는 특별한 징표는 과연 무엇인가? 바울은 13절에서 "너희가 육신대로 살면 반드시 죽을 것이로되 영으로써 몸의 행실을 죽이면 살리니"라고 말했다. "무릇 하나님의 영으로 인도함을 받는 사람"은 육신의 행실을 죽임으로써 산다.

이처럼 바울이 "몸의 행실"이라고 일컬은 것, 곧 우리 안에 남아 있는 죄를 죽이는 것이 성령께서 우리 안에 내주하신다는 징표다. 그리스도를 믿는 우리는 하나님의 은혜와 그리스도의 속죄 사역과 성령의 사역을 통해 죄책과 죄의 권세로부터 해방되었다. 그러나 주님께서는 아직 모든 죄로부터 우리를 자유롭게 하지 않으셨다. 그분은 우리에게 성령을 주어 우리의 삶 속에서 예수님이 아닌 것을 모두 제거하도록 도와주신다.

유명한 호주 출신의 골프선수인 그렉 노먼은 골프 코스를 설계하고 있는 도중에 "지금 이 거친 땅을 바라보며 골프 코스를 만들 계획을 구상하는 줄로 아는데 무슨 생각을 하고 있습니까?"라는 질문을 받았다. 그는 그 질문에 "나는 이 거친 땅을 바라보며 골프 코스가 아닌 것을 모두 제거할 생각을 하고 있습니다."라고 대답했다. 이것이 성령께서 우리 안에서 하시는 일이다. 그분은 우리의 삶에서 예수님이 아닌 것을 모두 제거하기 위해 오셨다. 그분은 우리가 육신의 행실을 죽이는 일을 돕기 위해 오셨다. 죄를 죽인다는 것은 비유적으로 말하면 우리의 동산에 있는 꽃들을 죽이려고 위협하는 잡초를 모조리 뿌리째 뽑아 제거하는 것과 비슷하다. 죄를 죽이지 않으면 죄가 우리의 삶에 널리 퍼져 우리를 질식사시킨다.

위대한 청교도 저술가인 존 오웬은 "정욕을 다스리지 못하는 사람은 조금도 거룩해질 수 없다. 자신이 가는 길에 있는 죄를 죽이지 않는 사람은 목적지를 향해 단 한 걸음도 내디딜 수 없다…죄를 죽여라. 그렇지 않으면 죄가 그대를 죽일 것이다."라고 말했다.[3] 오웬은 "너희가 육신대로 살면 반드시 죽을 것이로되 영으로써 몸의 행실을 죽이면 살리니"라는 바울의 말을 자신의 방식으로 다르게 표현했을 뿐이다.

바울의 말은 최소한 세 가지 요점을 지닌다. 첫째, "살리니"라는 그의 말은 충만한 영적 삶과 갈수록 깊어지는 하나님과의 교제와 하나님의 자녀들의 영광스러운 자유를 누리는 것이 우리의 몸 안에서 죄를 죽이지 않는 한 불가능하다는 의미를 담고 있다. 오웬은 "영적 삶의 활력, 능력, 위로는 육신의 행실을 죽이는 것에 달려 있다."라고 말했다.[4]

둘째, 바울은 우리가 하나님과 그분의 교회에 얼마나 유익한 존재가 될 수 있느냐 하는 문제도 죄를 죽이는 것에 달려 있다고 말했다. 그는 "영으로써 몸의 행실을 죽이면 살리니"라고 강조했을 뿐 아니라 디모데후서 2장 21절에서도 "그러므로 누구든지 이런 것에서 자기를 깨끗하게 하면 귀히 쓰는 그릇이 되어 거룩하고 주인의 쓰임에 합당하며 모든 선한 일에 준비함이 되리라"라고 말했다. 우리는 우리 자신을 비속하고, 불명예스럽고, 악한 모든 일에서 깨끗하게 하면 주님의 유용한 도구가 될 수 있다.

---

3. John Owen, *The Mortification of Sin in Believers*, in *The Works of John Owen* (repr., Edinburgh: Banner of Truth, 1965), 6:14, 9.

4. Owen, *The Mortification of Sin in Believers*, 6:9.

젊은 신학생이었던 댄 에드워즈Dan Edwards는 독일로 떠나면서 로
버트 머레이 맥체인으로부터 한 통의 편지를 받았다. 맥체인은 그
가 정통 기독교 안에서 막 고개를 쳐들기 시작한 불신앙에 오염될
것을 염려했다. 그는 "속사람, 곧 마음을 다스리는 것을 잊지 말게
나. 기병 장교는 자기 칼을 항상 깨끗하고 날카롭게 유지하기 위해
부지런히 노력한다네. 그는 세심하게 주의를 기울여 모든 녹을 꼼
꼼히 벗겨낸다네. 자네가 하나님의 칼, 곧 그분의 도구라는 사실을
잊지 말게. 도구의 순결함과 완전함에 따라 승리가 크게 좌우된다
네. 하나님은 뛰어난 재능이 아니라 예수님을 닮는 것을 축복하시
네."라고 당부했다.[5] 성령께서는 예수님이 아닌 것을 모두 제거하도
록 도와주신다. 영적 삶이 충만해지고, 하나님과 항상 깊은 교제를
나누려면 죄를 죽여 없애야 한다.

셋째, 바울은 죄를 죽이지 않으면 하나님의 자녀라는 우리의 고
백이 무색해질 것이라고 경고했다. 하나님의 자녀란 성령으로 인도
함을 받는 자를 의미한다. 따라서 성령의 인도하심을 받아 죄를 죽
이지 않으면 우리의 몸은 죄의 도구가 되어 온갖 가증스럽고 극악
하고 사악한 행위를 저지를 수밖에 없다.

물론 죄를 죽이는 것이 생명을 얻는 공로가 될 수는 없다. 오직
주 예수 그리스도만이 생명을 주신다. 그러나 죄를 죽이는 일은 우

---

5. Robert Murray M'Cheyne, Letter to Daniel Edwards, Oct. 2, 1840, in *Memoirs and Remains of the Rev. Robert Murray M'Cheyne*, ed. Andrew A. Bonar (Dundee: William Middleton, 1845), 243.

리의 믿음이 살아 있음을 보여주는 증거 가운데 하나다. 우리의 구원자를 죽음으로 몰아넣은 죄를 날마다 힘써 죽이려고 노력하지 않으면서 어떻게 예수님과 우리를 하나로 연합시키는 살아 있는 구원 신앙을 지녔노라고 주장할 수 있겠는가?

죄를 죽이라는 가르침이 지니는 네 가지 측면

바울은 성령의 거룩하게 하고, 아름답게 하시는 사역, 곧 죄를 죽이는 사역과 관련해 네 가지를 말했다.

1. **죄를 죽이는 것은 신자의 의무다.** 바울은 "그러므로 형제들아 우리가 빚진 자로되 육신에게 져서 육신대로 살 것이 아니니라 너희가 육신대로 살면 반드시 죽을 것이로되 영으로써 몸의 행실을 죽이면 살리니"(12, 13절)라고 말했다. 그는 우리가 하나님께 빚을 지고 있다고 말했다. 우리 몸의 죄를 죽이는 것이 하나님께 대한 우리의 의무다. 바울은 로마서 1장 14절에서도 "헬라인이나 야만인이다 지혜 있는 자나 어리석은 자에게 다 내가 빚진 자라"라는 말로 신자를 빚진 자로 묘사했다. 간단히 말해 그의 말은 "나는 하나님 앞에서 그들에게 복음을 전하고, 선포하고, 알게 해야 할 의무가 있다. 나는 많은 것을 받았기 때문에 많은 것을 주어야 한다."라는 의미를 담고 있다.

만일 우리가 바울에게 "왜 내가 죄를 죽여야 합니까?"라고 묻는다면 그는 "복음"이라고 간단하게 대답할 것이다. 죄를 죽이는 것은 예수 그리스도 안에 나타난 하나님의 은혜가 우리를 위해 이룬 것에 대한 우리 자신의 마땅한 반응이다. 하나님은 우리의 죄를 용서하고, 우리를 자기 아들과 연합시키셨다. 우리는 예수 그리스도 안에서 하나님의 은혜로 지극히 높으신 하나님의 아들의 신부가 되었다. 우리의 구원자가 죄를 멸하기 위해 죽으셨고, 성령께서 우리를 하나님의 처소로 만들기 위해 오셨다면 우리는 마땅히 하나님께 감사하는 태도로, 구원자를 죽음으로 몰아넣은 죄를 죽여 없애야 할 의무가 있다. 그리스도께서는 죄와 죄인들을 위해 죽으셨다.

토머스 굿윈은 성부 하나님이 그리스도께 지우신 죄를 하나씩 구체적으로 묘사했다. 그의 말은 마르틴 루터가 갈라디아서 3장 13절을 주해하면서 성부께서 성자에게 말씀하신 것을 기록한 내용을 연상시킨다. "너는 부인자였던 베드로, 박해자요 신성모독자요 잔인한 압제자였던 바울, 간통자였던 다윗, 낙원에서 금단의 열매를 따 먹은 그 죄인이 되어라."[6] 굿윈이 말하려는 요점은 그리스도께서 우리가 지은 구체적인 죄를 모두 짊어지셨다는 것이다. 따라서 우리는 우리가 지은 구체적인 죄를 떠올릴 때마다 그 죄가 우리의 구원자를 죽음으로 몰아넣었고, 그분이 그 모든 개개의 죄를 속량하셨다는 사실을 기억해야 한다.

---

6. Martin Luther, *Commentary on Saint Paul's Epistle to the Galatians* (New York: Robert Carter, 1844), 274–75.

그러나 죄를 죽이는 일이 복음에 근거하지 않으면 잘해봐야 율법주의로, 잘못하면 로마 가톨릭의 미신주의로 치우칠 수밖에 없다. 오직 복음만이 죄를 옳게 죽이게 만들 수 있다. 오웬은 "매일 죄를 죽이지 않으면 하나님의 선하심과 인자하심과 지혜와 은혜와 사랑을 거스르는 죄를 짓게 된다."라고 말했다.[7]

죄를 죽이는 것을 복음적인 의무로 받아들이는가? 하나님께 빚진 자임을 의식하고 매일 죄를 죽이는가? 삶 속에서 날마다 그런 은혜를 구하고, 그런 의무를 이행하고 있는가? 우리는 모두 죄를 죽여야 할 의무가 있다.

2. **죄를 죽이는 것은 신자의 책임이다.** 바울은 "너희가 육신대로 살면 반드시 죽을 것이로되 영으로써 몸의 행실을 죽이면 살리니"라고 말했다. 값없이 주어지는 하나님의 은혜의 행위인 칭의와는 달리, 죄를 죽이려면 노력이 필요하다. 우리는 그릇된 몸의 행실을 죽여야 한다. 물론 성령의 도우심이 없으면 그렇게 할 수 없다. 그러나 바울은, 영혼을 정결하게 하는 사역은 우리의 소극적인 태도가 아닌 적극적인 태도를 요구한다는 점을 분명하게 보여주었다. 하나님이 우리를 위해 이 일을 알아서 해주실 것이라고 생각하면 곤란하다. 오히려 하나님은 우리에게 하나님을 욕되게 하고, 그리스도를 부인하는 이 달갑지 않은 침입자를 우리의 삶에서 완전히 죽여 없

---

7. Owen, *The Mortification of Sin in Believers*, 6:13.

애라고 명령하신다. 우리는 이 일에 대해 책임이 있다. 우리는 하나님 앞에서 책임 있게 살아야 한다.

3. **죄를 죽이는 것은 신자의 지속적인 책임이다.** 바울이 12, 13절에서 사용한 동사의 시제는 육신의 행실을 계속해서 죽여 없애야 한다는 의미를 담고 있다. 죄를 죽이는 것은 단번에 끝나는 경험이 아니라 매일 중단 없이 지속해야 할 일이다. 주 예수 그리스도께서는 누가복음 9장 23절에서 "아무든지 나를 따라오려거든 자기를 부인하고 날마다 제 십자가를 지고 나를 따를 것이니라"라고 말씀하셨다. 예수님은 "너는 아직 다 성숙하지 못한 신자일 수도 있고, 형통할 때만 믿음을 잘 지키는 신자일 수도 있으니 적당히 알아서 해라."라는 식으로 이 지속적인 사역을 게을리할 빌미를 제공하지 않으신다. 그분의 말씀은 명백하다. 그것은 "네 십자가를 지고, 거기에 너를 못 박고, 날마다 그것을 짊어져라. 그렇지 않으면 나의 제자가 될 수 없다."라는 뜻이다.

우리는 죽는 날까지 죄와 싸워야 한다. 오웬은 "죄는 끊임없이 점진적으로 약화시키지 않으면 죽지 않는다. 도중에 조금이라도 늦추면 상처를 치유하고 다시 힘을 회복한다."라고 말했다.[8] 우리는 살면서 이따금 "하나님의 은혜와 성령의 도우심으로 그 죄를 죽였어. 마침내 그것을 죽여 매장했어."라고 생각하곤 한다. 그러나 그 죄에

---

8. Owen, *Pneumatologia: Or, A Discourse Concerning the Holy Spirit, in Works*, 3:545.

대한 경계를 늦추고 기도를 중단하면, 곧 그 흉한 머리를 또다시 쳐들기 시작한다. 성화는 일평생의 과정이다. 우리는 마지막 숨을 거둘 때까지 세상과 육신과 마귀에 맞서 싸워야 한다.

4. **신자는 성령을 의지해 죄를 죽여야 한다.** 바울은 "영으로써 몸의 행실을 죽이면 살리니"라고 말했다. 우리 안에 남아 있는 죄는 무엇이든 막강한 힘이 있고, 그 주인인 사탄처럼 교활하다. 지금도 사탄은 여전히 악한 활동을 하고 있지만 우리는 그 점을 충분히 고려하지 않는다. 주님은 우리에게 성령을 주어 우리 안에 남아 있는 죄를 물리치도록 도와주신다. 남아 있는 죄를 도발시키는 장본인은 사탄이다. 바울은 로마서 8장 26절에서 성령께서 우리를 도우신다고 말했다. 여기서 사용된 단어인 "도우시나니*sunantilambanetai*"는 복합어이다. 이 복합어는 성령에 관해 다음과 같은 사실들을 알려준다.

먼저 "*sun*"이라는 접두어는 성령께서 우리와 함께 계시면서 우리와 협력하신다는 의미를 담고 있다. 또한 그 뒤의 "*anti*"는 성령께서 우리와 대조되신다는 의미를 지닌다. 성령께서는 우리와 함께 있으면서 또한 대조되신다. 바울의 말은 무슨 의미일까? 그의 말은 우리가 죄를 죽이는 일에 능동적으로 참여하지만 우리가 소유한 모든 미덕, 우리가 거둔 모든 승리, 우리가 하는 모든 거룩한 생각은 성령께 속했다는 뜻이다. 왜냐하면 성령께서 우리에게 그렇게 할 수 있는 능력을 주시기 때문이다. 모든 영광은 삼위일체 하나님을 대표하는 그분의 것이다. 우리가 모든 승리를 성령의 발아래 바쳐야 하는 이유는 그것이 우리가 아닌 그분의 승리이기 때문이다.

성령께서 죄를 죽이는 일을 도우시는 방법

성령께서는 어떻게 우리를 도와 죄를 죽이게 하실까? 성령께서는 우리를 예수 그리스도와 하나로 연합시키신다. 그분은 우리의 삶에 하나님 중심적인 새로운 본성, 곧 하나님을 사랑하고, 기쁘시게 하며, 그분의 명령을 지키기를 원하는 마음을 허락하신다. 그러나 그분은 또한 우리의 조력자로서 죄와 육신의 행실을 죽일 수 있는 능력을 주신다. 성령께서 이 일을 하시는 방법은 크게 네 가지다.

첫째, 성령께서는 구세주이신 예수 그리스도의 사랑스러우심을 보여주신다. 그분은 성경을 통해 그리스도의 위대하심, 위엄, 영광, 자애, 인자, 권능, 거룩하심을 보여주신다. 예수님은 요한복음 16장 14절에서 성령께서 신자들에게 임하면 자신의 영광을 나타내실 것이라고 말씀하셨다. 성령을 통해 활력을 얻는 교회들은 예수 그리스도의 영광을 드높인다.

나는 킹스칼리지가 있는 케임브리지에 산다. 한밤중에 캠퍼스를 가로질러 걷다 보면 불빛이 비추는 웅장한 예배당이 보인다. 케임브리지의 킹스 퍼레이드 거리를 따라 걸으면서 고개를 숙인 채로 조명등을 내려다보면서 "와, 불빛이 엄청 세네."라고 말하는 사람을 본 적은 한 번도 없다. 거의 모두가 그 불빛이 비추는 건물을 올려다보며 걷는다.

이것이 성령께서 하시는 일이다. 성령께서는 그리스도의 사랑스러우심, 구원자의 다양한 은혜와 영광, 그분의 공로로 주어진 은혜의 탁월함을 보여주신다. 우리도 요셉처럼 "죄가 그 흉악한 머리를 쳐들 때 내가 어찌 하나님께 죄를 지을 수 있으리요?"라고 말해야 한다(창 39:9 참조). 성령께서는 예수 그리스도의 사랑스러우심을 볼 수 있게 도와주신다.

새뮤얼 러더퍼드는 "주 예수님은 아름다운 태양과 아름다운 달과 아름다운 별과 아름다운 장미와 아름다운 백합과 아름다운 피조물보다 수만 배나 더 아름다우시도다!"라고 말했다.[9] 성령께서는 그리스도의 위대하심과 세상의 비속하고 덧없는 매력을 볼 수 있게 도와주신다.

둘째, 성령께서는 죄의 참된 실체와 그 기만성과 그 비극적인 결말을 보여주심으로써 그 사악함을 일깨워주신다. 그분은 성경을 통해 그렇게 하신다(롬 7:9-11). 하나님의 거룩한 율법은 그분을 직시하게 만드는 기능을 한다. 굿윈은 "죄가 무엇인지 알고 싶거든 갈보리 언덕에 가봐라."라고 말했다.[10] 성령께서는 성경을 통해 우리에게 죄의 본질을 깨우쳐주신다. 그분은 우리에게 하나님의 거룩한 말씀과 그분의 거룩한 기준을 제시하신다.

---

9. Samuel Rutherford, "Letter to the Laird of Cally, 1637," in *Letters of Samuel Rutherford*, ed. Andrew A. Bonar (Edinburgh: Oliphant Anderson, 1891), 398.

10. Thomas Goodwin, *Christ the Mediator, in The Works of Thomas Goodwin* (repr., Grand Rapids: Reformation Heritage Books, 2006), 5:287.

성령께서는 때로 참된 친구들이 사랑으로 하는 말을 통해 우리를 깨우쳐주기도 하신다. 예를 들어 나단 선지자는 다윗에게 가난한 이웃이 소유하고 있던 양 한 마리를 빼앗은 한 남자의 이야기를 들려주었다(삼하 12장 참조). 다윗은 시편 51편 4절에서 "내가 주께만 범죄하여 주의 목전에 악을 행하였사오니"라고 고백했다. 아마도 우리는 "다윗이여, 스스로가 무슨 짓을 저질렀는지 잘 모르시는군. 당신은 아내와 자녀들과 국가에 대해 죄를 지었소. 그런데 어찌 하나님께만 범죄했다고 말하는 것이요?"라고 물을 것이다. 그러나 다윗은 자기가 무슨 말을 하는지 잘 알고 있었다. 왜냐하면 성령께서 그가 저지른 죄의 무서움을 온전히 일깨워주셨기 때문이다. 물론 다윗은 아내와 자녀들과 국가에 대해 죄를 지었다. 그러나 그는 다른 무엇보다도 하나님께 죄를 지었다. 성령께서는 우리가 하나님께 지은 죄의 사악함을 은혜롭게 일깨워주신다.

셋째, 성령께서는 우리의 삶에 자신의 은혜가 깊이 뿌리를 내리게 해주신다. 오웬은 "거룩함을 신장하고, 향상시키고, 왕성하게 만드는 것이 죄를 죽이는 좋은 방법이다…'성령의 열매'를 더욱 풍성하게 맺을수록 '육신의 행위'에 대한 관심이 더 줄어든다…그것이 죄를 극복하는 결과를 낳는다. 그것이 없으면 그 무엇으로도 그런 결과를 낳기가 어렵다."라고 말했다.[11] 성령께서는 우리의 삶 속에 그리스도의 은혜의 씨앗을 심어주신다. 그분은 죄가 거하는 황량한

---

11. Owen, *Pneumatologia*, 3:552 – 53.

우리의 마음속에 은혜의 씨앗을 심으신다. 은혜의 씨앗에 하나님의 말씀과 기도와 신자들의 사역과 성도의 교제를 통해 물을 주면 그것이 왕성하게 자라나 우리의 삶에서 죄를 몰아낸다.

마지막으로 성령께서는 삶 속에서 죄보다 의를 앞세울 수 있는 용기를 허락하신다. 다니엘과 베드로와 사도들과 루터를 생각해보라. 성령께서는 그들에게 어떤 대가를 치르더라도 타협을 불허하는 태도로 진리를 내세울 수 있는 용기를 허락하셨다. 성령께서는 우리가 특정한 사람들, 특정한 장소, 특정한 텔레비전 프로그램, 특정한 문학, 특정한 인터넷 사이트를 거부하는 데 필요한 은혜를 베풀어 우리를 도와주신다. 그러나 성령께서는 우리의 협력 없이는 죄를 죽이지 않으신다. 그분은 우리의 노력 위에 복을 내리시지만, 우리의 나태함 위에 복을 내리지는 않으신다.

우리는 죄와 불공평한 싸움을 하지 않는다. 왜냐하면 우리 안에 있는 분이 세상에 있는 자보다 더 크시기 때문이다. 우리 안에 남아 있는 죄 가운데 성령의 도우심으로 없애거나 죽이지 못할 정도로 뿌리가 깊거나 다루기 힘든 죄는 없다.

결론적으로 오웬이 성화에 관해 한 말을 깊이 명심하라고 당부하고 싶다. 그는 "죄를 죽임으로써 그리스도에 대한 믿음이 살아 역사하게 하라…하나님의 선하신 섭리를 통해 우리의 정욕이 우리의 발 앞에 죽어 엎드려지는 것을 볼 때까지 정복자로서 살다가 죽자."라

고 말했다.[12] 그리스도를 굳게 신뢰하라. 그분은 죄를 죽이는 능력
자이시다. 또한 성령을 의지하라. 그분은 "하나님의 자녀여, 우리 함
께 이 일을 할 수 있단다."라고 말씀하신다.

---

12. Owen, *Mortification of Sin in Believers*, 6:79.

3장

위의 것을 생각하는 삶 :
영의 생각에 대한 존 오웬의 가르침

존 트위드데일

런던 시내 북쪽에 "번힐 필즈"라는 유명한 공동묘지가 있다. 그 묘지에는 존 브래드포드, 존 번연, 아이작 와츠, 존 오웬과 같은 저명한 비국교도 목회자들과 많은 청교도가 묻혀 있다. 오웬의 무덤에는 "비국교도들의 비문 제작자"로 알려진 토머스 길버트가 쓴 장문의 라틴어 비문이 적혀 있다.[1] 그 내용은 다음과 같다.

그는 실천적인 신학의 차원에서 말씀의 규칙에 따라 자신의 마음속에서 먼저 경험했던 성령의 사역을 다른 사람들을 위해 남김없이 펼쳐 보여주었다. 그는 자기가 글로 전한 하나님과의 복된 교제를 신장시키고

---

1. Anthony A. Wood, *Athenae Oxonienses: An Exact History of All the Writers and Bishops Who Have Had Their Education in the University of Oxford, to Which Are Added the Fasti, or Annals of the Said University*, vol. 5, ed. Philip Bliss (London, 1815), part 2, 180.

구체적으로 실천하는 일에 가장 우선적인 관심을 기울였다. 그는 하늘에 있는 사람처럼 하나님을 이해했던 땅 위의 나그네였다.[2]

오웬의 동료 가운데 한 사람의 말에 따르면 그는 현 세상에서 다음 세상으로 여행했던 순례자로 가장 잘 기억되고 있다.[3] 그는 일평생 위의 것을 생각하며 살았다.

오웬이 순례자의 마음으로 일생을 살았다는 증거가 그가 남긴 마지막 말 가운데서 발견된다. 그가 임종한 날은 1683년 8월 24일 (정확히 11년 전에 바르톨로메오 축일의 대학살이 있었던 날)이었다. 그날 아침, 그의 오랜 친구였던 윌리엄 페인이 작별 인사를 나누기 위해 그의 집을 방문했다. 그는 오웬에게 그의 마지막 책인 《그리스도의 영광》

---

2. 제임스 패커에 따르면 이 번역은 라틴어 원문에 대한 "설명과 해설이 가미된 의역"이라고 한다. 다음의 책들을 참조하라. J. I. Packer, *A Quest for Godliness: The Puritan Vision of the Christian Life* (Wheaton, Ill.: Crossway, 1990), 192, 350 n2; cf. Andrew Thomson, "Life of Dr Owen," in *The Works of John Owen*, 24 vols., ed. William H. Goold (London: Johnstone and Hunter, 1850), 1:cxiii-cxiv; Peter Toon, *God's Statesman: The Life and Work of John Owen* (Exeter: Paternoster Press, 1971), 182-83.

3. 순례자적 정신이 청교도 신학에 어떻게 영향을 끼쳤는지에 대해서는 다음의 책을 참조하라. Joel R. Beeke and Mark Jones, *A Puritan Theology: Doctrine for Life* (Grand Rapids: Reformation Heritage Books, 2012), 843-58. 개혁파 스콜라주의의 맥락에서 존 오웬의 순례자적 관점을 다룬 자료로는 다음의 책들을 참조하라. Sebastian Rehnman, *Divine Discourse: The Theological Methodology of John Owen* (Grand Rapids: Baker Academic, 2002), 68-71; Carl R. Trueman, *The Claims of Truth: John Owen's Trinitarian Theology* (Carlisle: Paternoster Press, 1998), 55-62; cf. Willem J. van Asselt, "The Fundamental Meaning of Theology: Archetypal and Ectypal Theology in Seventeenth-Century Reformed Thought," *Westminster Journal of Theology* 64 (2002): 319-35.

*The Glory of Christ*이 곧 출판될 것이라는 소식을 전해주었다. 그는 "선생님이 그리스도의 영광에 관해 쓴 책의 출판을 지금 막 의뢰했습니다."라고 말했다. 오웬은 "그 책이 출판된다는 소식을 들으니 기쁘오. 그러나 페인 형제님, 마침내 오랫동안 고대했던 날이 이르렀소. 이제는 지금까지 내가 보았던 것이나 이 세상에서 내가 할 수 있었던 것과는 다른 방식으로 그 영광을 보게 될 것이오."라고 대답했다.[4] 오웬은 구원자의 영광을 직접 볼 날을 기대하는 믿음으로 살았다.[5] 그는 하늘에 있는 사람처럼 하나님을 이해했던 땅 위의 나그네였다.

많은 사람이 오웬을 단지 위대한 신학자로만 기억하고 있다. 그러나 그는 교육 개혁가이자 신앙의 자유와 개신교의 정통성을 옹호하고 주장했던 인물이었다. 신학자로서의 그의 위대성은 그의 순례자로서의 삶과 밀접하게 연관된다. 그는 삼위일체 하나님과의 교제를 누리며 신학적인 글을 많이 썼다. 오웬은 성경적인 진리의 산 위를 오르는 동안 자기가 본 하나님의 장엄한 영광을 다른 사람들이 볼 수 있게끔 돕는 데 일생을 바쳤다. 이런 순례자적인 삶의 관점

---

4. Toon, *God's Statesman*, 171.

5. 오웬은 "성경에서 거듭 강조되고 있는 그리스도의 영광을 보는 방식이나 단계는 두 가지다. 하나는 이 세상에서 믿음으로 보는 것이다. 이것이 곧 '보이지 않는 것들의 증거'다. 다른 하나는 영원한 세상에서 직접 눈으로 보는 것이다. 고린도후서 5장 7절은 '우리가 믿음으로 행하고 보는 것으로 행하지 아니함이로다'라고 말씀한다. 이 세상에서 믿음으로 그리스도의 영광을 보지 못하는 사람은 사후에 눈으로 그것을 직접 보지 못할 것이다. 영광을 볼 준비를 하려면 반드시 은혜가 필요하고, 눈으로 그것을 보려면 믿음이 꼭 필요하다."라고 말했다. Owen, *Meditations and Discourses on the Glory of Christ* (1684), in Works, 1:288.

을 보여주는 좋은 증거가 《영의 생각 육의 생각》*The Grace and Duty of Being Spiritually Minded*(생명의말씀사 역간)이라는 책에서 발견된다.[6] 안타 깝게도 이 책은 오늘날 그렇게 많이 알려지지 않았다.

격려자 오웬

그 책은 오웬이 세상을 떠나기 2년 전인 1681년에 출판되었다. 따라서 이 책에는 기독교적 삶에 대한 그의 가장 성숙한 사상이 드러나 있다. 이런 이유로 그의 전기 작가 가운데 한 사람은 "이것은 오웬이 쓴 책들 가운데서 가장 큰 가치를 지니고 있고, 또 가장 큰 인

---

6. 영의 생각에 대한 오웬의 이 작품에 대한 최고의 개론서들은 다음의 책들을 참조하라. Sinclair B. Ferguson, *John Owen on the Christian Life* (Edinburgh: Banner of Truth, 2001), 248-61; Derek W. H. Thomas, "John Owen and Spiritual-Mindedness: A Reflection on Reformed Spirituality," in *The Holy Spirit and Reformed Spirituality*, eds. Joel R. Beeke and Derek. W. H. Thomas (Grand Rapids: Reformation Heritage Books, 2013), 127-37. 이 책과 관련하여 오웬의 영성을 평가한 책들은 다음을 참조하라. Philip Adair Craig, "The Bond of Grace and Duty in the Soteriology of John Owen: The Doctrine of Preparation for Grace and Glory as a Bulwark against Seventeenth- Century Anglo-American Antinomianism" (PhD dissertation, Trinity International University, 2005); John Hannah, "The Cure of Souls; or, Pastoral Counseling: The Insight of John Owen," *Reformation and Revival* 5.3 (1996): 71-92; Michael A. G. Haykin, *The Reformers and Puritans as Spiritual Mentors* (Ontario: Joshua Press, 2012), 125-42; Kelly M. Kapic, *Communion with God: The Divine and the Human in the Theology of John Owen* (Grand Rapids: Baker Academic, 2007); Timothy J. Keller, "Puritan Resources for Biblical Counseling," *The Journal of Pastoral Practice* 9.3 (1988): 11-44; David M. King, "The Affective Spirituality of John Owen," *Evangelical Quarterly* 68.3 (1996): 223-33; Packer, *A Quest for Godliness*, 191-218.

기를 누려야 마땅한 책이다."라고 말했다.[7]

오웬은 심한 질병을 앓으면서 자기가 살 날이 얼마 남지 않았다고 생각했다. 그 책은 바로 그런 시기에 이루어진 그의 "개인적인 묵상"에서 비롯한 결과물이었다. 그는 질병 중에 기력을 조금 회복하자 자신의 생각을 설교로 옮겼고, 그것을 책으로 펴내 런던의 "리든홀 스트리트 교회"의 교인들을 유익하게 하기로 결심했다.[8] 피터 툰은 "이 책(그리고 그 시기의 다른 책들)은 오웬이 생애 말년에 그리스도의 인격과 천국을 묵상하는 일에 많은 생각을 기울였다는 것을 보여준다."고 설명했다.[9]

이 책의 독특한 특징 가운데 하나는 순례자이자 목회자로서의 오웬의 마음 상태를 잘 보여주고 있다는 것이다. 그는 자신에게 먼저 설교한 것을 다른 사람들에게 가르쳤다. 윌리엄 옴므는 "그는 영적 생각의 은혜와 의무를 역설할 때 자신이 매일 추구하고 사랑했던 것을 예로 들었다. 그는 마음의 충만한 데서부터 말했고, 자신이 직접 맛보고 느낀 것을 다른 사람들에게 전하기를 원했다."고 말했다.[10] 오웬은 그의 책의 서문에서 이렇게 말했다.

---

7. William Orme, *Memoirs of the Life, Writings, and Religious Connexions of John Owen* (London, 1820), 439.

8. Owen, *Works*, 7:263. 《*Grace and Duty*》의 문맥은 앞서 말한 그리스도의 영광에 관한 오웬의 저서와 놀라도록 흡사하다. 다음 자료를 참조하라. *Works*, 1:275. 많은 점에서 볼 때 이 두 저서는 함께 읽는 것이 좋다.

9. Toon, *God's Statesman*, 168.

10. Orme, *Memoirs*, 462.

나는 이 두 가지가 나의 사역을 규정한다고 인정한다. 내가 어느 정도 그 능력을 직접 경험한 바 있는 진리들을 전하는 것과 현재의 필요와 유혹과 그 밖의 상황들로 인해 특별한 방법으로 주의를 기울여 처리해야 할 의무들을 [다른 이들에게] 요구하는 것, 이 두 가지는 다른 사람들을 가르치는 사역을 할 때 주로 나 자신에게 먼저 적용하는 것들이다. 그 이유는 일반적인 사역을 이행할 때처럼 예수 그리스도로 말미암는 교회의 구원에 관한 하나님의 온전하신 뜻을 선포해야 하기 때문이다.[11]

오웬은 자신의 사역 전체가 두 가지 기본적인 동기에 의해 진행된다고 생각했다. 그것은 "하나님의 영광을 위한 열정과 사람들의 영혼에 대한 깊은 동정심"이었다.[12] 그는 설교를 전하는 자와 선포된 말씀을 듣는 자가 똑같이 그리스도의 심판대 앞에 설 것을 알았다. 따라서 그는 그날을 위해 자신과 자기 교인들의 마음을 준비시키기를 원했다. 그의 목표는 그들에게 "영광을 미리 맛보게 하는 것"이었다.[13] 간단히 말해 오웬이 이 책을 쓴 이유는 위의 것을 생각하고 바라보도록, 자신과 교인들을 훈련하기 위해서였다.

윌리엄 굴드가 설명한 대로 오웬은 "(야고보와 요한 사도처럼) 보아너게와 같은 태도로 복음을 옹호하기보다는 성도의 위로에 열중했던

---

11. Owen, *Works*, 7:263.

12. Owen, *Works*, 7:263.

13. Owen, *Works*, 7:265.

바나바와 같은 심정으로" 영의 생각에 관한 책을 저술했다.[14] 한마디로 오웬은 격려자였다. 아마도 이것이 스코틀랜드 장로교 목사였던 토마스 찰머스가 이 책을 좋아했던 이유였을 것이다.

> 오웬이 쓴 다음의 책은 그가 저술한 많은 책 가운데서 뛰어난 위치를 차지한다. 인간의 생각이 지닌 그 은밀한 작용 원리에 대한 정확한 영적 분별력과 깊은 경험적 감정을 토대로 마음의 비밀과 다양한 애착심과 항상 변하는 기질적 특성을 능숙하게 파헤쳐 진리를 양심에 강력하게 적용하는 것이 이 책의 특징이다. 이 훌륭한 책은 정직한 탐구자의 소중한 안내자가 되어 스스로의 마음과 감정의 참된 상태를 살펴볼 수 있게 도와준다.[15]

지금까지 오웬의 책이 순례자의 관점에서 쓰였다는 것을 간단히 살펴보았다. 이제부터는 그가 말한 영의 생각이 무슨 의미인지를 살펴보기로 하자.

영의 생각

오웬의 책은 로마서 8장 6절("육신의 생각은 사망이요 영의 생각은 생명과 평안

---

14. William Goold, "Prefatory Note," in *Works*, 7:262.

15. Thomas Chalmers, "Introductory Essay," in John Owen, *The Grace and Duty of Being Spiritually Minded*, 2nd ed. (Glasgow: Printed for William Collins, 1826), xxi.

이니라")을 중심으로 전개된다. 그는 로마서 8장에 기록된 바울의 말을 근거로 두 종류의 사람(영의 생각을 하는 사람과 육신의 생각을 하는 사람)이 있다고 주장했다. 두 종류의 사람은 서로 반대된다. 오웬은 "이 두 상태의 차이는 엄청나고 그 괴리는 무한하다. 왜냐하면 그것에 근거해 영원한 축복과 영원한 불행이 엇갈리기 때문이다."라고 말했다.[16] 간단히 말해 이 둘의 차이는 삶과 죽음만큼 뚜렷하다.

육신의 지배를 받는 자들은 하나님과 반목한다. 그들의 운명은 영원한 영적 사망이다. 그것은 그들의 악한 생각과 삶에 하나님의 공의로운 형벌이 미친 결과다(엡 2:1, 골 2:13, 롬 6:23, 8:13 참조). 그와는 대조적으로 성령의 지배를 받는 자들은 현세와 내세에서 생명과 평안을 누린다. 거듭난 사람들도 여전히 육신과 싸워야 하지만 그들 안에는 새로운 영적 생명의 원리가 역사한다(갈 5:17). 그리스도인인 우리는 육신적인 것을 생각하지 말고 영적인 것을 생각해야 한다. 오웬은 이렇게 설명했다.

"영의 생각"은 성령에 의해 새로워진 생각의 실제적인 활동을 의미한다. 새로워진 생각은 영적 생명과 빛의 원리를 갖추었기 때문에 영적인 것을 생각하고, 거기에 마음을 기울이며, 그것의 맛과 풍미를 발견하고, 그것으로 즐거워하며 만족한다.[17]

---

16. Owen, *Works*, 7:268.
17. Owen, *Works*, 7:270.

전에는 불경건하고, 육신적인 것을 추구했던 생각이 이제는 영적인 것을 맛보며 즐거워한다.

영적인 것을 생각하면 실제로 어떤 일이 일어날까? 오웬은 영적인 것을 생각하는 과정이 세 단계로 전개된다고 말했다. 첫째는 "생각의 실제적인 활동"이다. 이것은 말씀의 진리를 생각하고, 밤낮으로 그것을 묵상할 때 이루어진다.[18]

둘째는 "모든 정감affection 속에 나타나는 생각의 기울어짐과 성향과 틀"이다.[19] 오웬의 말은 "사고방식mind-set"이라는 말로 간단히 표현될 수 있다. 생각의 기울어짐inclination은 우리가 생각하는 것을 정감affection 안에서 갈망하는 프로세스를 가리킨다. 어떤 것을 오랫동안 생각하면 심령이 그것을 간절히 바라게 된다. 이런 개념은 "멀리 떨어져 보지 못하면 마음은 더 보고 싶어진다."라는 속담에 잘 표현되어 있다. 내가 출장을 떠났을 때 아내를 생각하면 생각할수록 그녀와 함께 있고 싶은 마음이 더욱 간절해진다. 어떤 것을 생각하면 그것에 대한 정감affection이 일 수밖에 없다. 오웬에 따르면 정감affection은 하나님을 맛보는 "영혼의 미각"이다.[20]

세 번째 단계는 "생각의 만족"이다. 오웬은 이것을 생각으로 영적인 것을 "맛보고, 즐거워하고, 음미하는 것"으로 일컬었다. 어떤 것을 생각하면 정감affection이 움직이고, 그것을 깊이 묵상하는 과정

에서 기쁨이 생겨난다. 이것이 결혼식 날을 생각하면 저절로 미소가 지어지고, 자녀들을 생각하면 흐뭇한 웃음이 나오고, 소갈비구이를 생각하면 침이 나오는 이유다. 오웬은 "이런 맛과 풍미 안에 영적인 삶의 달콤함과 만족이 있다."라고 말했다.[21] 육신의 생각은 말씀의 진리에서 아무런 맛이나 풍미를 느끼지 못한다. 그러나 그리스도인들은 "경험을 통해 하나님이 은혜로우시며, 그리스도의 사랑이 포도주나 육신의 미각에 가장 유쾌한 맛을 주는 그 무엇보다 더 낫다는 것을 알고, 그 맛을 느낀다. 이것이 '말할 수 없는 영광스러운 즐거움'의 토대다."라고 말했다.[22] 그리스도의 사랑은 아무리 많아도 물리지 않는다. 그분의 구원 사랑은 더 많이 경험할수록 더 많이 바라게 된다. 구원 사랑은 바라면 바랄수록 더 많이 곱씹게 되고, 그것을 더 많이 곱씹을수록 더 많이 만족하고, 더 소중히 여기게 된다. 그리스도의 사랑은 아무리 많이 생각해도 지나치지 않다. 왜냐하면 그분의 사랑은 한계가 없기 때문이다(엡 3:14-21 참조).

오웬은 로마서 8장 6절의 주해에 근거해 전체적인 논의를 이끄는 두 가지 핵심 원리를 제시함으로써 이 대목을 마무리했다. 첫째, "영의 생각은 참 신자를 거듭나지 못한 사람들과 구별하는 큰 특징 가운데 하나다." 둘째, "영의 생각을 하면 생명과 평안이 찾아온다."[23]

---

21. Owen, *Works*, 7:270.
22. Owen, *Works*, 7:271.
23. Owen, *Works*, 7:271.

영의 생각의 발전

오웬의 책은 두 부분으로 나뉜다. 1-10장은 영적인 것에 대한 생각에, 11-21장은 정감affection에 각각 초점을 맞춘다. 그는 설교와 기도와 같은 외적인 일반 수단을 활용해 생각을 자극하고 정감affection을 형성하는 방법을 논하기에 앞서, 영의 생각의 발전을 평가하기 위한 세 가지 규칙을 제시했다.

첫 번째 규칙은 깨닫는 것이다. "일상생활 속에서 영적인 것을 얼마나 생각하며 살아가는지 살펴보라."[24] 직업 활동, 가정생활, 친구 관계와 같은 일상의 삶 속에서 하나님을 영화롭게 하려고 얼마나 추구하고 있는지 돌아보라는 의미다. 우리는 물질적인 필요를 영적 진리보다 우선시하려는 경향이 있다. 우리는 주일만 하나님의 것이고 나머지 날들은 우리의 것이라고 생각하는 오류를 저지른다. 오웬은 "세상이 자주 하늘에 가는 길에 침입해 여행자들을 방해한다."라고 말했다.[25] 요즘처럼 스트레스가 심하고, 속도가 빠르고, 고도의 소셜 네트워크를 갖춘 사회에서는 하나님을 오래 생각하는 것을 매우 어렵게 만드는 습관에 빠져들기 쉽다. 우리는 하나님을 우리의 일정에 맞추려고 시도한다. 그러나 하나님은 우리의 일정에 맞출 수 있는 분이 아니시다. 오히려 우리의 일정을 그분에게 맞춰야

---

24. Owen, *Works*, 7:301.

25. Owen, *Works*, 7:304.

한다. 우리가 먹는 빵도 그분을 위해 먹어야 하고, 우리가 마시는 음료도 그분을 위해 마셔야 하며, 우리가 입는 옷도 그분을 위해 입어야 하고, 우리가 하는 직업 활동도 그분을 위해 해야 한다. 물질을 위해 살아서는 안 된다. 하나님을 위해 살아야 한다. 오웬은 "세상의 것"을 생각하는 우리의 사고방식에 대해 한 가지 중요한 질문을 제기했다. 우리는 모두 바쁘고, 산만한 삶을 사고 있다. "영적 의무를 행해야 할 때" "세속적인 관심사들"에 마음을 빼앗기기 일쑤다. 오웬은 그런 우리를 향해 "세속적인 일을 할 때 영적인 것을 얼마나 자주 생각하는가?"라고 묻는다.[26]

두 번째 규칙은 도전하는 것이다. "영적인 것을 생각하는 일이 항상 적절한 때에 잘 이루어지고 있는지를 살펴야 한다." 오웬은 시간을 재량껏 체계적으로 사용하는 방법에 관해 생각했다. 그는 "모든 일을 중단하고 생각을 해야 하는 시기와 때가 있다. 세상에서 가장 바쁜 사람도 스스로를 돌아볼 수 있는 시간을 가져야 한다."라고 말했다.[27] 그는 정해진 시간과 여분의 시간을 구별했다. 따로 시간을 정해놓고 하나님과 교제를 나누는가? 다른 가족들이 잠자리에 누워 있는 아침 시간이나 저녁 시간을 어떻게 활용하는가? 운동 시간이나 출퇴근 시간이나 아이에게 우유를 먹이는 시간을 최대한 활용하고 있는가? 매일의 삶의 리듬 속에서 그런 시간들을 최대한 활용해

---

26. Owen, *Works*, 7:304, slightly edited.

27. Owen, *Works*, 7:305.

그리스도를 생각하는가? 영적 생각의 발전을 점검해볼 수 있는 가장 좋은 방법은 "계획되지 않은 여분의 시간을 어떻게 활용하고 있는가?"를 살피는 것이다. "여분의 시간을 하나님께 바치지 않는다면 아무것도 바칠 수 없을 것이 분명하다."[28] 생각해야 할 일이 아무것도 없는 시간에 무엇을 생각하는가? 그런 시간에 마음과 생각이 말씀의 진리를 향하는가? 오웬은 이렇게 말했다.

> 보통 때에 자발적으로 하는 생각이 심령 상태를 보여주는 가장 확실한 기준이자 척도다…자발적으로 하는 생각이 무엇을 향하는가를 보면 내면과 생각의 상태를 가장 확실하게 진단할 수 있다…따라서 우리는 어떤 일에 몰두하다가 짬을 내어 뒤로 물러나 잠깐 스쳐가듯 하는 생각을 영의 생각으로 발전시켜야 하고, 영의 생각이 우리의 정감affection에 잘 어울려야 한다. 그래야만 영의 생각이 이루어질 수 있다.[29]

세 번째 규칙은 위로하는 것이다. "우리가 얼마만큼 실망에 의해 영향받는지 살펴보라."[30] 슬프고 어려울 때 지친 영혼의 피난처가 되시는 하나님을 생각하는가? 영적인 것을 생각하는 일을 게을리하는 것을 슬프게 생각하는가? 그리스도를 생각하는 사람은 "오늘 그리스도와 함께 보낸 시간이 너무 적었어. 그분을 생각하지 않고 너

---

28. Owen, *Works*, 7:306.

29. Owen, *Works*, 7:275, 277.

30. Owen, *Works*, 7:306.

무 많은 시간을 보냈어. 아, 그런 기회들을 살리지 못하다니 너무나도 어리석구나. 나는 나 자신에게 빚을 졌어. 진정으로 만족하기 전까지 안식은 결코 없을 거야."라고 말한다.[31] 영의 생각을 하면 어려울 때도 그리스도를 바라보게 된다.

은혜의 수단

하나님은 영적인 것을 깊고 온전하게 생각하도록 돕기 위해 우리에게 어떤 수단들을 허락하셨을까? 오웬은 교회를 비롯해 하나님이 영적 성장을 위해 마련해주신 "외적 수단과 기회들"의 필요성을 강조했다.[32] 그는 특히 하나님이 정해주신 수단들 가운데 하나인 설교와 기도에 초점을 맞췄다.[33] 예배를 사랑하는 마음과 하나님이 예배를 위해 제공하신 수단들을 즐거워하는 마음이 분명하게 느껴진다면 그것은 영의 생각을 하고 있다는 확실한 증거다. 오웬은 "생각이 영적으로 새로워진 참 신자라면 누구나 예배의 규례와 제도를 특별히 좋아한다. 성경에 등장한 성도들이 보여준 본보기와 그들의 경험을 살펴보면 그런 특징이 두드러지게 나타나는 것을 알 수 있다."라고 말했다.[34]

---

31. Owen, *Works*, 7:307.
32. Owen, *Works*, 7:281.
33. Owen, *Works*, 7:282-98.
34. Owen, *Works*, 7:430.

영의 생각을 하는 사람은 친구와 가족들과 함께 교회에 가는 것이나 하나님의 백성이 그분을 찬양하는 장엄한 광경을 보는 것이나 말씀을 읽거나 선포하는 것을 듣고 격려받는 것이나 성례의 경이로움을 느끼는 것과 같은 예배의 외적 형식을 즐거워하는 것에 그치지 않는다. 그들은 거기에서 한 걸음 더 나아가서 그런 수단들을 통해 그리스도 안에서 하나님이 자기를 드러내신다는 사실을 아주 기뻐한다. 오웬은 이렇게 설명했다.

> 신자들이 거룩한 복음적 예배의 규례와 제도를 그토록 좋아하고, 그것을 부지런히 지키는 일에 마음과 생각을 쏟아부음으로써 큰 사랑과 기쁨을 나타내는 이유는 무엇일까? 그들이 거룩한 예배의 모든 의식을 즐거워하는 이유는 그리스도와 그리스도 안에서 자신을 나타내신 하나님 때문이다. 그들은 오직 이것만을 구하고, 갈망하며, 이것으로 만족을 얻는다. 이를테면 그들은 샘물을 즐기며, 그것을 통해 샘의 원천과 교제를 나눈다. 생각이 진정으로 새로워진 사람들은 그럴 수밖에 없다. 하나님은 그리스도 안에서 신자들과 교제와 교통을 나눌 목적으로 거룩한 예배를 제정하셨다. 따라서 신자들은 자연히 예배의 의식과 의무에 관심을 기울이기 마련이다. 그리스도께서는 그런 수단들을 통해 우리에게 자신의 사랑과 은혜를 전하시고, 우리는 그것들을 통해 그분께 믿음과 사랑을 바친다.[35]

---

35. Owen, *Works*, 7:431-32.

그리스도를 믿는 믿음이 예배에 대한 지속적인 즐거움을 불러일으키는 비결이다. 믿음이 없으면 예배가 생명력을 잃고 냉랭해진다. 오웬은 "믿음의 생명이 내면에서 역사하지 않고 외형적으로만 예배 의식을 치르는 것에 그치면 죽은 것이 되고 만다. 예배 안에서 예배를 통해 믿음과 사랑을 내적으로 경험하지 못하면 어떤 신자도 참된 만족이나 위로를 얻을 수 없다."라고 말했다.[36] 이것은 "저주스러운 형식주의"에 대한 경고다(예배에 단지 몸만 참여하려는 유혹이 항상 존재한다).[37] 오웬은 "성경을 연구하는 것을 소명과 사역으로 삼고 있으면서도…종종 영의 생각을 하지 않고 살아가는 사람들에게" 각별한 주의를 당부했다.[38]

영의 생각에는 "믿음의 내적 활동"과 "규례의 외적 시행"이 모두 포함된다.[39] 둘 중 어느 하나도 소홀히 해서는 안 된다. 예배를 드릴 때는 선포된 말씀과 기도와 찬양과 성례를 통해 드러나는 그리스도를 믿음으로 깊이 생각해야 한다. 하나님은 그런 단순한 수단들을 통해 그리스도에 대한 사랑과 감정을 자라게 하신다. 오웬은 이렇게 요약했다.

흔히 영적으로 감정이 새로워진 신자들은 가장 먼저 거룩한 예배의 의

---

36. Owen, *Works*, 7:435.

37. Owen, *Works*, 7:433.

38. Owen, *Works*, 7:276.

39. Owen, *Works*, 7:468-67.

식을 사랑하고, 그것을 즐거워하는 마음을 갖게 된다. 그들은 예배의 규례 안에서, 예배의 규례를 통해 믿음과 사랑으로 그리스도 안에 나타나신 하나님을 은혜롭게 예배한다. 그들은 그렇게 하지 않으면 자신의 영혼 안에서 어떤 안식도 찾지 못한다.[40]

생명과 평안

영의 생각은 지역 교회의 맥락 안에서 가장 잘 신장될 수 있다. "감정이 영적으로 새로워진 신자들이 거룩한 예배의 의무를 크게 즐거워하는 이유는 그것이 하나님을 영화롭게 할 목적으로 제정된 좋은 수단이기 때문이다."[41] 말씀과 예배에 무관심하면 그리스도를 향한 감정이 사라질 수밖에 없다. 은혜의 수단을 등한시하면 "종교적인 감정이 불규칙적으로 바뀌어 제멋대로 통제할 수 없는 상태에 이르게 된다."[42]

영의 생각의 발전은 때로 실망스러울 정도로 더디기 때문에 많은 인내가 필요하다.[43] 우리를 산만하게 하고 실망하게 하는 일들로 인해 영적 성장이 잠시 둔화될 수 있지만 로마서 8장 6절은 그리스도께서 계시는 하늘의 것을 생각하면 생명과 평안이 뒤따를 것이라는

---

40. Owen, *Works*, 7:433.

41. Owen, *Works*, 7:444.

42. Owen, *Works*, 7:469.

43. Owen, Works, 7:454.

복된 소망을 전한다(골 3:1-3 참조).[44] 세상에서 나그네로 살아가는 동안 우리의 주된 소명은 "하늘의 모든 영광의 중심이요 생명이 되시는 주님, 곧 그리스도를 많이 생각하는 것이다…영의 생각을 하려면 하늘의 모든 영광의 중심이신 위에 계시는 그리스도를 생각해야 한다."[45] 당신이 그렇게 할 수 있는 가장 좋은 방법은 지역 교회에서 이루어지는 말씀 사역 아래 앉아 있는 것이다.

---

44. Owen, *Works*, 7:495-97.

45. Owen, *Works*, 7:344, cf. 420.

4장

은혜의 수단을 활용하는 삶 : 하나님이 자기 자녀들을 아름답게 하시는 방법

이안 해밀턴

하나님의 궁극적인 목적은 자기 자녀들을 아름답게 하는 것이 아니라 성자를 영화롭게 하시는 것이다. 하나님은 구원받은 자녀들을 아름답게 하는 일에 많은 관심을 기울이시지만 그것은 그분의 가까운 목적일 뿐, 궁극적인 목적은 아니다. 하나님의 궁극적인 목적은 그리스도를 "많은 형제 중에 맏아들이 되게" 하기 위해 자기 자녀들이 자기 아들의 형상을 본받게 만드는 것이다(롬 8:29). 하늘에 계신 성부의 가장 우선적인 목적은 우리가 아닌 그분의 사랑하시는 아들에게 있다.

하나님의 아름답게 하시는 사역의 전형

로마서 8장 29절은 예수 그리스도께서 하나님이 자기 자녀들이 본받기를 원하는 아름다움의 본질이자 전형이자 궁극적인 패러다임이시라고 분명하게 밝힌다. 오직 그분만이 "전체가 사랑스러우시다"(아 5:16). 구세주의 아름다우심이 물리적인 아름다움이 아닌 도덕적이고 영적인 아름다움이라는 사실은 굳이 설명할 필요가 없다. 그리스도께서는 "고운 모양도 없고…우리가 보기에 흠모할 만한 아름다운 것이 없"었던(사 53:2) 그 순간에도 "전체가 사랑스러우셨다." 인성을 통해 드러나 비친 구세주의 아름다우심은 하나님의 도덕적 영광을 나타낸다. 주님이 우리를 새롭게 거듭나게 하실 때, 곧 위로부터의 탄생이 이루어질 때 그분은 우리의 부패한 삶 속에 "자신의 씨"를 심어주신다(요일 3:9 참조). 헨리 스쿠걸은 이것을 "인간의 영혼 안에 깃든 하나님의 생명"으로 일컬었다. 하나님이 죄인들을 구원하시는 목적은 그들을 구원할 뿐 아니라 거룩하게 하여 아들의 형상을 본받게 하는 것이다.

골로새서 3장 12-16절은 장엄하면서도 겸손케 하는 어조로 하나님의 자녀들이 지녀야 할 참모습을 묘사했다.

> "그러므로 너희는 하나님이 택하사 거룩하고 사랑 받는 자처럼 긍휼과 자비와 겸손과 온유와 오래 참음을 옷 입고 누가 누구에게 불만이 있거든 서로 용납하여 피차 용서하되 주께서 너희를 용서하신 것 같이 너희도 그리하고 이 모든 것 위에 사랑을 더하라 이는 온전하게 매는 띠니라 그리스도의 평강이 너희 마음을 주장하게 하라 너희는 평강을 위하여 한 몸으로 부르심을 받았나니 너희는 또한 감사하는 자가 되라 그리스도의 말씀이 너희 속에 풍성히 거하여 모든 지혜로 피차 가르치며 권

면하고 시와 찬송과 신령한 노래를 부르며 감사하는 마음으로 하나님을 찬양하고."

이것이 예수님, 곧 고난받은 종으로 선택된 완전하신 성자의 모습이자 하나님께 선택된 신자들이 닮아야 할 모습이다. 이것이 당신의 모습인지, 또 당신의 교회의 모습인지 생각해보라. 그런 아름다움은 우리의 복음 전도에 큰 능력과 신뢰성을 더해준다.

성자를 높이고, 그분의 피로 값 주고 산 구원받은 자녀들을 그분처럼 만들어 그분의 아름다운 형상을 본받게 하는 것이 하나님의 궁극적인 목적이다. 그렇다면 하나님은 과연 어떤 식으로 "자기 자녀들을 아름답게 함으로써" 성자의 형상을 본받게 하는 사역을 이루실까?

하나님이 하지 않으시는 일

먼저 분명히 밝혀둘 사실은 변화의 역사가 아무리 깊고 심원하다고 하더라도 하나님의 자녀 가운데 완전한 아름다움에 도달할 사람은 아무도 없다는 것이다. 우리는 "두 번째 축복(회심 이후에 따로 성령을 체험하면 이 땅에서 완전한 삶을 살 수 있다는 가르침—편집주)"을 강조하는 신학을 전염병처럼 여겨 본능적으로 회피하는 법을 배워야 할 필요가 있다. "우리 주 곧 구주 예수 그리스도의 은혜와 그를 아는 지식에서 자라 가라"(벧후 3:18)는 명령이 모든 신자에게 예외 없이 주어졌다. 베드로가 누가복음 2장 40, 52절을 염두에 두고 그렇게 말하지 않았나 하는 생각이 든다. 물론 구원자이신 주님의 성장은 불완전함에서 완전함으로 나아가는 것이 아니라 영광의 한 단계에서 또 다른 단계로 나아가는 것을 의미한다(히 5:8, 9). 그와는 달리 우리의 성장은 불완전함에서 완전함으로 나아가는 성장이다. 더욱이 우리는 그리스도의 재림으로 인해 우리의 육체가 그분의 영광스러운 육체처럼 변화될 때까지는 결코 완전함에 이를 수 없다(빌 3:20, 21). 그리스도의 아름다우심, 곧 그분의 형상을 닮는 일은 저절로 일어나지 않는다(빌 3:13 참조). 바울은 굳은 의지와 결심으로 "그리스도 예수 안에서 하나님이 위에서 부르신 부름의 상을" 향해 달려갔다(14절). 그는 "오직 한 가지 일"을 추구했던 사람이었다(13절). 우리도 한 가지 일을 추구하는 사람들인가? 날마다 주 예수 그리스도를 아는 지식과 은혜 안에서 성장하겠다고 결심하는가? 그것은 저절로 이루어지지 않는다. 베드로는 믿음에 부지런히 힘쓰라고 권고했고(벧후 1:5), 바울은 하나님이 자기의 기쁘신 뜻을 위해 우리에게 소원을 두고 행하게 하신다는 것을 기억하고 두려움과 떨림으로 구원을 이루라고 당부했다(빌 2:12, 13).

하나님은 어떻게 자기 자녀들을 아름답게 하실까

하나님은 주로 "보통의(사실은 '비범한') 은혜의 수단들"을 통해 자기 자녀들을 지극히 아름답게 하지만 단지 그런 수단들만을 의지하지

는 않으신다. 내가 하나님이 그런 수단들을 주로 사용하지만 그것
들만을 의지하지 않으신다고 말한 이유는 무엇일까? 하나님은 **모든
것**이 합력해서 자기 자녀들을 유익하게 하도록 이끄신다(롬 8:28). 하
나님은 세상의 모든 것을 은혜의 수단으로 사용해 자신의 일에 이
바지하게 하신다. 개혁파는 전통적으로 설교, 말씀을 읽고 듣기, 세
례와 성찬, 공예배와 개인 예배, 경건한 권징과 같은 "보통의 은혜
의 수단들"을 옳게 강조해 왔다. 그러나 여기에서 주의해서 피해야
할 한 가지 위험이 있다. 그것은 은혜 안에서 성장하는 것을 단지
형식적으로 정해진 은혜의 수단들과만 결부시켜 생각하는 것이다.
로마서 8장 28절은 "모든 것"이 하나님의 자녀들에게 은혜의 수단
이 된다는 점을 일깨워준다. 주권자이신 하나님은 모든 것을 지혜
롭고 영광스럽고 신비롭게 섭리해 자기 자녀들을 아름답게 하는 사
역을 이루신다.

이런 사실은 우리에게 큰 위로와 용기를 준다. 하나님은 만물을
섭리하고 다스리고 이끌어 자기 백성을 유익하게 하신다. 하나님의
주권적인 섭리는 신자들의 영혼을 돕고 지키는 든든한 닻과 같은
역할을 한다. 닻의 기능은 거칠게 몰아치는 폭풍우를 피할 수 있게
해주는 것이 아니라 진로에서 이탈하지 않게 도와주는 것이다. 우
리가 항상 지혜로운 하나님의 목적을 받아들이고, 거기에 순종한다
면 인생의 모든 사건과 상황이 그분의 자애로운 섭리를 통해 은혜
의 수단이 된다. 하나님은 자기 자녀들의 삶을 적극적으로 간섭하
고 섭리하신다. 모두가 함께 모여 말씀과 성례와 기도에 의식적으

로 참여할 때에만 은혜 안에서의 성장이 이루어지는 것이 아니다. 하나님은 "모든 것"을 통해 자기를 사랑하는 자들, 곧 자신의 뜻대로 부르신 모든 자들을 유익하게 하신다.

교회의 교제

그러나 은혜의 수단이 주어지는 가장 주된 통로는 하나님의 교회인 성도들의 교제다.

복음주의 그리스도인들 사이에서조차도 극단적인 개인주의가 성행하고 있다. 따라서 하나님의 경륜 가운데서 교회가 차지하는 핵심적인 역할과 중요성을 새롭게 상기해야 할 필요가 있다. 우리는 스스로 의식하지 못하는 사이에 현대에 접어들어 시작된 극심한 개인주의에 영향을 받고 있다. 그런 이유로 집단적이고 언약적인 관점에서 생각하는 습성을 저버린 그리스도인들이 많아졌다(엡 3:19 참조). 교회는 은혜의 수단들이 작용하는 유일한 통로는 아니지만 가장 중요한 통로다. 하나님은 성령과 말씀을 통해 일하심으로써 선택받은 신자들이 모인 자리에서 은혜의 수단을 이용해 그들의 덕을 세우고, 거룩하게 하신다. 이 목적을 위해 부활하신 주님은 교회에 다양한 영적 은사를 허락하셨을 뿐 아니라 말씀 선포와 성례의 집행과 경건한 권징에 필요한 직임과 사역을 통해 "성도를 온전하게 하는" 일을 하게 하신다(엡 4:7-13).

바울은 언약적인 교제가 이루어지는 지역 교회가 은혜의 수단으로 사용되는 은사들을 활용하는 데 필요한 최적의 장소를 제공한다는 것을 분명하게 보여주었다.

중요한 종교개혁자들의 글에서도 선택받은 신자들의 성화와 관련된 교회의 의미가 주요 주제의 하나로 다루어졌다. 칼빈은 교회에 관한 논의를 시작하면서 "내가 교회에서부터 시작하는 이유는 이렇다. 하나님은 자기 자녀들이 교회의 도움과 사역을 통해 영적 자양분을 얻고…성장해 마침내 믿음의 목표에 도달할 때까지 어머니 같은 교회의 보살핌을 통해 인도함을 받게 하기 위해 그들을 교회의 품으로 불러모으기를 기뻐하신다…이처럼 그들에게 하나님이 아버지가 되신다면 교회는 어머니가 된다고 말할 수 있다."라고 말했다.[1]

그는 에베소서 4장 12절을 주해할 때도 똑같이 말했다. "교회는 모든 경건한 자들의 어머니로서 왕이든 농부든 아무런 차별 없이 주님 안에서 자녀들을 낳고 먹이고 기른다. 이런 일이 교회의 사역을 통해 이루어진다."[2]

칼빈은 단지 성경의 가르침을 되풀이했을 뿐이다. 은혜의 수단들

---

1. John Calvin, *Institutes of the Christian Religion*, Library of Christian Classics, vols. XX-XXI, ed. John T. McNeill, trans. Ford Lewis Battles (Philadelphia: The Westminster Press 1960), 4.1.1. 칼빈은 의도적으로 키프리아누스의 말을 되풀이했다. "교회를 어머니로 갖지 않으면 하나님을 아버지로 가질 수 없다." (*On the Unity of the Catholic Church, vi.*) 종교개혁자들은 "교회 밖에는 구원이 없다(*Extra ecclesian nulla salus*)"라는 교부들의 신념을 기꺼이 지지했고, 또한 옳게 이해했다.

2. John Calvin, *Commentaries on the Epistles of Paul to the Galatians and Ephesians*, trans. William Pringle (repr., Grand Rapids: Baker, 1999), 282, on Eph. 4:12.

은 교회의 교제와 사역을 통해 주어진다. 개인이나 가정의 차원에서 하나님과 교제하는 일을 해서는 안 된다는 말은 결코 아니지만 교회가 우리의 삶에서 마땅히 차지해야 할 위치를 기꺼이 인정하는 것이 필요하다. 우리는 교회의 교제나 사역이나 순결함이나 하나님이 정하신 그 중심적인 역할을 중시해야 한다. 우리도 시편 저자처럼 "사람이 내게 말하기를 여호와의 집에 올라가자 할 때에 내가 기뻐하였도다"(시 122:1)라고 말할 수 있어야 한다.

이런 집단적이고, 언약적인 특징이 초창기부터 교회 안에 깊이 뿌리 박혀 있었다. 그것은 옛 언약의 종교가 지닌 뚜렷한 특징이었다. 그 점은 새 언약의 종교가 처음 시작할 때도 마찬가지였다(행 2:42). 하나님의 교회인 성도의 교제가 존중되고, 소중히 여겨졌다. 초대교회 신자들은 "교제"에 깊이 헌신했다. 교회는 하나님의 백성, 곧 하나님의 성령이 거하시는 "성전"이다(엡 2:21, 22, 고전 3:16, 17). 오늘날의 복음주의 기독교는 모든 것을 나누고 세분화하려는 사고방식에 시달리고 있다. 이 기본적이면서도 심오하기 이를 데 없는 성경의 진리는 주 예수 그리스도께서 세우신 교회를 존중할 뿐 아니라 그런 경향을 거부할 수 있도록 도와준다. 개혁파 기독교는 칭의의 은혜와 믿음을 소유한 모든 죄인에게 주어지는 의의 전가를 강조할 뿐 아니라 그런 칭의의 은혜를 성경적인 상황, 곧 집단적이고, 언약적인 상황에 적용하려고 노력해 왔다. 칭의의 은혜는 그리스도와의 구원적 연합에 참여하게 할 뿐 아니라 그분의 몸인 교회와의 교제에 참여하도록 이끈다.

하나님의 말씀의 아름답게 만드는 사역

하나님이 지혜롭고 무오하고 강력하고 선한 말씀을 자기 자녀들을 아름답게 하는 주된 수단으로 사용하신다는 것은 개혁파의 오랜 신념 가운데 하나다. 설교를 통해 선포되고, 성례를 통해 가시화되고, 교회의 삶에 적용되고, 성령의 감동으로 이루어지는 기도를 통해 표현된 말씀이 성령의 도구가 되어 주 예수 그리스도를 닮아가게 만든다. 구체적으로 말해 성령께서 그리스도 안에서 처음에 이루셨던 것을 자신의 새 언약의 사역을 통해 그리스도의 백성 가운데서 다시 이루신다. 이것이 칼빈이 성령의 사역을 "모사摹寫"라고 일컬은 이유다.

말씀을 통해 신자들을 거룩하게 하는 성령의 사역을 옳게 이해하려면 먼저 그분이 말씀을 통해 그리스도 안에서 어떻게 성화의 사역을 이루셨는지를 이해해야 할 필요가 있다.

예수님과 하나님의 말씀

신약성경은 우리 주님의 성화가 최종적이면서도 발전적이었다고 증언한다. 누가복음 1장 35절은 "성령이 네게 임하시고 지극히 높으신 이의 능력이 너를 덮으시리니 이러므로 나실 바 거룩한 이는 하나님의 아들이라 일컬어지리라"고 말씀한다. 예수님은 그 누구와도 다르게 모태 속에서부터 "거룩하고 악이 없고 더러움이 없고 죄인에게서 떠나 계셨다"(히 7:26). 그러나 누가는 또한 "예수는 지혜와 키가 자라가며 하나님과 사람에게 더욱 사랑스러워 가시더라"(눅 2:52)고 말했다. 예수님은 "지혜가 자라셨고" "순종함을 배워서 온전하게 되셨다"(히 5:8, 9).

그렇다면 예수님은 어떻게 지혜가 자랐고, 순종함을 배워 온전하게 되셨을까? 성경의 대답은 분명하다. 예수님은 하나님의 말씀으로 사는 삶을 통해 그렇게 되셨다(사 50:4, 5 참조). 예수님은 하나님의 종으로서 "말씀으로" 사셨다. 그분은 스스로 가르침을 받아야 할 종을 자처하셨다. "아침마다 깨우치시되 나의 귀를 깨우치사 학자들 같이 알아듣게 하시도다." 주 하나님이 예수님의 귀를 열어주셨다. 예수님은 가르침을 받으셨기 때문에 "곤고한 자를 말로 어떻게 도와줄 것인지를 아셨다." "주 여호와께서 나의 귀를 여셨으므로"라는 말씀에 주목하라. 언약에 의해 우리의 머리가 되신 주님은 연약한 육신을 입고 나타난 하나님의 종이셨기 때문에 하나님이 들을 수 있는 귀를 열어주시는 일이 필요했다. 이렇듯 하나님의 말씀은 주 예수님이 성화를 이루시는 데 꼭 필요했던 수단이었다.

예수님은 마귀의 유혹에 어떻게 대처하셨는가(눅 4:4, 8, 12)? 예수님은 세 차례 모두 신명기 8장 3절, 6장 13절 및 16절에 기록된 적절하고도 강력한 말씀을 인용하셨다. 어떻게 그렇게 할 수 있으셨을까? 어떻게 예수님은 그런 성경 지식을 습득하셨을까? 모태 속에 있을 때부터 이미 그분의 머릿속에 모든 말씀이 각인되어 있었을까? 만일 그렇다면 그분의 인성은 우리의 인성과는 완전히 다르다고 말할 수 있다. 그분이 취하신 인성은 무로부터 창조된 것이 아니라 마리아를 통해 주어진 것이었다. 칼빈이 생생하게 표현한 대로 그리스도께서는 죄는 없지만 "너무나도 많은 비참함을 짊어진" 인간의 본성을 취하셨다는 점에서 우리와 조금도 다르지 않으시다.[3] 그분은 "순종함을 배우신 것"처럼 하나님의 말씀을 배우셨다. 예수님이 즉각적으로 말씀을 떠올려 마귀의 유혹을 물리칠 수 있으셨던 이유는 하나님의 말씀이 그분의 생각과 마음에 깊이 습득되어 있었기 때문이다.

이것이 핵심이다. 성령께서는 먼저 그리스도 안에서 이루신 것을 "모사"의 사역을 통해 그분의 백성들 안에서 이루신다.

그리스도인과 하나님의 말씀

성경 구절 세 곳을 살펴보자.

요한복음 17장 17절은 "그들을 진리로 거룩하게 하옵소서 아버지의 말씀은 진리니이다"라고 말한다. 예수님은 성부 하나님의 진리, 곧 그분의 살아 있는 말씀을 통해 자기 제자들의 성장과 성화가 이루어지기를 기도하셨다. 로버트 대브니는 "진리 그 자체로는 성화를 이루는 효력을 발휘하지 못하지만…성령의 손에 들리는 순간

---

3. John Calvin, *The Gospel according to St John 1–10*, trans. T. H. L. Parker, Calvin's Commentaries, ed. David W. Torrance and Thomas F. Torrance (Grand Rapids: Eerdmans, 1961), 20, on John 1:14.

자연스레 성화의 도구가 된다."라고 말했다.[4]

시편 119편 11절은 "내가 주께 범죄하지 아니하려 하여 주의 말씀을 내 마음에 두었나이다"라고 말한다. 시편 저자의 말은 단지 하나님의 말씀을 정확하게 암기하기만 하면 죄를 짓지 않을 수 있다는 뜻이 아니다. 죄를 짓지 않으려면 죄를 죽이고 영적 생기를 주시는 성령님의 사역에 의해 말씀이 우리에게 적용되어야 한다.

마지막으로 시편 119편 18절은 "내 눈을 열어서 주의 율법에서 놀라운 것을 보게 하소서"라고 말한다. 이 말씀은 두 가지 사실을 보여준다.

첫째는 시편 저자의 믿음이다. 신자의 삶에서 이루어지는 활동은 무엇이든 믿음의 활동이 되어야 한다. 시편 저자는 참된 이해에 도달하려면 언약의 주님을 전적으로 의존해야 한다는 것을 알고는 믿음으로 그렇게 했다. 하나님은 그리스도 안에서 우리를 새로운 피조물로 만드실 때 아무런 도움 없이 평생 모든 것을 스스로 이해할 수 있는 능력을 심어주지 않으셨다. 오히려 그분은 우리에게 성령, 곧 부활 승천하신 예수 그리스도의 영을 부어주셨다. 하나님은 예수님이 우리의 연약한 육신을 입고 하셨던 것처럼 우리가 날마다 믿고 의지하는 마음으로 자기에게 나오기를 원하신다.

둘째는 시편 저자의 겸손이다. 그는 과거의 통찰력이나 하나님이

---

4. Robert Dabney, *Lectures in Systematic Theology* (Grand Rapids: Zondervan, 1972), 665.

허락하신 직위를 앞세워 이만하면 하나님의 인정을 받을 수 있을 것이라며 만족하지 않았다. 그는 하나님 앞에서 겸손히 자신을 낮추고 하나님의 말씀을 사모했다. 자신의 힘으로는 하나님의 생각을 이해할 수 없다는 겸손한 태도를 보인 것이야말로 시편 저자가 올바른 영성을 지녔다는 증거가 아닐 수 없다.

영국 청교도 목회자이자 신학자였던 존 오웬은 이 문제와 관련해 기억에 남을 만한 말을 남겼다. 그는 "성령과 말씀을 완전히 분리하기를 원하는 사람은 차라리 자신의 성경책을 불태우는 편이 낫다. 오늘날 구약성경의 문자가 유대인들 사이에서 믿음과 순종을 불러일으키지 못하는 것처럼 신약성경도 단지 그 문자만으로는 사람들의 영혼 안에서 그런 효력을 나타낼 수 없다."라고 말했다.[5] 그는 죄를 죽이는 문제를 다룬 유명한 책에서도 이와 똑같은 취지로 "성령이 없는 방법이나 수단은 어떤 것도 아무런 가치가 없다."라고 말했다.[6] 오웬은 단지 성경이 가르친 것을 되풀이했을 뿐이다(고전 2:9-12 참조). 누가 내게 미적분학에 관한 책을 준다면 나는 그것이 미적분학에 관한 책이라는 것을 알고, 또 읽을 수도 있을 것이다. 사실 한때는 나도 기초적인 미적분을 조금은 이해할 수 있었다. 그러나 그 책의 내적 일관성과 근본 전제들과 도출된 결론을 심도 있게 이해해 삶에 적용하는 일은 나 혼자 힘으로는 불가능하다. 미적분을 속

---

5. John Owen, *The Works of John Owen* (Edinburgh: Banner of Truth, 1965), 3:192-93.

6. Owen, *Works*, 6.41.

속들이 이해한 사람이 그 의미를 내게 설명하는 것이 필요하다(행 8:30-38 참조).

하나님의 거룩하게 하시는 사역은 말씀과 성령과 믿음을 통해 우리 안에서 이루어진다. 삶의 실천을 중시한 네덜란드 신학자 빌헬무스 아 브라켈은 이렇게 말했다.

> 하나님의 말씀을 통해 죄의 가증스러운 본질과 영적 삶의 바람직한 속성이 여실히 드러난다. 성경은 책망하고, 꾸짖고, 경고하고, 판단한다. 성경에는 많은 권고와 다양한 요구가 포함되어 있다. 성경은 그리스도를 성화의 원천으로 제시하고, 놀라운 약속들을 보여준다. 성령께서는 이 모든 것을 신자들의 마음에 적용하고 그것들을 활용하고 촉진시켜 성화의 사역을 이루신다. 하나님의 말씀은 하나님의 손에 들린 도구다 (하나님의 손이 없으면 도구는 아무런 효력도 발휘할 수 없다).[7]

성례의 아름답게 하는 사역

칼빈은 주님이 우리에게 성례를 허락하신 이유는 "우리의 연약한 믿음을 굳게 붙잡아주기 위해서"라고 말했다.[8] 성례는 죄로 인한 우리의 연약함을 보완하기 위해 하나님이 배려하신 수단이다. 칼빈

---

7. Wilhelmus à Brakel, *The Christian's Reasonable Service* (Grand Rapids: Reformation Heritage Books, 1994), 3.5.

8. Calvin, *Institutes*, 4.14.1.

은 매우 아름답고 생생한 필치로 다음과 같이 설명했다.

> 우리의 믿음은 가냘프고 연약하기 때문에 모든 수단을 동원해 사방에
> 서 지탱하고 굳게 붙잡아주지 않으면, 떨며 흔들리며 비틀거리다가 마
> 침내 주저앉을 수밖에 없다. 따라서 은혜로우신 주님은 그 무한한 사랑
> 으로 자기 자신을 우리의 능력에 맞춰주신다. 우리는 항상 땅바닥을 기
> 어 다니고, 육신을 따라 살며, 영적인 것을 생각하지 않는 피조물이기
> 에, 주님은 스스로를 낮춰 이 땅의 요소들(성례의 가시적 요소들—편집주)을
> 통해 우리를 자기에게로 이끄시고, 육신 가운데 있는 우리 앞에 영적
> 축복의 거울을 비춰주신다.[9]

성례가 인간의 눈높이에 맞춘 것이라는 말은 조금도 틀리지 않는
사실이다. 칼빈도 이 점을 인정했다. 그는 크리소스토무스의 말을
인용해 "우리의 영혼이 육신과 접붙여져 있기 때문에 주님은 영적
인 것들을 보이는 형태로 나타내셨다."라고 말했다.[10] 이것은 성례
가 우리의 부패한 능력을 고려한 은혜로운 "배려"라는 의미를 지닌
다. 하나님은 우리가 지닌 인성의 본질을 십분 감안해 성례라는 은
혜로운 수단을 제공하셨다. 이는 하나님이 에덴동산에서 아담에게
약속과 경고를 가시적으로 보여주기 위해 선악을 알게 하는 나무를

---

9. Calvin, *Institutes*, 4.14.3.

10. Calvin, *Institutes*, 4.14.3.

제시하신 것과 비슷하다.

기도와 권징의 아름답게 하는 사역을 충분히 다루기에는 지면이 많이 남아 있지 않다. 한 가지 분명히 말해 둘 것은 기도와 권징이 하나님의 말씀과 동떨어져 독자적으로 기능하는 것이 아니라 오히려 말씀에 근거하고, 말씀을 통해 구체화된다는 것이다.

기도의 아름답게 하는 사역

그리스도를 가장 닮은 신자들이 기도를 가장 열심히 하는 신자들이라는 것은 역사적인 사실이다. 왜 그럴까? 그 이유는 간단하다. 사람은 자기가 사랑하는 사람을 닮을 수밖에 없기 때문이다. 기도는 하나님과의 교제다. 그것은 영적 은혜다.

사도행전에 보면 항상 기도에 힘썼던 하나님의 백성을 찾아볼 수 있다. "마음을 같이 하여 오로지 기도에 힘쓰더라…오로지 기도하기를 힘쓰니라…그들이 듣고 한마음으로 하나님께 소리를 높여 이르되 대주재여"(행 1:14, 2:42, 4:24). 기도는 지엽적인 것이 아닌 근본적인 것이었다. 그것은 초대교회의 삶에서 보완적인 역할이 아닌 중심적인 역할을 했다. 초대교회 신자들의 증언이 그토록 찬란한 빛을 발휘한 것은 그들이 진정으로 하나님을 의지했기 때문이 아니겠는가?

바울은 서신서 곳곳에서 교회들을 향해 기도에 힘쓰라고 명했다. 그에게 있어 기도는 한갓 형식적인 영적 활동이 아닌, 하나님의 은혜와 주권적인 권능에 의존할 수밖에 없는 피조물의 의식이 옳게 반영된 표징이었다. 다른 무엇보다도 주 예수님이 보여주신 본보기가 기도가 지닌 성화의 능력을 분명하게 드러내고 있다. 그분은 기도의 삶을 사셨고, 제자들에게 기도를 가르치셨으며, 하나님의 백성들 모두에게 기도하라고 명령하셨다(마 7:7-11). 예수님의 삶의 원동력은 성부 하나님과 성령의 능력을 의지하는 기도에서 비롯했다.

하나님의 말씀에 근거해 기도하면 우리의 뜻과 하나님의 뜻이 하나가 되고, 그분의 생각과 우리의 생각이 서로 일치하게 된다. 그렇게 되면 자연히 구세주를 닮아가는 일이 우리의 삶에서 지속적으로 이루어질 수 있다.

권징의 아름답게 하는 사역

교회의 권징이 하나님의 자녀를 아름답게 하는 사역에 이바지할 수 있다는 말을 이상하게 생각하는 사람들이 있을지도 모른다. 그러나 권징이 성령의 손에 들린 도구가 되어 은혜롭게 집행되고 겸손함으로 받아들여진다면 능히 그런 효력을 발휘할 수 있다. 교회의 권징은 하나님이 말씀으로 명령하신 것이다. 권징은 하나님의 자녀들에 대한 그분의 징계를 반영한다. "주께서 그 사랑하시는 자를 징계하시고 그가 받아들이시는 아들마다 채찍질하심이라"(히 12:6, 잠 3:12). 주님이 그렇게 하시는 이유는 무엇일까? 그 이유는 "그의 거룩함에 참여하게 하고", "의의 열매를 맺게" 하시기 위해서다(히 12:10, 11).

몇 년 전, 우리 교회 장로들이 한 젊은 학생과 멤버십 인터뷰를 진행한 적이 있었다. 그녀는 "왜 케임브리지 장로교회의 등록 교인이 되려고 합니까?"라는 질문을 듣고는 "교회가 경건하지 못한 행위를 저지른 한 여성을 권징하는 것을 지켜보았습니다. 그 순간, 하나님을 이토록 진지하게 경외하는 교회의 일원이 되고 싶다는 생각이 들었습니다."라고 대답했다. 나와 동료 장로들은 하나님께 너무나 감사한 마음이 들어 아무 말도 할 수가 없었다.

물론 교회의 권징이 지나치게 가혹하고 냉혹하게 이루어질 가능성도 없지 않다. 안타깝게도 역사적으로 그런 경우가 적지 않았다. 그러나 성경의 확실한 가르침에 따라 사랑으로 이루어지는 권징은 믿음을 저버린 신자들을 겸손하게 만들 뿐 아니라 교회에 하나님의 인자하심과 거룩하심과 자비로우심을 새롭게 일깨워줄 수 있다.

당신은 은혜의 수단들을 활용하고 있는가? 경건에 이르는 길, 곧 경건의 화신이자 정수이신 그리스도의 형상을 닮는 길에는 왕도가 없다. 하나님이 정하신 수단들을 모두 활용하라. 하나님의 백성들과 함께 모이는 모든 기회를 소중히 여겨라. 교회는 은혜의 수단들이 왕성하게 기능하는 터전이므로 항상 교회의 일치와 평안을 추구하라. 교회의 실망스러운 모습 때문에 교회를 멀리하고 싶은 유혹이 느껴지거든 단호히 물리쳐라. 하나님은 자기 교회에 대해 오래 참으신다. 하나님을 본받는 자가 되는 것이 우리의 소명이다.

2부

기독교적 삶과 그 인간적인 가지

5장

가정에서의 삶 :
윌리엄 가우지의 사상에 근거한 고찰

조엘 비키

> *"가정은 작은 교회이자 작은 국가다."*
>
> *-윌리엄 가우지*[1]

청교도의 가정생활보다 기독교적 삶과 개혁파 기독교의 아름다움과 영광을 더 생생하게 보여주는 본보기는 찾아보기 힘들다. 결혼과 가정생활에 대한 그들의 견해는 성경적이고 긍정적이며 매우 풍부하다. 제임스 패커는 청교도를 "영국의 기독교적 결혼, 영국의 기독교적 가족, 영국의 기독교적 가정의 창시자"로 일컬었다.[2] 청교도가 결혼을 신성하게 여겼던 이유는 그것이 하나님이 친히 제정하신 언약이었기 때문이다(말 2:14). 에드먼드 모건은 그들의 견해를 다음

---

1. William Gouge, *Building a Godly Home, Vol. 1, A Holy Vision for Family Life*, ed. Scott Brown and Joel R. Beeke (Grand Rapids: Reformation Heritage Books, 2013), 20. 이 장의 일부분은 나의 책 *Living for God's Glory: An Introduction to Calvinism* (Lake Mary, Fla.: Reformation Trust, 2008), 317-48에 바탕하고 있음. 이 일을 도와준 Paul Smalley에게 심심한 감사를 전합니다.

2. J. I. Packer, *A Quest for Godliness: The Puritan Vision of the Christian Life* (Wheaton, Ill.: Crossway, 1994), 341-42.

5장 가정에서의 삶 **95**

과 같이 요약했다.

첫 번째 결혼 이후로 정당하게 이루어진 결혼은 모두 언약에 근거했다. 결혼은 양측의 자유롭고 자발적인 동의를 필요로 한다…역사가 시작된 이후로 스스로 규정을 만들어 남편과 아내가 되겠다고 결정할 수 있는 권한을 허락받은 남자와 여자는 아무도 없다. 하나님이 친히 첫 번째 결혼을 엄숙하게 거행하면서 결혼의 규칙을 제정하셨다. 그분은 그때 이후로 그 규칙을 조금도 변경하지 않으셨다. 결혼의 언약은 아무런 조건과 단서 없이 그 규칙에 기꺼이 순종하겠다는 약속을 의미했다.[3]

청교도는 질서가 잘 잡힌 행복한 기독교 가정(남편과 아내, 부모와 자녀들이 서로 풍성한 사랑을 나누는 장소)에 관한 성경적 개념을 우리에게 물려주었다. 그들의 글은[4] 그런 견해를 분명하게 보여준다. 많은 학자들이 줄곧 그 타당성을 인정해 왔다.[5] 권위를 존중하지 않고, 자기만족에 빠져 있는 요즘의 시대, 곧 모든 사람이 제각기 자기의 소견에 옳은 대로 행하는 시대에는 가정에 관한 청교도의 성경적인 견해가 더욱 절실히 필요하다.

질서가 잘 잡힌 기독교 가정을 발전시켜 나가는 문제와 관련해 가장 중요하게 생각해야 할 청교도는 다름 아닌 윌리엄 가우지

---

3. Edmund Morgan, *The Puritan Family: Religion and Domestic Relations in Seventeenth-Century New England* (New York: Harper & Row, 1966), 30.

(1575-1653)다. 결혼과 가정생활에 관한 청교도의 책들 가운데 가우
지의 《Of Domestical Duties》(가정생활의 의무)는 결혼식을 주례한 청교
도 목사가 부부가 된 남녀에게 가장 흔하게 선물하는 책이었다. 최

---

4. Richard Adams, "What are the Duties of Parents and Children; and how are
they to be Managed According to Scripture?" *Puritan Sermons* 1659 - 1689
(Wheaton, Ill: Richard Owen Roberts, 1981), 2:303 - 58; Isaac Ambrose, *Works of
Isaac Ambrose* (London: T homas Tegg & Son, 1 872); R ichard B axter, " The
Poor Man's Family Book," in *The Practical Works of Richard Baxter* (Morgan,
Pa.: Soli Deo Gloria, 1996), 4:165 - 289; Paul Bayne, *An Entire Commentary upon
the Whole Epistle of St. Paul to the Ephesians* (Edinburgh: James Nichol, 1866),
491 - 563; Robert Bolton, *General Directions for a Comfortable Walking with
God* (Morgan, Pa.: Soli Deo Gloria, 1995), 262 - 81; Thomas Boston, "Duties of
Husband and Wife; Sermon XXIII," in *The Works of Thomas Boston*, ed. Samuel
M'Millan (Wheaton, Ill: Richard Owen Roberts, 1980), 4:209 - 18; John Bunyan,
"Family Duty," *Free Grace Broadcaster*, no. 170 (1999): 15 - 28; John Cotton, *A
Meet Help: Or, a Wedding Sermon* (Boston: B. Green & J. Allen, 1699); John Dod
and Robert Cleaver, *A Godly Form of Household Government* (London: Thomas
Man, 1598); Thomas Doolittle, "How May the Duty of Daily Family Prayer be
Best Managed for the Spiritual Benefit of Every One in the Family?" in *Puritan
Sermons*, 1659 - 1689 (reprint, Wheaton, Ill.: Richard Owen Roberts, 1981),
2:194 - 272; Thomas Gataker, "A Good Wife God's Gift," "A Wife in Deed," and
"Marriage Duties," in *Certain Sermons* (London: John Haviland, 1637); Thomas
Gataker, *A Marriage Prayer* (London: John Haviland, 1624), 134 - 208; William
Gouge, *Of Domestical Duties* (Pensacola: Puritan Reprints, 2006); Matthew
Griffith, *Bethel: or, a Form for Families* (London: Richard Badger, 1633); George
Hamond, *The Case for Family Worship* (Orlando: Soli Deo Gloria, 2005); Matthew
Henry, "A Church in the House," in *Complete Works of Matthew Henry* (Grand
Rapids: Baker, 1978), 1:248 - 67; William Perkins, "Christian Oeconomy," in *The
Works of William Perkins*, ed. Ian Breward (Appleford, England: Sutton Courtenay
Press, 1970), 416 - 39; John Robinson, *The Works of John Robinson*, vol. 3 (Boston:
Doctrinal Tract and Book Society, 1851); Daniel Rogers, *Matrimonial Honour*
(London: Th. Harper, 1642); Henry Scudder, *The Godly Man's Choice* (London:
Matthew Simmons for Henry Overton, 1644); Henry Smith, "A Preparative to
Marriage," in *The Works of Henry Smith* (Stoke-on-Trent, England: Tentmaker
Publications, 2002), 1:5 - 40; William Whately, *A Bride-Bush or A Wedding Sermon*
(Norwood, N.J.: Walter J. J ohnson, 1975); and William Whately, *A Care-Cloth or
the Cumbers and Troubles of Marriage* (Norwood, N.J.: Walter J. Johnson, 1975).

근에 스콧 브라운과 내가 이 책을 현대의 독자들을 위해 세 권으로
재편집해서 《*Building a Godly Home*》(경건한 가정 만들기)이라는 제목

5. J. Philip Arthur, "The Puritan Family," *The Answer of a Good Conscience*,
Westminster Conference, 1997 (London: n.p., 1998), 75 –94; Lawrence J.
Bilkes, "The Scriptural Puritan Marriage" (unpublished paper for Puritan theology
class at Puritan Reformed Theological Seminary, Grand Rapids, 2002); E.
Braund, "Daily Life Among the Puritans," *The Puritan Papers: Vol. One*, ed. J. I.
Packer (Phillipsburg, N.J.: P&R, 2000), 155 –66; Francis J. Bremer, *The Puritan
Experiment: New England Society from Bradford to Edwards* (New York: St.
Martin's Press, n.d.), 176 –80;Catherine A. Brekus, "Children of Wrath, Children
of Grace: Jonathan Edwards and the Puritan Culture of Child Rearing," in *The
Child in Christian Thought*, ed. Marcia J. Bunge (Grand Rapids: Eerdmans,
2001), 300 –28; Ezra Hoyt Byington, *The Puritan in England and New England*
(Boston: Roberts Brothers, 1897), 221 –77; J. T. Cliffe, *The Puritan Gentry: The
Great Puritan Families of Early Stuart England* (London: Routledge & Kegan
Paul, 1984), 63 –82; W. Gary Crampton, *What the Puritans Taught* (Morgan, Pa.:
Soli Deo Gloria, 2003), 62 –72; Gaius Davies, "The Puritan Teaching on Marriage
and the Family," *The Evangelical Quarterly*, 27, no. 1 (Jan. 1955): 19 –30; John
Demos, *A Little Commonwealth: Family Life in Plymouth Colony* (Oxford: Oxford
University Press, 1970), 82 –106, 181 –90; Daniel Doriani, "The Godly Household
in Puritan Theology, 1560 –1640" (PhD dissertation, Westminster Theological
Seminary, 1985); Christopher Durston, *The Family in the English Revolution*
(New York: Basil Blackwell, 1989); Alice Morse Earle, *Customs and Fashions in
Old New England* (Detroit: Omnigraphics, 1990); "Form for the Confirmation of
Marriage Before the Church," in *Doctrinal Standards, Liturgy, and Church Order*,
ed. Joel R. Beeke (Grand Rapids: Reformation Heritage Books, 1999), 156 –58;
Philip J. Greven, "Family Structure in Andover," *Puritanism in Early America*,
ed. George M. Waller (Lexington, Mass.: D. C. Heath and Co., 1973); William
and Malleville Haller, "The Puritan Art of Love," *Huntington Library Quarterly*,
5 (1942): 235 –72; Charles E. Hambrick-Stowe, "Ordering Their Private World:
What the Puritans did to grow spiritually," *Christian History*, 13, no. 1 (1994):
16 –19; Graham Harrison, "Marriage and Divorce in Puritan Thinking," *The Fire
Divine*, Westminster Conference, 1996 (London: n.p., 1997), 27 –51; Erroll Hulse,
Who Are the Puritans: And What Do They Teach? (Darlington, England: Evangelical
Press, 2000), 139 –42; James Turner Johnson, *A Society Ordained by God: English
Puritan Marriage Doctrine in the First Half of the Seventeenth Century* (Nashville:
Abingdon, 1970); M. M. Knappen, Tudor Puritanism: *A Chapter in the History of
Idealism* (Chicago: University of Chicago Press, 1965), 451 –66; Morgan, *The

을 붙여 출판했다.[6]

1622년에 처음 출판된 가우지의 책은 가정생활의 의무를 모두 여덟 개 항목으로 나눠 다루면서 장장 700쪽에 걸쳐 경건한 가정의 특성을 철저하게 분석했다.[7] 가우지는 첫 번째 항목에서는 에베소서 5장 21절부터 6장 9절을 근거로 가정의 의무에 대한 토대를 설명했고, 두 번째 항목에서는 남편과 아내의 관계를 다루었으며, 세 번째 항목에서는 아내의 의무, 네 번째 항목에서는 남편의 의무에 각각 초점을 맞추었다. 아울러 다섯 번째 항목에서는 자녀들의 의무, 여섯 번째 항목에서는 부모의 의무를 다루었고, 나머지 항목들

Puritan Family; Steven Ozment, *When Fathers Ruled: Family Life in Reformation Europe* (Cambridge, Mass.: Harvard University Press, 1983); Packer, *A Quest for Godliness*, 259–73, 355–56; Neil Pronk, "Puritan Christianity: The Puritans at Home," *The Messenger* (Sept. 1997): 3–6; Helen Ratner, "The Puritan Family," *Child & Family*, 9, no. 1 (1970): 54–60; Darrett B. Rutman, *Winthrop's Boston: A Portrait of a Puritan Town*, 1630–1649 (New York: W. W. Norton Co., 1972); Leland Ryken, *Worldly Saints: The Puritans As They Really Were* (Grand Rapids: Zondervan, 1986), 39–54, 73–88; Levin Ludwig Schucking, *The Puritan Family: A Social Study from the Literary Sources* (New York: Schocken Books, 1970); Lawrence Stone, *The Family, Sex and Marriage in England 1500–1800* (New York: Harper & Row, 1977); and Margo Todd, "Humanists, Puritans and the Spiritualized Household," *Church History*, 49, no. 1 (1980): 18–34.

6. William Gouge, *Building a Godly Home, Vol. 1, A Holy Vision for Family Life*, ed. Scott Brown and Joel R. Beeke (Grand Rapids: Reformation Heritage Books, 2013); *Building a Godly Home, Vol. 2, A Holy Vision for a Happy Marriage*, ed. Scott Brown and Joel R. Beeke (Grand Rapids: Reformation Heritage Books, 2013); *Building a Godly Home, Vol. 3, A Holy Vision for Raising Children*, ed. Scott Brown and Joel R. Beeke (Grand Rapids: Reformation Heritage Books, forthcoming 2014).

7. William Gouge, *Of Domesticall Dvties* (London: by Iohn Haviland for William Bladen, 1622).

에서는 종과 주인의 관계와 의무를 다루었다.[8]

가우지의 책에는 시대에 뒤떨어진 내용이 더러 있지만 그의 조언과 강조점은 전체적으로 볼 때 시대를 초월한다. 브렛 어셔는 가우지를 이렇게 평가했다. "그는 '다정한' 결혼생활과 규범적일 뿐 아니라 사려 깊은 자녀양육의 개념을 분명하게 묘사했다는 점에서 가장 창의력이 풍부한 근대 저술가들 가운데 한 사람으로 인정받게 되었다(그의 결혼생활 자체가 하나의 본보기였다). 아동기와 사춘기의 본질에 대한 그의 심리학적인 통찰력은 놀라우리만큼 현대적인 특성을 띠고 있다. 그는 심지어 1970년대까지 금기시되었던 아동 학대의 문제까지 다루었다."[9]

높은 가치를 지닌 가우지의 책은 많은 가족들에게 주 예수 그리스도께 합당한 방식으로 살아가는 법을 가르쳐 온 경험을 토대로 신약성경의 서신서들로부터 실천적인 적용을 도출해 내는 탁월한 강해자의 면모를 유감없이 보여준다. 그는 열세 자녀를 둔 아버지로서 자신이 무엇을 해야 하는지를 잘 알고 있었다(그는 아들 일곱과 딸 여섯을 낳았는데 그 가운데 여덟 자녀만 성인으로 성장했다). 부모로서의 그의 경험은 그의 아내가 열세 번째 아이를 낳고 죽은 후부터 더 많이 늘어

---

8. 주인과 종에 관한 마지막 섹션은 최근의 3권으로 된 현대식 리프린트판에는 포함되어 있지 않다. 하지만 위에서 언급한 2006년판에는 포함되어 있다.

9. Brett Usher, "William Gouge," in *Oxford Dictionary of National Biography*, ed. H. C. G. Matthew and Brian Harrison (Oxford: Oxford University Press, 2004), 23:38.

났다. 그는 재혼하지 않았다.[10]

가장 중요한 것은 가우지가 자신이 책에서 말한 대로 경건한 삶의 본을 보였다는 것이다. 그의 사생활은 매우 모범적이었다. 그는 매일 성경을 열다섯 장씩 읽는 습관을 평생토록 유지했다(아침 식사 전에 다섯 장, 저녁 식사 후에 다섯 장, 잠자리에 들기 전에 다섯 장). 그의 전기 작가에 따르면 그는 죄를 고백할 때는 "스스로를 철저히 꾸짖고 하나님의 옳으심을 인정하며 깊이 애통해했고", 또 기도할 때는 "눈물과 간구로 씨름하는 진정한 야곱의 후손처럼 큰 열정과 믿음으로 적절하고, 온당하고, 신령하고, 분별 있게" 처신했다. 당시의 한 저술가는 "그는 그리스도는 높이고 자기는 낮추려고 노력했다."라고 말했다. 가우지는 자기 자신에 대해 "나 자신을 바라보면 공허함과 연약함밖에 보이지 않지만 그리스도를 바라보면 충만함과 충족함만이 보인다."라고 말했다.[11]

가우지의 가족들은 그에게서 사랑스러운 남편과 아버지, 가정 예배의 인도자, 근면한 일꾼, 너그러운 자선가, 온유한 친구, 화평하게 하는 자, 하나님과 진지하게 씨름하는 자의 모습을 발견했다. 그의 전기 작가가 "그의 아내나 자녀들이나 그와 함께 살며 같이 일했던 하인은 물론이고, 그 어떤 사람도 그가 자신들을 향해 화를 내는

---

10. Usher, "William Gouge," 23:37.

11. James Reid, *Memoirs of the Lives and Writings of those Eminent Divines Who Convened in the Famous Assembly at Westminster* (Paisley: Stephen and Andrew Young, 1811), 1:357.

모습을 보거나 분노의 말을 쏟아내는 것을 들은 적이 한 번도 없었다."라고 말했을 정도로 그의 성품은 매우 온유했다.

가우지는 말년에 천식과 신장결석으로 고통을 받았다. 그러나 그는 극심한 고통에도 불구하고 죽을 때까지 믿음을 굳게 지켰다. 그는 "나는 큰 죄인이지만 위대하신 구세주 안에서 위로를 얻습니다."라고 말하곤 했다. 그는 "우리가 하나님께 복을 받았은즉 화도 받지 아니하겠느냐"(욥 2:10)라는 욥의 말을 자주 언급했다. 친구가 그가 받은 은혜나 그가 이룬 일을 거론하며 위로의 말을 건네려고 하면 그는 "나는 그런 일을 위로로 삼을 생각이 추호도 없네. 오직 예수 그리스도와 그분이 이루고 감당하신 일만이 나의 유일한 위로의 원천일세."라고 대답했다. 그는 죽음이 임박하자 "죽음이여, 너는 예수 그리스도 다음으로 나의 가장 친한 친구다. 내가 죽으면 예수 그리스도와 함께 거할 것이 틀림없다. 예수 그리스도께서는 나의 기쁨이시다."라고 말했다.[12]

가우지는 78세의 나이로 1653년 12월 12일에 세상을 떠났다. 나는 이번 장에서 기독교적 삶에 대한 가우지의 견해를 결혼과 자녀 양육이라는 두 가지 주제로 나눠 차례로 살펴보면서 그것을 토대로 오늘날의 기독교 가정을 위한 실천적 교훈을 잠시 생각해보고 싶다.

---

12. Reid, *Memoirs*, 1:358.

가우지가 말하는 행복한 결혼

결혼에 관한 청교도의 가르침은 하나님의 말씀에 그 근거를 두고 있다. 패커는 "청교도들은 결혼 제도의 설립 근거는 창세기에서, 그 온전한 의미는 에베소서에서, 그 정결한 상태는 레위기에서, 그 운영 방식은 잠언에서, 그 윤리 원칙은 신약성경의 여러 권에서, 그 구체적인 사례와 이상적인 모습은 에스더서와 룻기와 아가서에서 각각 발견했다."라고 말했다.[13] 《*Building a Godly Home*》(경건한 가정 만들기) 제1권은 가우지가 에베소서 5장 21절에서 6장 9절을 주해한 내용을 싣고 있고, 제2권은 아내와 남편을 위한 바울의 가르침을 구체적으로 적용한 내용을 풍부하게 제시하고 있다. 하나님이 정하신 결혼의 성경적인 목적과 원칙에 대한 가우지의 견해를 몇 가지 간추려 살펴보면 다음과 같다.

하나님이 정하신 결혼의 목적

결혼에 대한 중세 교회의 견해는 결혼의 목적을 자녀 출산에 국한하는 쪽으로 크게 기울었다. 진지한 그리스도인들은 독신으로 살거나 더 낫게는 수도사나 수녀가 되는 것이 좋다는 생각이 만연했다. 그와는 달리 청교도들은 성경이 결혼을 신성시하며 결혼의 세 가지 목적을 제시하고 있다는 종교개혁자들의 견해에 동의했다. 결

---

13. Packer, *A Quest for Godliness*, 263.

혼의 목적은 더 큰 목적, 곧 세상에서 하나님의 나라를 발전시키고 그분을 영화롭게 하는 것에 이바지한다. 가우지는 이 세 가지 목적을 《공동 기도서》와 똑같은 순서로 제시했다. (1) "자녀를 낳아 하나님을 찬양하고, 주님을 경외하게 함으로써 양육하는 것", (2) "죄를 예방하고 음행을 피하는 것", (3) "서로 교제하며 돕고 위로하는 것."[14]

창세기 1장 28절의 창조 명령에 근거한 결혼의 첫 번째 목적은 "세상에 자손을 채우기 위해서다. 단순히 번성하는 것에 그치지 않고, 합법적인 생식과 개개의 가정들을 통해 도시들과 국가들이 양성되고, 교회가 거룩한 자손으로 인해 세상에서 보존되며 퍼져나간다(말 2:15)."[15] 오늘날에는 이런 결혼의 목적을 지향하는 사람들이

---

14. "The Form of Solemnization of Matrimony" (1549), in *The Book of Common Prayer*, ed. Brian Cummings (Oxford: Oxford University Press, 2011), 64, spelling modernized. 이 용어와 이 순서는 1559년판과 1662년판까지 변하지 않고 남아 있다. 초기의 몇몇 청교도들은 결혼의 세 가지 목적을 이 순서대로 배열했으나, 청교도들은 점차 세 번째 목적을 제일 앞에 두기 시작했고 1640년대에는 웨스트민스터 신앙고백에서 새로운 순서가 성문화되었다. 후기의 청교도들은 번성하여 땅에 충만하라는 창세기 1장 28절 말씀보다 창세기 2장 28절을 결혼을 위한 명령의 근본으로 파악하고 거기에 더욱 집중했다. "사람이 혼자 사는 것이 좋지 아니하니 내가 그를 위하여 돕는 배필을 지으리라 하시니라." 16세기 후반에 작성된 네덜란드 개혁교회의 예식문은 이미 같은 순서를 채택하고 있고 더욱 상세하게 기술한다. "첫 번째 이유는 각각이 이 삶에 속하는 모든 것들에 있어서 상대방을 신실하게 보좌하기 위함이다. 두 번째 이유는 주님께서 부부에게 주시는 자녀를 하나님에 대한 경외와 참된 지식 안에서 하나님의 영광을 위하여 양육하는 것과 자녀들을 구원하는 것이다. 세 번째 이유는 남녀가 서로 모든 부정과 악한 정욕을 피하여, 깨끗하고 고요한 양심 가운데 살게 하기 위함이다." (*Doctrinal Standards, Liturgy, and Church Order*, 156). Cf. Ryken, *Worldly Saints*, 48.

15. Gouge, *Building a Godly Home*, 2:29.

거의 없다. 배우자에게 "여보, 교회와 우리의 도시와 국가를 위해 아이를 하나 더 낳읍시다."라고 말할 사람이 과연 누가 있겠는가?

결혼의 두 번째 목적은 "음행을 피하고, 몸을 거룩하고 순결하게 지키기 위해서다. 정욕을 좇는 남자의 부패한 본성 안에 깃든 성향을 고려하면 이 목적은 결혼의 영광에 많은 것을 더하여준다. 결혼은 정욕을 자극하는 강렬한 유혹 때문에 그들의 구원이 위기에 처한 사람들을 위한 피난처다."[16] 가우지의 말은 오늘날에도 여전히 적절하다.

결혼의 세 번째 목적은 "남편과 아내가 서로 돕게 하기 위해서다(창 2:18). 남편과 아내는 서로를 도와 자녀들을 낳고 기르며 함께 가정을 세우고 다스려 나갈 뿐 아니라 형통할 때나 어려울 때나 건강할 때나 병들었을 때나 서로를 의지한다…이런 점에서 '아내를 얻는 자는 복'이 있다(잠 18:22)."[17]

이 세 가지 목적은 불신자를 포함한 인류 전체에게 주어진 하나님의 선물이다. 그러나 청교도들은 결혼의 세속적인 목적을 강조하면서도 그 중요한 영적 목적을 조금도 훼손하지 않았다. 바울이 에베소 신자들에게 말한 것처럼, 가우지는 결혼이 그리스도와 그분의 몸인 교회와의 관계를 생생하게 보여주는 비유의 기능을 한다고 가르쳤다(엡 5:22-33). 남편은 아내를 그리스도께서 교회를 사랑하시는

---

16. Gouge, *Building a Godly Home*, 2:29.

17. Gouge, *Building a Godly Home*, 2:30.

것처럼 사랑해야 하고, 아내는 교회가 그리스도께 하는 것처럼 남편을 공경하고 복종해야 한다.

그리스도께서 교회의 머리이신 것처럼 남편은 아내의 머리다(엡 5:23). 남편은 그리스도께서 교회를 사랑하시는 것처럼 "진실하고, 순결하고, 변함없고, 크고, 절대적인 사랑"으로 아내를 대하고, 그리스도께서 자기 백성에게 하시는 것처럼 아내를 보살피며 소중히 여겨야 한다.[18] 물론 교회에 대한 그리스도의 사랑은 전체적이고, 포괄적이기 때문에 남편은 아무리 노력해도 아내를 온전히 사랑할 수 없다. 남편은 죄인이기 때문에 그리스도의 완전한 사랑에 미칠 수 없다(25절). 그러나 남편은 신부인 교회에 대한 그리스도의 사랑을 본보기와 목적으로 삼아야 한다.[19] 남편은 아내를 절대적으로(25절), 뚜렷한 목적을 가지고(26절), 실제적이고(27절), 희생적으로(28, 29절) 사랑하려고 노력해야 한다. 남편이 아내를 사랑하고 아내가 남편을 존경하면 유쾌한 결혼생활을 통해 두 사람 모두 즐거움을 누릴 수 있다. 가우지는 "**사랑**은 남편에게 속한 권위의 의무를 더욱 감미롭게 만드는 설탕과 같고, **존경**은 아내에게 속한 복종의 의무를 맛깔스럽게 하는 소금과 같다."라고 말했다.[20]

현대인들이 청교도주의를 풍자한 것들을 생각하면 청교도 남편들이 남성 우월주의자나 독재자가 아니었다는 사실을 강조해야 할

---

18. Gouge, *Building a Godly Home*, 1:51.
19. Gouge, *Building a Godly Home*, 1:51-52.
20. Gouge, *Building a Godly Home*, 1:155-56, emphasis original.

필요가 있다. 청교도들은 그리스도께서 교회의 머리이신 것처럼 남편이 아내의 머리라는 성경의 가르침을 남성의 권위가 특권이 아닌 책임에 해당한다는 뜻으로 이해했다. 머리라는 것은 사랑에 근거한 리더십을 의미한다(벧전 3:7). 아내를 다스릴 권위가 남편에게 주어졌지만 가우지의 말대로 "남편이 머리이면 아내는 심장이다."[21]

교회는 그리스도께 겸손한 태도로 무조건 복종해야 한다. 따라서 남편이 아내의 머리라는 사실은 남편이 하나님과 그분의 계명을 거스르지 않는 한, 아내는 남편을 공경하고, 모든 일에 그에게 자발적으로 복종해야 할 의무가 있다는 것을 의미한다. 가우지와 청교도들은 복종을 위계질서가 아닌 역할의 의미로 이해했다. 하나님은 남편에게 지도자의 역할과 의무를 부여하셨다. 그 목적은 아내 위에 군림하기 위한 것이 아니다. 단지 아내가 아닌 남편이 권위를 위임받았을 뿐이다. 남편이 머리이지만 가우지는 하나님이 아내를 남편과 함께 가정을 다스리는 "공동 통치자"로 세우셨다고 말했다.[22]

청교도들은 창조에 근거한 그리스도 중심적인 웅대한 결혼의 목적을 염두에 두고, 하나님을 영화롭게 하는 결혼생활을 위한 윤리적 원칙들을 설명했다.

---

21. Gouge, *Building a Godly Home*, 2:102.

22. Gouge, *Building a Godly Home*, 2:82-84.

하나님이 정하신 결혼의 원리

청교도들은 종종 "의무"를 강조했다. 가우지도 예외가 아니었다. 그가 말한 "의무"는 진정한 기쁨 없이 단순한 책임감으로 어떤 일을 행한다는 의미와는 거리가 멀다. 우리는 하나님을 기쁨으로 섬겨야 한다(시 100:2). 그러나 "의무"라는 말은 하나님의 뜻이 성공적인 삶이나 개인적인 성취를 위한 원리가 아니라는 점을 아울러 상기시켜준다. 우리는 하나님의 명령을 이행해야 할 책임이 있다. 가우지도 대다수 청교도처럼 결혼의 의무를 세 가지(상호 간의 의무, 남편의 의무, 아내의 의무)로 나눠 다루었다. 아래의 네 가지 원리는 가우지가 그중 첫 번째 항목인 상호 간의 의무를 다룬 내용을 간추린 것이다.

1. **결혼의 하나됨을 굳게 지켜라.** 결혼 제도의 창시자는 하나님이시다. 그분은 결혼을 통해 두 사람을 "한 몸"으로 만드신다(창 2:24). 가우지는 이를 "혼인의 연합"으로 일컫고, "한 몸이 된 두 사람은 다시 둘로 나뉘지 않고 항상 한 몸으로 남는다."라고 설명했다. 그는 고린도전서 7장 10, 11절을 인용했다. "결혼한 자들에게 내가 명하노니 (명하는 자는 내가 아니요 주시라) 여자는 남편에게서 갈라서지 말고 (만일 갈라섰으면 그대로 지내든지 다시 그 남편과 화합하든지 하라) 남편도 아내를 버리지 말라."[23]

남편과 아내는 단순히 법적인 결합의 차원에서만이 아니라 실제

---

23. Gouge, *Building a Godly Home*, 2:35.

로 함께 동거하며 삶을 공유함으로써 같이 붙어 지내야 한다(벧전 3:7). 때로는 교회나 국가의 "중요하고 긴급한 문제"로 인해 서로 떨어질 수도 있고, 또 직업 활동 때문에 한동안 출장을 떠날 수도 있지만 부부는 그런 이유로 떨어지는 것조차도 안타깝게 여기며 신속하게 가정으로 되돌아와서 함께 지내며, 잠자리를 같이해야 한다. 부부가 함께 지내는 것이 서로를 돕는 첫 번째 단계다.[24]

2. **결혼의 성적 순결을 즐기라.** 가우지는 이를 "혼인의 순결"로 일컬었다. 청교도는 독신자들이 성관계를 하지 않는 것뿐만 아니라 기혼자들이 배우자하고만 성적 친밀함을 누리는 것을 순결로 간주했다(고전 7:2-4, 히 13:4).[25] 간음은 결혼 서약을 어기는 중대한 범죄행위였다. 가우지는 이 죄는 남녀에게 모두 똑같이 적용된다고 말했다.[26] 가우지는 그런 죄를 짓지 않으려면 부부가 서로에게 "남편과 아내의 의무"를 다해야 한다고 말했다. 여기에서 이 말은 성적인 사랑을 완곡하게 표현한 것이다. 그는 이렇게 말했다.

> (어디에 있든지 하나님을 경외하며, 계속 그분을 바라보며 사는 것 다음으로) 결혼한 남녀에게 처방할 수 있는 가장 좋은 치료책 가운데 하나는 남편과 아내가 서로를 기뻐하며 순수하고 뜨거운 사랑을 유지함으로써 서로

---

24. Gouge, *Building a Godly Home*, 2:56-57.

25. Gouge, *Building a Godly Home*, 2:37.

26. Gouge, *Building a Godly Home*, 2:39-40.

에게 남편과 아내의 의무를 다하는 것이다. 이 의무는 하나님의 말씀이 확실하게 보증하고, 신성시할 뿐 아니라 그분이 특별한 목적을 위해 정하신 것이다. (바울 사도가 고린도전서 7장 3절에서 말한 대로) 남편과 아내의 "의무"는 결혼의 가장 온당하고 본질적인 행위에 해당하며, 그 주된 목적을 이루기 위한 필수 요소다.[27]

이런 가르침은 당시에는 혁신적인 것이었다. 초기 교회 내에서 결혼, 특히 성행위는 거론조차 꺼리는 주제였다. 테르툴리아누스, 암브로시우스, 히에로니무스와 같은 유명인들은 심지어 결혼 관계 내에서의 성행위조차 반드시 죄를 포함할 수밖에 없다고 생각했다.[28] 그런 입장은 자연스레 동정과 독신을 높이 우러르는 결과를 낳았다. 5세기경에는 성직자들의 결혼이 금지되었다.[29] 7세기에 캔터베리 대주교는 남편은 아내의 벌거벗은 모습을 봐서는 안 되고, 주일에는 성행위를 금해야 하며, 성찬에 참여할 때는 사흘 전부터, 부활절을 맞으려면 40일 전부터 금욕해야 한다고 말했다.[30] 불행히도 낭만적인 사랑은 부부가 아닌 정부와 나누는 것으로 전락해 불륜을 낳았다.[31]

27. Gouge, *Building a Godly Home*, 2:44.

28. Packer, *A Quest for Godliness*, 261.

29. Ryken, *Worldly Saints*, 40.

30. Theodore of Tarsus (602–690), cited in Gordon Mursell, *English Spirituality From Earliest Times to 1700* (Louisville: Westminster John Knox, 2001), 43.

31. William Haller, *The Rise of Puritanism* (New York: Harper, 1957), 122.

청교도 설교자들은 로마 가톨릭의 견해는 비성경적일 뿐 아니라 사악하기까지 하다고 가르쳤다. 그들은 바울의 말을 인용해 혼인을 금하는 것은 마귀의 교리라고 말했다(딤전 4:1-3).[32]

청교도는 결혼 관계 내에서의 성적 친밀함을 하나님의 선물이자 즐겁고 본질적인 결혼의 요소로 간주했다. 가우지는 남편과 아내가 "선의와 기쁨으로 기꺼이" 서로를 사랑해야 한다고 말했다.[33] 아울러 그는 부부의 성생활은 배우자의 신앙생활이나 연약함이나 질병과 같은 요인을 적절히 고려해 시기와 한도를 알맞게 조절해야 한다고 조언했다.[34]

낭만적인 동반자 관계라는 결혼의 이상은 청교도의 가르침 가운데서 오늘날 종종 생각하는 것보다 훨씬 더 혁신적인 개념이었다. 허버트 리처드슨은 "청교도가 낭만적인 결혼과 그 타당성을 강조한 것은 기독교의 전통 가운데서 가장 큰 혁신 가운데 하나였다."라고 말했다.[35] C. S. 루이스도 우리가 "기사도적 사랑을 일부일처의 낭만적 사랑으로 전환시킨" 청교도들에게 많은 빚을 지고 있다고 말했다.[36]

---

32. Ryken, *Worldly Saints*, 42.

33. Gouge, *Building a Godly Home*, 2:44.

34. Gouge, *Building a Godly Home*, 2:46.

35. Herbert W. Richardson, *Nun, Witch, Playmate: The Americanization of Sex* (New York: Harper & Row, 1971), 69.

36. C. S. Lewis, "Donne and Love Poetry in the Seventeenth Century," in *Seventeenth Century Studies Presented to Sir Herbert Grierson* (Oxford: Oxford University Press, 1938), 75.

3. **배우자를 사랑하며 조화를 이루며 살라.** 이것은 에베소서 5장 25절과 디도서 2장 4절을 통해 남편들에게 주어진 명령이다. 가우지는 "남편과 아내는 서로를 사랑스러운 감정으로 대해야 한다. 그렇지 않으면 어떤 의무도 잘 수행할 수가 없다. 이것이 나머지 모든 것의 토대다."라고 말했다.[37] 남편과 아내는 서로를 하나님의 은혜로 주어진 특별한 선물로 받아들여 귀하게 여겨야 하고,[38] 서로 화목하게 지내며 조화롭게 살아야 한다(히 12:14). 부부는 거친 세파 속에서 서로에게 편안한 항구가 되어주어야 한다. 가우지는 "항구가 폭풍우 없이 고요하다면 바다에서 거친 풍랑에 시달리던 선원에게는 더없이 큰 위로가 되지 않겠는가?"라고 말했다.[39] 그는 "집에서 남편과 아내가 불화하는 것은 배에서 선장과 조타수가 다투는 것과 같다."(그럴 경우, 양측 모두에게 큰 위험이 뒤따른다)라고 경고했다.[40]

가우지는 배우자를 "동반자"로 일컬었다.[41] 그는 "친구도 자녀도 부모도 아내만큼 사랑해서는 안 된다. 아내가 '네 품의 아내'(신 13:6)로 일컬어지는 이유는 남편의 가슴에 있는 심장과 같은 존재라는 의미다…아내는 누이나 어머니나 딸이나 친구나 그 어떤 사람보다

37. Gouge, *Building a Godly Home*, 2:47.

38. Gouge, *Building a Godly Home*, 2:48 – 50.

39. Gouge, *Building a Godly Home*, 2:52.

40. Gouge, *Building a Godly Home*, 2:54.

41. Gouge, *Building a Godly Home*, 2:188.

도 더 가깝다."라고 말했다.[42]

4. **기도로 서로의 영혼을 튼튼하게 하라.** 부부는 서로의 영혼을
유익하게 해야 한다.[43] 가우지는 "기도는 부부가 서로에게 응당 이
행해야 할 의무다. 이삭도 아내를 위해 기도했다(창 25:21)."라고 말했
다. 그는 부부에게 둘이서 함께 기도하며 하나님께 구할 것을 구함
으로써 육체가 하나인 것처럼 "정신도 하나"가 되라고 조언했다. 그
는 "참되고 영적인 결혼의 사랑으로 서로의 마음이 하나가 되어 항
상 서로를 즐거워하며, 서로를 유익하게 하고, 즐겁고 기꺼운 마음
으로 서로에 대한 모든 의무를 이행해야 한다."라고 말했다. 부부는
거룩한 성생활과 자녀의 출산과 자녀들의 구원과 가족의 경제적 필
요와 가족에게 필요한 모든 은사와 신령한 은혜를 위해 하나님께
힘써 기도해야 한다.[44]

가우지는 또한 부부가 서로를 도와 유혹을 극복하고 영적으로 성
장할 수 있는 방법을 몇 가지 가르쳤다. 부부는 서로를 위해 기도하
고, 서로를 보완하며, 서로에게 감사하고, "평안의 매는 줄로 성령
이 하나 되게 하신 것을 힘써 지켜야 한다." 부부는 거친 말로 상대
방을 노엽게 하지 말고, 서로를 친절하게 대하고, 사소한 잘못은 기
꺼이 눈감아주어야 한다. 부부는 참된 우정을 나누며 서로에게 깊

---

42. Gouge, *Building a Godly Home*, 2:181.

43. Gouge, *Building a Godly Home*, 2:61.

44. Gouge, *Building a Godly Home*, 2:62.

은 관심을 기울여야 한다. 부부는 시련이나 질병을 겪거나 연약할 때에는 서로를 동정해야 하고, 다른 사람들 앞에서 험담을 늘어놓아 서로의 평판을 깎아내려서는 안 된다. 부부는 서로의 속사정을 솔직히 털어놓을 수 있어야 하고, 서로의 비밀을 누설해서는 안 된다. 마지막으로 가우지는 부부에게 서로의 육체적인 필요를 채워주고, 재산을 잘 관리하며, 가족을 잘 다스리고, 다른 사람들을 관대하게 대하며, 가난한 자들을 돕기 위해 함께 열심히 노력하라고 권고했다.[45]

가우지는 남편과 아내의 의무를 구체적으로 논할 때에도 몇 가지 놀라운 생각을 유감없이 드러냈다. 그것을 간단히 요약하면 다음과 같다.

남편은 다른 사람들이 "아내에게 너무 홀딱 빠져 사는 것 아니야?"라고 생각할 정도로 아내를 기쁘게 여겨야 한다(잠 5:18, 19). 그는 아내를 존중하고, 존경하며, 기쁘게 하려고 노력해야 한다. 남편은 아내가 흉과 허물이 있다고 해서 그것을 아내를 덜 사랑하는 빌미로 삼아서는 안 된다. 가우지는 "아내가 뛰어나게 아름답지도 않고, 품위가 있지도 않고, 오히려 생김새가 볼품이 없고, 언변이나 시력이나 몸짓이나 육체의 일부가 다소 불완전하더라도" 여전히 진심으로 사랑해야 하고, "아내가 마치 세상에서 가장 아름답고, 모든 점에서 가장 완벽한 여성인 것처럼 여겨 그녀를 즐거워해야 한다."라

---

45. Gouge, *Building a Godly Home*, 2:73 – 81.

고 말했다.[46]

또한 남편은 아내가 건강할 때나 병들었을 때나 항상 잘 보살펴야 한다. 특히 아내가 임신 중일 때는 각별히 신경을 써서 도와야 한다.[47] 남편은 아내에게 호의와 친절과 사랑을 베풀어야 한다. 아내를 때리거나 말로나 육체적으로 학대하는 일을 절대로 해서는 안된다. 때로 남편은 아내를 책망할 수도 있지만 그런 때에도 부드러운 사랑을 잃지 말고 항상 아내가 죄를 잘 뉘우칠 수 있도록 도와야한다. 책망은 드문 것이 되어야 하고, 책망할 때는 겸손한 태도로 단둘이 있을 때만 해야 한다. 아내가 화가 난 상태에서는 절대 책망하지 않아야 한다.[48] 마지막으로 남편은 아내의 역할을 인정해야 한다. 남편은 아내에게 너무 많은 것을 요구하지 말고, 집안일을 스스로 이끌어갈 수 있는 재량권을 주어야 하며, 고마움을 표시해 아내의 역할을 인정한다는 것을 보여주어야 한다. 남편은 이 모든 일을 친절한 태도로 즐겁게 이행해야 한다.[49]

아내에게는 남편을 공경하고, 그에게 복종하며, 상호 간의 결혼의무를 온전히 감당하는 것 외에도 아내로서 짊어져야 할 독특한 책임이 몇 가지 더 있다. 아내는 남편의 일, 사회적 신분, 경제적 지위에 만족해야 한다. 아내는 남편과 대화를 나눌 때 존경을 표하고,

---

46. Gouge, *Building a Godly Home*, 2:194.

47. Gouge, *Building a Godly Home*, 2:241 – 42.

48. Gouge, *Building a Godly Home*, 2:215 – 24.

49. Gouge, Building a Godly Home, 2:196 – 236.

"남편이 자기를 위해 마련한 거처에서 기꺼이 거주해야 한다."

아울러 아내는 집안일을 효율적으로 잘 운영해야 한다(잠 31장). 아내는 남편을 돕는 배필로서(창 2:18) 다양한 방법으로 남편을 돕고, 집안에서 지혜로운 지도력을 발휘해야 할 뿐 아니라 남편과 상의해 도움을 구해야 할 문제는 무엇이고, 자기가 재량껏 처리할 문제는 무엇인지를 정확하게 이해해야 한다. 그런 가정 운영에는 남편이 작은 교회인 가정 안에 그리스도의 왕국을 세우도록 돕는 일, 인색함 없이 검소하게 지내는 일, 주어진 의무를 이행하기 위해 일관된 노력을 기울이는 일, 성경의 명령대로 항상 맑은 정신과 온유하고 정중하고 공손하고 정숙한 태도를 유지하는 일 등이 포함된다.[50]

간단히 말해 가우지는 기독교적 결혼의 아름다움과 영광을 매우 통찰력 있게 다루었다. 결혼에 대한 그의 견해는 종합적이며 실천적이었을 뿐 아니라 철저히 하나님 중심적이었다. 남편과 아내는 각기 역할은 다르지만 서로 분리되어 살지 않는다. 그들은 동반자요 동료로서 하나님의 영광과 자기 자신들과 다른 사람들의 유익을 위해(특히 자녀들의 유익을 위해) 함께 노력한다.

가우지가 말하는 자녀양육의 아름다움과 영광

청교도에 따르면 그리스도인과 가정의 관계는 개인의 성화와 불가

---

50. Gouge, *Building a Godly Home*, 2:98 - 179.

분의 관계를 맺는다. 성경은 의롭게 사는 법을 가르친다. 성경은 부모와 자녀가 서로 어떤 관계를 맺어야 하는지를 분명하게 보여주고 있기 때문에 그 관계가 곧 성화의 지표가 된다. 따라서 그리스도인들은 거룩함과 기독교적 삶의 아름다움이 가정에서부터 시작해서 삶의 모든 영역으로 확대된다는 것을 옳게 이해해야 할 필요가 있다.

대다수 청교도는 부부간의 동반자 관계를 결혼의 일차적인 목적으로 생각했을 뿐 아니라 자녀 출산을 결혼의 사랑에서 비롯하는 자연스러운 결과라고 믿었다. 자녀는 하나님의 축복으로 간주되었다. 자녀는 하나님이 자주, 풍성하게 베푸시는 축복이었다. 청교도의 가족은 평균 7, 8명의 자녀를 둔 대가족이었다. 그러나 유아 사망률도 매우 높았다. 대개는 한 가정에서 출생한 자녀들 가운데 절반 정도만 성인이 될 때까지 살아남았다.

청교도는 자녀양육을 중대한 책임으로 의식했고, 자신들의 가정을 교회와 사회를 위한 인재 양성소로 생각했다. 그들은 자녀들이 성경의 규범과 계명, 특히 부모에게 순종하라는 명령에 순종할 수 있게 하기 위해 최선의 노력을 다하는 것을 부모의 의무로 간주했다.

부모와 자녀에 대한 청교도적 가르침의 근거는 십계명의 다섯 번째 계명이었다(출 20:12). 바울은 에베소서 6장 1-4절에서 가정에 대한 가르침을 베풀면서 이 계명을 인용했다.

"자녀들아 주 안에서 너희 부모에게 순종하라 이것이 옳으니라 네 아버지와 어머니를 공경하라 이것은 약속이 있는 첫 계명이니 이로써 네가 잘 되고 땅에서 장수하리라 또 아비들아 너희 자녀를 노엽게 하지 말고 오직 주의 교훈과 훈계로 양육하라."

가우지는 바울이 에베소서에서 한 말을 적용하면서 자신의 책 제3권에서 100쪽이 넘는 분량을 부모와 자녀의 관계를 다루는 데 할애했다. 지금부터는 자녀양육의 임무와 그 정신적 태도에 초점을 맞춰 가우지가 무엇을 가르치고자 했는지를 잠시 살펴볼 생각이다.

자녀양육의 정신 : 권위와 사랑

가우지는 권위와 사랑의 관점에서 자녀양육의 본질을 다루었다. 그는 부모가 "권위와 애정"으로 자녀들을 양육함으로써 자녀들이 부모를 마땅히 "두려워하고 사랑하도록" 이끌어야 한다고 가르쳤다. 그는 이 일을 설탕과 소금을 가지고 음식을 요리하는 것에 비유했다. 설탕과 소금으로 너무 달거나 쓰지 않게 맛을 적당히 조절해야만 맛있는 음식을 만들 수 있다.[51] 부모가 애정을 기울이면 자녀도 사랑으로 반응한다. 햇빛이 돌에 내리비추듯 "부모의 사랑이라는 따뜻한 빛"이 계속해서 자녀들을 비추면 자녀들은 사랑으로 반응하

---

51. Gouge, *Building a Godly Home*, vol. 3, ch. 1.

기 마련이다.[52] 가우지가 말한 "두려움"은 자녀들을 멀어지게 만드는 공포나 무서움이 아니라 부모를 거역하기를 싫어하고 그들을 기쁘게 하려는 진지한 마음에서 우러나오는 존경심을 의미한다.[53]

하나님은 아버지와 어머니 모두에게 이 고귀한 과제를 맡기셨고, 그 일을 할 수 있는 권위를 부여하셨다. 아버지는 가정의 머리이기 때문에 "권위"나 "의무"와 관련해서도 가장 으뜸 되는 위치를 차지하지만(엡 5:23)[54] 그렇다고 해서 아내를 집안의 종처럼 여겨서는 안 된다. 가우지는 다섯 번째 계명이 "아버지"는 물론, "어머니"를 공경하라고 요구하기 때문에 자녀들은 부모를 "똑같이 공경해야 한다"고 가르쳤다.[55] 그는 "아버지와 어머니는 상호 간의 관계는 물론, 자녀들과의 관계에서도 역할은 각자 다르지만 서로 하나라는 점에서 자녀들에게 동일한 권위를 행사한다."라고 말했다.[56]

자녀들이 부모를 공경하면 그들에 대해 함부로 말하지 않고(욥 29:9, 10), 부모가 하는 말을 주의 깊게 경청하게 된다(욥 29:21). 자녀들은 부모의 말이 채 끝나기도 전에 슬며시 자리를 피하거나 불평을 하거나 무례한 태도를 보여서는 안 된다.[57] 가우지는 에베소서 6장

---

52. Gouge, *Building a Godly Home*, vol. 3, ch. 1.

53. Gouge, *Building a Godly Home*, vol. 3, ch. 1.

54. Gouge, *Building a Godly Home*, 1:33.

55. Gouge, *Building a Godly Home*, vol. 3, ch. 5.

56. Gouge, *Building a Godly Home*, vol. 3, ch. 5.

57. Gouge, *Building a Godly Home*, vol. 3, ch. 1.

1절의 "순종하라"라는 헬라어가 "겸손히 복종하는 태도로 경청하다"라는 의미를 지닌다고 설명했다.[58] 자녀들이 부모에게 말할 때는 부모의 일이나 대화를 방해하지 말고 공손히 부모의 허락을 구하고 나서, "아버지"와 "어머니"와 같은 경칭을 사용하며 겸손한 태도로 간결하게 말해야 하며, 부모가 질문할 때는 신속히 대답해야 한다.[59] 또한 부모를 공경한다는 것은 부모가 없는 자리에서도 함부로 비방하지 말고, 공손한 태도로 말하는 것을 의미한다.[60]

청교도는 기독교적 순종은 마음에서 비롯한다는 것을 알았다. 그들은 "마음의 성향"에서부터 행동이 비롯한다는 것을 이해했다. 따라서 가우지는 자녀들의 태도나 몸짓이나 표정에서도 부모를 공경하는 마음이 우러나야 한다고 가르쳤다.[61] 자녀들은 부모에게 무례해서는 안 된다.[62] 에베소서 6장 1절은 자녀들에게 부모에게 순종하라고 명령한다. 가우지는 20여 쪽을 할애해 부모가 허락하지 않은 일을 해서는 안 된다는 것과 부모가 지시하는 것을 성실히 이행해야 한다는 것을 가르쳤다.[63]

자녀들의 순종은 "주 안에서"라는 문구에 의해 제한을 받는다(엡

---

58. Gouge, *Building a Godly Home*, 1:161.

59. Gouge, *Building a Godly Home*, vol. 3, ch. 1.

60. Gouge, *Building a Godly Home*, vol. 3, ch. 1.

61. Gouge, *Building a Godly Home*, vol. 3, ch. 1.

62. Gouge, *Building a Godly Home*, vol. 3, ch. 1.

63. Gouge, *Building a Godly Home*, vol. 3, chs. 1-3.

6:1). 이 말은 순종의 "한계와 방향과 동기"를 규정한다. 자녀들의 순종은 그리스도의 법에 따라 이루어져야 한다. 자녀들은 "그리스도를 항상 염두에 두고" 부모에게 순종해야 하고, 부모가 "그리스도의 형상을 짊어진" 자로서 권위를 행사하고 있다는 사실을 복종의 동기로 삼아야 한다.[64]

부모는 그저 다스릴 뿐 아니라 하나님을 섬긴다. 부모도 자기가 "자녀들과 마찬가지로 의무에 매여 있다"는 것을 기억해야 한다. 가우지는 "부모는 자녀들 위에 있고 그들의 명령을 받지는 않지만, 하나님 아래에 있다."고 설명했다.[65] 어떤 사람들은 "네 부모를 공경하라"는 다섯 번째 계명이 자녀들에게만 해당하고, 부모에게 의무를 지우지 않는다고 주장할지 모른다. 그러나 가우지는 다섯 번째 계명이 "유익하고 필요한 결과"에 의해 부모들에게 의무를 지운다고 말했다. 그는 "부모는 존경을 받는 입장이기 때문에 그에 합당하게 처신해야 한다."라는 말로 그 이유를 설명했다.[66]

부모의 권위가 자녀양육을 떠받치는 골격이요 뼈대라면, 사랑은 자녀양육의 살과 피다. 가우지는 부모가 해야 하는 일은 모두 "사랑"이라는 원천에서 비롯해야 한다고 말했다. 디도서 2장 4절은 늙은 여자들로 젊은 여자들이 자녀를 사랑하도록 가르쳐야 한다고 명령한다. 하나님은 아브라함에게 "네 아들 네 사랑하는 독자 이삭을

---

64. Gouge, *Building a Godly Home*, 1:162.

65. Gouge, *Building a Godly Home*, 1:185.

66. Gouge, *Building a Godly Home*, 1:185–86.

데리고"라고 말씀하셨다(창 22:2). 부모의 일을 하려면 많은 수고와 물질과 관심이 소요된다. 그러나 자녀들을 사랑한다면 그 무엇도 아깝지 않을 것이 틀림없다. 하나님은 부모에게 자녀를 사랑하는 본성을 허락하셨다. 그리스도인들은 이 본성을 불꽃처럼 활활 타오르게 해야 한다.[67] 부모의 사랑이라는 원천에서 많은 것들이 흘러나온다. 이런 사실은 자녀양육의 과제를 잠시 생각하지 않을 수 없게 만든다.

자녀양육의 과업 : 몸과 영혼을 준비시킴

바울은 부모들에게 "자녀를 양육하라"고 명령했다(엡 6:4). 가우지는 이 명령이 "필요한 모든 것으로 자녀를 먹이고 보살피는 것"을 의미한다고 설명했다. 특히 바울은 "주의 교훈과 훈계로"라는 말을 덧붙였다. 이 말은 "교훈과 훈계가 먹이고 입히는 것만큼 유익하고, 필요한 일"이라는 것을 보여준다.[68] 가우지는 "자녀들의 유익을 위한 장래를 준비하는 돌봄"이라는 제목 아래 부모의 다양한 의무를 다루었다.[69] 그가 말한 "장래를 준비하는 돌봄"은 자녀들의 즉각적인 필요를 채워주는 것은 물론, 앞을 내다보고 현세와 내세에서의 미래를 위해 그들을 준비시키는 것을 의미한다.[70]

---

67. Gouge, *Building a Godly Home*, vol. 3, ch. 6.

68. Gouge, *Building a Godly Home*, 1:189-90.

69. Gouge, *Building a Godly Home*, vol. 3, ch. 6.

70. Gouge, *Building a Godly Home*, 1:180.

가우지가 제시한 많은 가르침 가운데 부모가 감당해야 할 과업을 열두 가지만 간추려 말하면 다음과 같다.

1. **자녀들을 위해 기도하라.** 가우지는 "기도는 부모가 자녀들을 위해 처음부터 마지막까지 감당해야 할 의무다."라고 말했다.[71] 부모가 자녀들을 위해 할 수 있는 일 가운데 기도보다 더 유익한 일은 없다. 부모는 자녀들이 태어나기 전은 물론(창 25:21, 삼상 1:10), 그들이 사는 동안 내내 기도해야 한다(욥 1:5). 왜냐하면 자녀들은 죄 가운데서 잉태되지만 그분은 언약을 지키시는 하나님, 곧 신자들의 자녀들을 축복하기를 기뻐하는 하나님이시기 때문이다.[72]

2. **하나님이 자녀들을 축복하시도록 경건 안에서 행하라.** 가우지는 자녀들에 대한 축복이 의로운 사람들에게 주어지는 하나님의 상급 가운데 하나라고 믿었다. 시편 112편 2절은 "그의 후손이 땅에서 강성함이여 정직한 자들의 후손에게 복이 있으리로다"라고 말한다. 부모는 자신의 믿음으로 자녀들을 구원할 수는 없지만 의인의 후손들은 현세적인 축복이나 영적인 축복을 풍성하게 받아 누린다.[73]

---

71. Gouge, *Building a Godly Home*, vol. 3, ch. 6.

72. Gouge, *Building a Godly Home*, vol. 3, ch. 6.

73. Gouge, *Building a Godly Home*, vol. 3, ch. 6.

3. **모태 속에 있는 자녀를 보살피라.** 가우지는 여성은 자신이 임신한 사실을 아는 순간부터 즉시 아이를 "특별히 보살펴야 한다"고 말했다. 남편들은 "아내를 부드럽게 대하고 필요한 것을 모두 제공해 아내를 도와야 한다." 그는 모태 속에 있는 아이를 의도적으로 제거하는 사람들은 "피를 흘리는 죄, 곧 고의적인 살인을 저지르는 것"이라고 말했다. 왜냐하면 "아이 안에 하나님이 창조하신 영혼이 존재하기" 때문이다.[74]

4. **젖먹이 자녀를 잘 보살피라.** 가우지는 "이 일은 내가 말하는 것보다 여성들이 구체적으로 더 잘 알고 있을 것"이라고 말했다.[75] 흥미롭게도 그는 아이를 다른 사람들에게 맡겨 기르게 하는 것보다 아이의 어머니가 직접 젖을 먹여 키워야 한다고 덧붙였다.[76]

5. **자녀들이 세례를 받게 하라.** 가우지는 세례가 구원을 주는 고유한 효력을 지닌다고 믿지 않았다.[77] 그러나 그는 하나님이 아브라함의 가정에 속한 남자들 모두에게 할례를 명령하신 사실에 근거해 그리스도인들도 자녀들이 세례를 받게끔 해야 한다고 생각했다(창 17:10). 부모는 자녀들이 말씀의 사역자를 통해 세례를 받게 해야 한

---

74. Gouge, *Building a Godly Home*, vol. 3, ch. 6.
75. Gouge, *Building a Godly Home*, vol. 3, ch. 6.
76. Gouge, *Building a Godly Home*, vol. 3, ch. 6.
77. Gouge, *Building a Godly Home*, 1:69 –79.

다(마 28:19).[78] 부모는 자녀들이 세례를 받을 때 그들을 대신해 언약적 책임을 짊어진다. 하나님은 그들의 자녀를 자신의 소유로 인정하고, 그들을 자기를 대신해 자녀양육의 책임을 이행하는 청지기로 간주하신다.

6. **자녀들의 건강에 필요한 것을 공급하라.** 가우지는 특별히 음식과 의복과 의료와 놀이를 언급했다. 이 가운데 마지막의 것이 특히 눈에 띈다. 왜냐하면 청교도들은 모든 종류의 유희를 거부한다고 생각하는 사람들이 있기 때문이다. 가우지는 스가랴 선지자가 "소년과 소녀들이 가득하여…뛰노는" 환상을 보고 기뻐한 사실에 주목했다(슥 8:5).[79] 아울러 그는 "배부른 자는 꿀이라도 싫어하고"(잠 27:7)라는 말씀을 기억하고, 음식을 너무 많이 먹고 너무 많이 놀고 사치스러운 옷을 입히는 등 지나치게 응석받이로 자녀를 키우는 것은 자녀의 몸과 정신을 약화시킬 뿐 아니라 미성숙하게 만드는 결과를 낳는다고 경고했다.[80]

7. **자녀에게 좋은 도덕적 교육을 제공하라.** 가우지는 "배움은 지혜를 크게 발전시킨다…훌륭한 교육이 많은 유산보다 낫다."라고

---

78. Gouge, *Building a Godly Home*, vol. 3, ch. 6.

79. Gouge, *Building a Godly Home*, vol. 3, ch. 6.

80. Gouge, *Building a Godly Home*, vol. 3, ch. 6.

말했다.[81] 그가 말한 교육이란 삶의 전반적인 과정을 잘 조정해 나가는 법을 가르치는 것을 의미한다. 구체적으로 말해 겉으로는 질서 있는 삶의 아름다움을 갖추고, 안으로는 "훌륭한 예절"을 익히는 것을 뜻한다. 물론 가우지는 훌륭한 예절이 사람을 구원하거나 내적인 은혜를 대체할 수 있다고 생각하지 않았다. 그러나 그는 예의와 친절한 태도 없이 무례하게 구는 것은 은혜와 전혀 거리가 멀다고 생각했다.[82]

8. **자녀에게 훌륭한 직업 교육을 제공하라.** 가우지는 "유익한 직업"을 갖도록 자녀를 훈련하는 것도 중요한 교육의 하나라고 생각했다. "유익한 직업"이란 자기와 자신의 가정을 부양하고, 가난한 자들을 돕고, 사회를 섬기고, 허랑방탕한 삶을 피할 수 있는 정직한 삶의 수단을 의미한다.[83] 이를 위해 읽기와 쓰기 교육은 물론, 성경의 일반적인 원리가 인정하는 직업 교육이 필요하다. 부모는 단지 돈을 많이 벌 수 있는 직업이 아니라 자녀들의 몸과 정신에 가장 적합하고, 또 하나님을 영화롭게 할 수 있는 직업을 찾아주어야 한다.[84]

---

81. Gouge, *Building a Godly Home*, vol. 3, ch. 6.

82. Gouge, *Building a Godly Home*, vol. 3, ch. 7.

83. Gouge, *Building a Godly Home*, vol. 3, ch. 7.

84. Gouge, *Building a Godly Home*, vol. 3, ch. 7.

9. **자녀들이 경건하게 살도록 훈련하라.** 가우지는 에베소서 6장 4절이 "주의 교훈과 훈계"라는 말로 "참된 경건"의 훈련을 요구하고 있다고 생각했다. 그는 "공부, 예의, 직업, 재산도 경건함이 없으면 아무 소용이 없다."고 말했다.[85] 아버지들은 가족들의 경건 생활을 이끌 특별한 책임이 있다. 그는 가족들이 함께 기도하며 시편을 노래하고 성경을 읽을 수 있는 자리를 마련해야 하고, "자주, 강력하게" 성경을 가르쳐 적용함으로써 "자녀들의 생각 속에 말씀을 깊이 각인시켜주어야 한다."[86] 자녀들이 그리스도인이 될 소질을 지니고 태어나는 것은 결코 아니다. 오히려 그들의 마음에는 악의 성향이 가득하다(창 6:5, 욥 11:12). 부모는 "그것은 목회자가 해야 할 일이오."라고 말해서는 안 된다. 하나님은 신명기 6장 7절에서 "네 자녀에게 부지런히 가르치라"고 분명하게 명령하셨다. 부모는 자녀들과 관련해서는 집안의 "왕이자 제사장이자 선지자"다. 부모보다 자녀를 더 잘 아는 사람은 아무도 없다.[87] 부모는 자녀들에게 요리문답을 가르치고, 실제 삶의 현장에서 말씀으로 교훈하고 실생활을 통해 본을 보여야 한다.[88]

---

85. Gouge, *Building a Godly Home*, vol. 3, ch. 7.

86. Gouge, *Building a Godly Home*, 1:191.

87. Gouge, *Building a Godly Home*, vol. 3, ch. 7. For practical tips on parenting under the offices of Christ, see Joel R. Beeke, *Parenting by God's Promises: How to Raise Children in the Covenant of Grace* (Orlando, Fla.: Reformation Trust, 2011), chaps. 6–14.

88. Gouge, *Building a Godly Home*, vol. 3, ch. 7.

10. **책망과 회초리로 자녀를 훈계하라.** 가우지는 에베소서 6장 4절의 "훈계"라는 말이 "가르쳐 바르게 한다"는 의미를 지닌다고 말했다. 훈계는 너무 엄해도 안 되고, 너무 느슨해도 한 된다. 가우지는 "훈계가 느슨하면 하나님과 부모에 대한 의무를 소홀히 하게 만들고, 너무 엄하면 절망감을 느끼게 만든다."라고 말했다.[89] 아울러 그는 말로 타일러도 효과가 없을 때는 "자녀들을 양육하고, 교육하는 일을 돕기 위해 하나님이 정해주신 수단"인 회초리를 반드시 사용해야 한다고 말했다. "체벌은 부모가 사용할 수 있는 최후의 수단, 곧 다른 방법이 모두 아무런 소용이 없을 때 도움이 될 수 있는 수단"이다.[90] 어린 자녀에 대한 체벌은 시기적절하게 잘못에 따라 차등 적용해야 하고, 자제력을 잃지 않은 상태에서 기도와 사랑과 가엾이 여기는 마음으로 행해야 한다.[91] 사랑은 자녀에 대해 권위를 행사해야 할 부모의 의무와 모순되지 않는다. 오히려 그 둘은 서로 잘 조화된다. 부모는 자녀에게 순종을 가르침으로써 그들을 유익하게 할 수 있다. 그 이유는 하나님이 순종하는 자녀들을 축복하겠다고 약속하셨기 때문이다(엡 6:3).[92]

11. 자녀에게 직업을 갖고, 자기 가정을 꾸릴 수 있는 수단을 제

---

89. Gouge, *Building a Godly Home*, 1:190–91.

90. Gouge, *Building a Godly Home*, vol. 3, ch. 8.

91. Gouge, *Building a Godly Home*, vol. 3, ch. 8.

92. Gouge, *Building a Godly Home*, 1:180.

공하라. 부모는 자녀들을 위해 돈을 저축해 두었다가(고후 12:14) 그들이 성인이 되었을 때 자신의 삶을 시작할 수 있게끔 도와야 한다(창 25:5, 6).[93]

12. **자녀가 좋은 배우자를 찾도록 도우라.** 오늘날의 문화는 결혼을 개인적인 낭만을 위한 것으로 생각하는 경향이 있지만 가우지는 부모가 자녀의 결혼에 책임이 있다는 성경의 가르침을 상기시킨다(창 24:4, 렘 29:6). 부모는 자녀들이 적합한 배우자를 맞이할 수 있게끔 도와야 한다(창 2:18). 가우지는 자녀가 부모의 축복 없이 마음대로 결혼할 수 있다거나 부모가 자녀에게 억지로 결혼을 강요할 수 있다고 생각하지 않았다. 결혼은 "서로를 좋아해서" "양측이 기꺼이 함께 살기로 동의해야만" 이루어질 수 있다.[94]

그리스도인 부모가 자녀들이 평생의 반려자를 찾는 일을 돕고자할 때 적용할 수 있는 판단 기준은 크게 다섯 가지다. (1) 결혼 상대자가 나의 자녀와 일평생 지혜롭고 경건하게 결혼생활을 잘 유지해나갈 수 있을까? "주 안에서" 이루어지는 결혼이 되려면 그런 자질이 꼭 필요하다. (2) 결혼 상대자가 배우자에 관한 성경의 기준에 부합하는가? 배우자가 될 남자가 가장이 될 만한 지도력이 있고, 다정한 성품을 지니고 있는가? 배우자가 될 여자가 자기 아버지를 공

---

93. Gouge, *Building a Godly Home*, vol. 3, ch. 9.
94. Gouge, *Building a Godly Home*, vol. 3, ch. 9.

경하며 순종하는가? 성경의 관점에서 결혼을 생각하고, 그런 생각을 반영하는 성품을 갖추는 것은 매우 중요하다. (3) 배우자가 될 사람이 결혼생활을 할 만큼 충분히 성숙했고, 또 올바른 의도를 지니고 있는가? 재물이나 권력을 좋아하는 것과 같은 그릇된 의도로 결혼하는 것은 결코 바람직하지 않다. (4) 배우자가 될 사람이 나의 자녀와 신분이나 경제력의 관점에서 대등한 상태인가? 문화적으로나 사회적으로 "대등하지 않은 상태에서 멍에를 함께 메는 것"은 피하는 것이 좋다. 왜냐하면 3세기 전만 해도 지금과는 달리 사회적 신분을 쉽게 바꾸기가 어려웠기 때문이다. (5) 배우자가 될 사람이 나의 자녀의 눈에 매력적으로 비치는가? 청교도들은 가장 큰 낭만은 결혼 이후에야 비로소 생겨난다고 가르쳤지만 최소한 처음에는 어느 정도는 낭만적인 감정의 불씨가 필요하다고 느꼈다. 외모는 가장 마지막에 관심을 기울여야 할 최소한의 문제로 간주되었다. 결혼은 외모보다 성품에 근거해야 한다는 것이 그들의 신념이었다.

결론

청교도는 가정을 숭배하지는 않았지만 가정이 하나님의 영광과 기독교적 삶의 아름다움과 영광에 대한 그분의 계획 안에서 중심적인 위치를 차지하고 있다고 인정했다. 가우지는 "가정은 작은 교회요 작은 국가다."라고 말했다. 가정 안에서 미래의 그리스도인들, 시민들, 관리들, 지도자들이 육성된다.[95] 청교도의 견해를 맹목적으로 수용해서는 안 되지만 그들의 견해가 경건한 가정을 위한 성경적 비전을 새롭게 일깨워주는 것은 분명하다. 그들은 악에 물든 오늘날의 문화 속에서 하나님이 창조하신 모든 것이 본질적으로 선하다는 사실을 볼 수 있게끔 도와준다(딤전 4:1-4). 그들은 세속화된 문화 속에서 감사와 말씀과 기도로 우리의 결혼과 가정을 거룩하게 하라고 요구한다(딤전 4:4, 5). 그들은 과도하게 성적인 것에 집착하는 문화 속에서 혼인에 의한 성행위와 젠더 차이라는 원리를 바탕으로 남자와 여자가 진정한 남성성과 여성성을 발현할 수 있도록 도와준다. 그들은 반권위적인 문화 속에서 권위가 어떻게 사랑을 가능하게 하고, 하나님을 영화롭게 하는지를 보여준다.

결혼과 자녀양육에 관한 성경적인 비전은 많은 점에서 율법과 같은 기능을 한다. 이것은 우리의 죄를 폭로하고, 마음속의 반항심을 드러내며, 우리의 악함을 들춰 우리를 겸손하게 만들고, 아름답고 의로운 길을 거부하는 사람들을 단죄하시는 하나님의 공의를 보여준다.

그러나 경건한 가정을 세우라는 성경의 명령은 또한 복음과 같은 기능을 한다. 가장 훌륭한 남편도 예수 그리스도에 비하면 그야말로 아무것도 아니다. 그분은 더럽기 짝이 없는 죄인들을 사랑하셨을 뿐 아니라 그들의 죄책을 깨끗이 없애고, 그들의 삶을 정결케 하

---

95. Gouge, *Building a Godly Home*, 1:20.

기 위해 자신을 내주셨다. 가장 순종적인 아내도 참 교회의 아름다움에 비하면 그야말로 아무것도 아니다. 참 교회는 주님이요 구원자이신 예수님을 겸손히 신뢰하고 복종한다. 가장 지혜로운 부모도 하늘에 계시는 성부 하나님에 비하면 그야말로 아무것도 아니다. 그분은 죄인들을 자기 가족으로 받아들여 영광 중에 영생을 누리게 하려고 말씀과 고난으로 훈련하신다.

성경적인 가정은 궁극적으로 죄인들에 대한 하나님의 은혜를 강조한다. 이는 곧 은혜로우신 주님을 의지하며 우리를 지배해 오던 것을 모두 벗어버리고 그분을 따르라는 명령이다. 단지 성경적인 가르침과 인간의 의지력만으로는 경건한 가정을 이룰 수 없다. 오직 은혜와 믿음으로 그리스도만을 의지하며 하나님의 영광을 추구해야만 비로소 그렇게 할 수 있다. 가우지도 "성화는 그리스도의 사랑의 원인이 아닌 결과다. 성화는 그분의 사랑을 뒤따른다."라고 말했다.[96] 아무쪼록 그리스도의 사랑이 우리의 영혼에 임해 우리의 존재 전체를 충만하게 하고, 가족들과의 관계를 비롯해 우리의 모든 관계를 변화시켜 기독교적 삶의 아름다움과 영광이 우리의 결혼생활과 가정에 환하게 비춰 하나님께 최상의 영광을 돌릴 수 있기를 간절히 기도한다.

---

96. Gouge, *Building a Godly Home*, 1:63.

6장

일터에서의 삶 :
예수님의 발자취를 따라

윌리엄 반두드와드

"사환들아 범사에 두려워함으로 주인들에게 순종하되 선하고 관용하는 자들에게만 아니라 또한 까다로운 자들에게도 그리하라 부당하게 고난을 받아도 하나님을 생각함으로 슬픔을 참으면 이는 아름다우나 죄가 있어 매를 맞고 참으면 무슨 칭찬이 있으리요 그러나 선을 행함으로 고난을 받고 참으면 이는 하나님 앞에 아름다우니라 이를 위하여 너희가 부르심을 받았으니 그리스도도 너희를 위하여 고난을 받으사 너희에게 본을 끼쳐 그 자취를 따라오게 하려 하셨느니라 그는 죄를 범하지 아니하시고 그 입에 거짓도 없으시며 욕을 당하시되 맞대어 욕하지 아니하시고 고난을 당하시되 위협하지 아니하시고 오직 공의로 심판하시는 이에게 부탁하시며 친히 나무에 달려 그 몸으로 우리 죄를 담당하셨으니 이는 우리로 죄에 대하여 죽고 의에 대하여 살게 하려 하심이라 그가 채찍에 맞음으로 너희는 나음을 얻었나니 너희가 전에는 양과 같이 길을 잃었더니 이제는 너희 영혼의 목자와 감독 되신 이에게 돌아왔느니라"(벧전 2:18-25).

직장 상사나 관리자나 고용주에게 말을 하거나 그들에 관해 말할 때의 태도와 방식에 크게 신경 쓰지 않는 사람들이 많다. 거의 모든 사람이 일터에서 자기보다 직위가 높은 사람을 더 이상 존경하기가 어렵다고 생각하는 순간을 경험한다. 우리의 문화는 불평과 무례를 마치 양도할 수 없는 권리처럼 생각하고, 《딜버트》와 같은 신문 연재만화에서부터 《오피스》와 같은 저녁 시간의 시트콤에 이르기까지 거의 모든 곳에서 그런 태도가 정상인 양 취급된다. 요즘의 오락매체는 오늘날의 직장 문화에서 발견되는 성향(부패한 마음에서 비롯하는 죄와 그로 인한 갖가지 불행)을 반영할 뿐 아니라 더욱 가속화시킨다.

그렇다면 하나님은 우리가 일터에서 어떤 식으로 관계를 맺기를 바라실까? 우리가 만들어 나가야 할 일터 문화를 위한 그분의 계획은 과연 무엇일까?

존경심을 다해 복종하라

베드로전서 2장 18-25절은 일터에서 우리보다 직위가 높은 사람들과 관계를 맺는 방식에 관해 가르친다. 베드로 사도는 성령의 영감을 받아 이 성경 본문을 "사환들아…주인들에게 순종하되"라는 말로 시작했다.

신약성경 시대에 노예제도는 널리 시행되던 관습이었다. 군사적으로 정복을 당한 탓에 노예가 된 사람들도 있었고, 빚이 많거나 가난한 탓에 노예로 전락한 사람들도 있었다. 어떤 사람들은 빚을 갚기 위해 평생을 노예로 살아야 했다(빚이 너무 많은 경우에는 그들의 자녀들까지 종신 노예로 살아야 했다). 로마제국 내에서 노예는 사회 안에서 다양한 업무를 수행했다. 농장이나 건설 현장에서 일하는 일꾼들의 대다수가 노예였다. 개중에는 재산 관리인이나 교사나 의사도 있었다. 당시는 많은 점에서 지금의 세상과는 사뭇 달랐다.

오늘날 우리는 고용이나 타지역으로의 이사나 삶의 결정과 관련해 더 많은 자유를 누리고 있지만 일터의 위계질서는 지금도 여전히 존재한다. 베드로 당시의 노예와 종처럼 우리에게도 "주인들"이 있다. 하나님의 영원한 말씀은 그들에 대한 복종을 명령한다. 베드로가 말하고자 하는 요지가 본문 앞의 구절에 잘 드러나 있다(16절). 그곳에 기록된 사도의 말에는 기독교적 자유를 주인과 종의 관계라는 질서와 권위를 거부하기 위한 수단으로 사용하지 말라는 의미가 함축되어 있다. 이것은 오늘날에도 당시만큼이나 혁신적인 개념이 아닐 수 없다. 삼위일체 하나님, 곧 만물의 창조주요 구원자께서 그리스도인인 우리에게 일터의 상사들에게 복종하라고 명령하신다.

복종한다는 것이 무슨 의미일까? 주석학자 알렉산더 니스벳은 "주인에 대해 책임져야 할…일반적인 의무를" 수행하는 것이 그리스도인의 임무라고 말했다.[1] 그는 복종이란 "주인들의 합법적인 명

---

1. Alexander Nisbet, *An Exposition of 1 &2 Peter* (Edinburgh: Banner of Truth, 1982), 100. Quotes from commentaries by Alexander Nisbet, John Calvin, John Brown, and Robert Leighton are rendered in contemporary English in this chapter.

령을 열심히 이행하는 것"을 의미한다고 설명했다.[2] 칼빈은 "복종
하라"는 명령을 "종이 주인에게 하는 복종"을 가리키는 의미로 이
해했다.[3] 존 브라운은 이 점을 좀 더 상세하게 설명했다.

> 자기의 뜻이 아닌 그들의 뜻을 따라야 한다…그들의 지시에 복종해야
> 한다. 종은 주인의 명령에 순종해야 한다. 종은 주인이 명령하는 일을
> 주인이 요구하는 방식으로 최선을 다해 이행해야 한다…종은 자신의
> 시간과 노동력에 대한 대가를 받았다. 따라서 종의 시간과 노동력을 값
> 주고 산 주인이 그것들을 자기 뜻에 따라 사용하는 것은 공정한 일이
> 다. 종이 받은 임금이 더 이상 주인의 돈이 아닌 것처럼 종의 시간과 노
> 동력도 더 이상 종의 것이 아니다. 종은 권위 아래 있는 사람이다.[4]

18절은 복종의 성격을 명시한다. 성경이 가르치는 복종은 종이
속으로는 주인을 증오하고 원망하고 무시하면서 겉으로만 그의 명
령을 이행하는 것과 같은 "형식적인" 복종도 아니고, 단지 수입이나
직업의 안정성을 유지하기 위해 억지로 하는 복종도 아니다. 그런
복종은 가장 기본적인 것일 뿐 충분한 것은 아니다. 이따금 한 번씩

---

2. Nisbet, *Exposition*, 100.

3. John Calvin, *Commentaries on The Catholic Epistles*, trans. John Owen (Grand Rapids: Baker, 1981), 86.

4. John Brown, *Expository Discourses on the First Epistle of the Apostle Peter* (Marshallton, Del.: The National Foundation for Christian Education, n.d.), 144.

일터의 권위 체계를 존중하는 것도 충분하지 않기는 마찬가지다.

하나님을 영화롭게 하는 복종은 진정에서 우러나는 온전한 존경심을 요구한다. 주님은 베드로를 통해 주인들을 진정으로 존경하며 복종하라고 명령하셨다. 진정한 존경심은 거짓으로 외형만 갖추거나 일시적인 기분에 그치는 것이 아니라 거짓이 없고 일관된 성격을 띤다. 이 존경심은 진지하고 지속적일 뿐 아니라 하나님을 경외하는 마음과 밀접하게 연관된다. 하나님을 향한 깊은 공경심과 존경심이 일터에서 나타내야 할 존경심의 원천이다. 하나님의 나라는 말씀과 신자들의 삶을 통해 표현된다. 일터에서 권위를 지닌 사람들을 진정으로 존경하며 복종함으로써 아름답고 명예롭고 성실하게 행동한다면 그 나라가 밝히 드러날 것이다.

한편 주인들의 명령이 부도덕하거나 악할 때는 어떻게 해야 할까? 그들이 어리석거나 지혜롭지 않으면 어떻게 해야 할까? 세상의 주인들을 진정으로 존경하며 복종하라는 명령은 하나님의 율법을 어기면서까지 그들의 지시에 따르라는 의미와는 거리가 멀다. 베드로가 산헤드린 관원들에게 말한 대로 세상의 권위자들이 하나님의 말씀을 어기고, 다른 사람들에게도 그렇게 하라고 요구할 때는 사람보다 하나님께 순종해야 한다(행 4:19, 20, 5:29). 또한 진정으로 존경한다는 것은 불가능한 일을 하라는 의미와도 거리가 멀다. 브라운은 이렇게 말했다.

주인은 비현실적인 일, 곧 종의 능력을 벗어나는 일을 요구할 권리를 가지고 있지도 않고 그런 권리를 가질 수도 없다. 그런 경우, 종은 순종해야 할 의무가 없다. 이스라엘 백성이 짚을 주지 않고 벽돌을 만들라고 명령한 바로에게 순종하지 않은 것은 조금도 잘못되지 않았다. 종이 불가능한 일이나 자기가 할 수 없는 일이나 자기가 상해를 입을 위험이 있는 일을 거부하는 것은 전혀 잘못이 아니다.[5]

존경심을 다해 복종하라는 명령은 지혜로운 생각이나 유익한 생각을 제안하는 것을 금지하지 않는다. 의견이나 우려나 지혜를 나타내 보이는 것도 복종에 해당한다. 그런 생각을 제시하고, 그것을 잘 고려해 결정을 내리기를 공손한 태도로 바라는 것이 얼마든지 가능하다. 마땅히 저지해야 할 오류나 불의나 잘못을 발견했을 때는 하나님의 섭리를 통해 주어진 질서와 지위를 존중하는 태도로 올바른 것을 추구하는 것이 곧 복종이다. 마지막으로, 주인에게 복종하라는 명령은 주인의 죄를 정당화하지 않는다. 하나님은 일터에서 다른 사람들을 다스리는 사람들이 유념해야 할 가르침을 성경에 많이 베푸셨다. 그들은 권위를 행사하는 방식과 관련해 하나님과 사람들과 천사들 앞에서 책임을 진다(엡 6:9 참조).

18절의 마지막 문구는 그리스도인으로 살아가는 종들의 의무, 곧 존경심을 다해 주인에게 복종하라는 명령의 범위가 얼마나 포괄적인지를 잘 보여준다. 우리는 "선하고 관용하는 자들에게만 아니라

5. Brown, *Expository Discourses*, 145.

또한 까다로운 자들(불합리한 자들)에게"까지 복종해야 한다. "선한 자들과 까다로운 자들"이라는 표현에는 모든 종류의 사람들이 포함되어 있다. 성품이 지혜롭고 선해서 자발적으로 복종하며 일하는 것이 즐겁게 느껴지는 고용주들, 꽤 괜찮은 고용주들, 그나마 괜찮은 고용주들, 좋지도 나쁘지도 않은 고용주들, 까다로운 고용주들이 모두 다 포함된다. 심지어 선한 그리스도인 고용주도 아직 남아 있는 죄 때문에 때로는 좋지도 나쁘지도 않은 모습이나 까다로운 모습을 보일 수 있다. 종들은 모든 유형의 고용주들의 리더십과 권위에 존경심을 다해 복종해야 한다.

19절은 이런 가르침을 더욱 강화한다. 베드로는 성령의 감동하심을 받아 "부당하게 고난을 받아도 하나님을 생각함으로 슬픔을 참으면 이는 아름다우나"라고 가르쳤다. 이 말씀은 다음 구절인 20절과 밀접하게 관련된다. 베드로는 죄가 있어서 매를 맞고 참으면 무슨 칭찬이 있겠느냐고 묻고 나서 그와 대조되는 말을 곧바로 이어 갔다. "그러나 선을 행함으로 고난을 받고 참으면 이는 아름다우나." 여기에 우리가 주목해야 할 중요한 진리가 몇 가지 있다. 첫째, 주님은 우리가 인간이라는 사실과 선을 행한 결과로 불의를 당하는 것이 얼마나 고통스럽고 힘들며 실망스러운 일인지를 무시하지 않으신다. 그분은 모든 어려움을 이겨내며 공손히 복종하라는 명령을 이행하라는 고귀한 의무를 요구하시지만 그 과정에서 겪을 수 있는 슬픔을 잘 알고 계신다. 둘째, 하나님은 신자가 "하나님을 생각함으로" 까다로운 주인이 행하는 불의를 잘 감내하며 공손한 종이 되라는 소명에 충실한 것을 "아름다운" 일이라고 말씀함으로써 격려를 아끼지 않으신다. 그런 행위는 하나님을 기쁘시게 하는 칭찬받을 만한 일이다. 그것은 하늘에 속한 사람의 태도다. 불의한 고난을 감내하면서도 계속해서 존경심을 다해 복종하는 것은 오직 성령의 열매로만 가능하다.

소아시아의 초기 교회들 안에는 실제로 종들과 노예들이 존재했다. 그들은 대부분 주인을 바꾸거나 대우가 나쁘다고 해서 새로운 주인을 찾아 나설 자유가 없었다. 그들의 주인은 종종 그들을 재산으로 간주했다. 종들과 노예들은 실제로 매질을 당하거나 극심한 빈곤에 시달렸다. 그런데도 하나님의 말씀은 그들에게 질서와 권위를 존중하고 존경하라고 명령했다. 그렇다면 우리는 더더욱 그래야 마땅하지 않겠는가? 종이 불의를 당했는데도 여전히 주인에게 관심을 기울여 존경심을 다해 그가 요구한 일을 신속히 이행한다는 것은 하나님의 은혜의 능력이 얼마나 놀라운지를 여실히 보여준다. 종의 그런 태도는 하나님의 은혜가 너무나도 강력하고 경이롭고 초자연적이라는 것을 증명한다. 로버트 레이튼은 이렇게 말했다.

이것은 하나님의 은혜가 얼마나 관대한지를 잘 보여준다⋯하나님은 종종 비천한 상태에 있는 사람들에게 풍성한 은혜를 베푸신다⋯종이라는 비천한 신분 안에 영적인 왕과 같은 영예가 감추어져 있을 수 있다⋯악하고 부정직한 주인이 하나님께 신실한 양심을 지닌 바르고 정직한 종을 데리고 있을 수 있다. 하나님이 그런 일을 허락하는 이유는 인간의 교만을 제재하고, 자신의 값없는 은혜의 광채를 밝히 드러내시기 위해서다. 은혜는…지위가 높거나 낮거나 주인이거나 종이거나 신분의 변화를 요구하지 않고, 그 사람의 마음을 변화시켜 은혜 안에서 살아가는 방법을 가르친다…은혜는 지위에 상관없이 인격을 변화시켜 기독교적인 삶을 살아가도록 이끈다.[6]

고용주가 물리적으로나 물질적으로나 감정적으로 우리를 학대하는 경우에는 합법적으로 법에 호소할 수 있다. 고용주들도 지켜야 할 계약상의 의무가 있다. 우리에게는 사표를 내고 다른 직장을 찾을 수 있는 자유가 있다. 하나님이 섭리를 통해 여러 가지 상황에 대처할 수 있는 정당한 절차를 허락하셨다면, 일터에서 불의나 갈등을 겪는 동안에도(우리가 겪는 갈등과 불의는 신약성경 시대보다 훨씬 덜한 경우가 많다) 일이 합법적인 것인 한에는 그와 똑같은 정신과 마음의 태도로 존경심을 다해 기꺼이 복종하려고 더욱더 노력해야 마땅하지 않겠는가? 1세기의 종들이나 오늘날의 그리스도인 근로자가 그런 태도로 주어진 일을 해야 하는 이유는 무엇일까? 그 이유는 베드로가 20절과 21절 서두에서 말한 대로 하나님이 그 목적을 위해 우리를 부르셨고, 그런 일을 기뻐하시기 때문이다. 우리의 주된 목적은 하나님을 영화롭게 하고 그분을 영원히 즐거워하는 것이다.[7] 이 영광

---

6. Robert Leighton, *A Practical Commentary Upon The First Epistle of St. Peter* (London: SPCK, 1849), 1:392-393.

7. Westminster Shorter Catechism, 1문.

스럽고 경탄스러운 목적이 일터의 고용주들에게 존경심을 다해 복종해야 하는 이유다. 이것이 하나님이 우리에게 바라시는 것이다. 이것은 거룩하고, 선하며, 하나님을 영화롭게 한다. 그러나 본문은 여기에서 그치지 않는다. 베드로는 존경심을 다해 고용주에게 복종하는 것이 주 예수 그리스도를 본받고, 그분의 은혜를 구함으로써 그분의 복음을 적극적으로 실천하는 길이라고 덧붙였다.

그리스도를 본받으라

베드로 사도는 일터에서 그런 식의 태도를 취하는 것이 하나님의 명령이라고 말하면서 예수님을 본보기로 내세웠다. 그는 그리스도께서 우리를 위해 고난을 받으셨고, 우리에게 본을 보이셨다고 말했다. 그는 우리가 그분의 발자취를 따르기를 바랐다. 하나님의 독생자인 예수 그리스도께서 고난을 받으신 이유는 대리 속죄를 통한 구원을 이루기 위해서만이 아니라 완전한 본을 보이심으로써 우리가 하나님이 요구하시는 삶을 실천하게끔 하기 위해서였다. 베드로는 예수님이 보여주신 본보기를 일터의 권위자들과 관계를 맺는 방식에 구체적으로 적용하라고 당부했다.

22, 23절은 예수님이 아무런 죄도 짓지 않으셨다는 사실을 강조한다. 그분의 입에는 거짓이 없었고, 욕을 당하되 욕으로 맞대응하지 않았으며, 고난을 당하되 위협하지 않았고, 모든 것을 묵묵히 감내하셨다. 예수님은 공의로 심판하시는 하나님께 모든 것을 맡기셨

다. 주 예수 그리스도께서는 그렇게 함으로써 성부 하나님을 영화롭게 하셨다. 그분은 율법을 존중해 존경과 질서와 평화를 원하시는 하나님의 뜻을 실천하셨다. 그분은 죄를 사랑하고, 하나님을 미워하는 적대적인 세상에서 거룩하고 아름다운 삶으로 율법을 온전히 지키셨다. 예수님은 하나님의 율법을 완전하고, 아름답고, 온전하고, 탁월하게 구현하셨다. 그분을 본받으라는 명령이 우리에게 주어졌다. 레이튼은 이렇게 말했다.

> 아무 죄도 없는 그리스도께서 고난을 인내로 감당하신 것이 우리의 본보기로 제시되었다⋯누구든지 고난을 당하는 것이 부당하다고 불평을 늘어놓으며, 자신이 결백하다는 이유를 들어 스스로의 성급함을 정당화한다면 나는 "당신이 여기에서 우리의 본보기로 제시된 주님보다 더 의롭고 더 결백하다는 말이요?"라고 묻고 싶다.[8]

정신을 번쩍 들게 하는 말이 아닐 수 없다. 하나님은 존경심을 다해 복종하라고 명령하셨다. 심지어 개인적으로 불의를 당하는 상황에서도 존경심을 다해 복종해야 한다. 예수님이 사셨던 방식이 세상의 주인들을 존중하며 복종을 실천하는 삶의 본보기가 된다. 우리에게는 주중에 일을 할 때나 일을 마친 저녁이나 주말에도 항상 그런 태도를 유지하라는 명령이 주어졌다. 하나님의 거룩하심과 율

---

8. Leighton, *A Practical Commentary*, 407.

법의 거룩한 요구가 여기에서 분명하게 드러나고, 그로써 우리의 어둠, 곧 우리 자신의 죄가 여실히 드러난다. 하나님의 말씀은 그리스도를 통해 우리 자신의 실상을 직시하도록 이끈다. 우리는 하나님의 소명에 부응하기에는 턱없이 부족하다. 우리는 오히려 그와 정반대되는 행위를 한다. 그러나 우리는 바울과 베드로와 더불어 기뻐할 수 있다. 감사하게도 하나님은 성령의 영감을 통해 이 성경 본문을 우리에게 허락하셨고, 그리스도의 완전하고 아름다운 본보기를 제시함으로써 자신의 거룩한 뜻과 우리의 죄를 일깨워주셨다.

예수님을 바라보라

은혜롭게도 성령께서는 이미 21절에서 "너희를 위하여 고난을 받으신" 그리스도를 바라보라고 말씀하셨다. 그리스도께서는 고난을 통해 하나님의 거룩하심과 율법의 완전함이 지닌 영광을 밝히 드러내셨을 뿐 아니라 우리에게 하나님의 자녀로서 본받아야 할 온전한 삶의 본보기와 완벽한 종의 모습을 보여주셨다. 레이튼은 "이것이 그리스도를 믿는 주된 근거, 곧 그분이 거룩하고 흠이 없고 악의가 조금도 없는 대제사장이시라고 믿을 수 있는 근거다."라고 말했다.[9] 베드로는 24절에서 예수 그리스도께서 친히 나무에 달려 그 몸으로 우리의 죄를 담당하셨다고 말했다. 그분은 흠 없고 무죄한 어린 양

---

9. Leighton, *A Practical Commentary*, 407.

이지만 고난과 비방과 죽임을 당하셨다. 그분은 그런 치욕과 고난을 당하면서도 공의로 심판하시는 하나님께 자기를 온전히 의탁하셨다(23절).[10]

베드로는 23, 24절에서 그리스도의 인격과 사역을 언급하면서 그분의 사역에서 발견되는 지극히 아름다운 두 가지 측면을 강조했다. 신학자들은 그 두 가지 측면을 그리스도께서 위대한 속죄 사역을 통해 구속을 이루면서 감당하셨던 "수동적 순종"과 "능동적 순종"으로 일컫는다. "수동적 순종"은 예수님이 우리의 죄책과 형벌을 기꺼이 감당하신 것을 가리킨다. 죄는 무엇이든 하나님의 진노와 저주를 받아야 마땅하다. 그리스도의 위대한 자기희생, 곧 피를 흘리고, 몸이 상하는 고난과 죽음을 통한 형벌적 대리 속죄가 죄인들이 받아야 마땅한 공의의 심판을 온전히 만족시켰다. "능동적 순종"은 예수님이 하나님의 율법에 온전히 복종함으로써 모든 의를 충족시키신 것을 가리킨다. 여기에는 예수님이 혹독한 학대를 받아 죽음으로 내몰리면서도 끝까지 세상의 권위자들을 존중하며 그들에게 복종하신 것이 포함된다. 그리스도의 능동적인 순종은 그분의 고난과 죽음이 죄를 속량하기에 충분하고 합당한 대리적 만족의 가치를 지니는 데 없어서는 안 될 요소였다.

예수님의 수동적 순종과 능동적 순종은 "신자들의 것"으로 간주된다. 우리가 그것들을 믿음으로 받아들일 때, 우리의 죄가 그리스

---

10. Leighton, *A Practical Commentary*, 410.

도게 전가되는 것처럼 그것들이 우리의 공로가 되어 우리에게 전가된다. 그리스도인들은 죄를 용서받는 데 그치지 않고 그리스도의 의를 덧입는다. 그분의 완전한 거룩함과 완전한 선이 우리를 가려 준다.

예수님의 지상 생활, 그분의 고난과 죽음을 생각할 때는 항상 이 엄청난 사실을 다 함께 묶어서 생각해야 할 필요가 있다. 참으로 놀라운 사실은 권위를 존중하는 태도로 순종의 삶을 사신 그리스도의 완전한 공로가 영원한 정죄를 받아야 마땅한 우리의 공로로 간주된다는 것이다. 우리가 받아야 할 하나님의 무한한 진노와 우리가 행해야 할 의의 요구가 그리스도께서 감당하신 속죄의 죽음을 통해 온전히 만족되었다. 이제 그리스도와 연합한 우리는 의롭다 하심을 받고, 하나님과 화목하며, 그분의 자녀로 입양되었다. 우리는 이제 감사하는 마음으로 영광의 날이 오기까지 하나님께 거룩히 헌신할 수 있는 능력을 갖추게 되었다.

승천하신 그리스도께서는 자신의 종 베드로를 통해 우리의 죄를 짊어지고 나무에 매달렸다고 말씀하셨다. 그리스도의 은혜 덕분에 우리는 죄에 대해 죽고, 우리 안에 새 생명의 원리를 지니게 되었다. 이제 우리에게는 의에 대해 살라는 명령이 주어졌다. 일터에서 존경심을 다해 복종하는 것은 그리스도인의 의무다. 우리는 그렇게 할 수 있는 능력이 있고, 우리 안에서 역사하는 하나님의 은혜로운 능력으로 기꺼이 그렇게 해야 한다. 베드로는 우리 모두, 특히 선을 행하는데도 불의하게 고난을 당하는 사람들에게 엄청난 위로와 격려가 되는 말씀을 전하면서 그리스도께서 채찍에 맞으심으로 우리가 나음을 입었다는 사실을 상기시켰다. 그는 우리에게 그리스도의 말씀을 전하면서 정직하고 부드러운 태도로 우리의 죄를 일깨우고, 성령께서 우리 안에서 행하시는 은혜로운 사역을 언급했다. 우리가 전에는 양과 같이 길을 잃었지만 이제는 우리 영혼의 목자와 감독되신 분께로 돌아왔다. 이것은 진정 놀라운 은혜가 아닐 수 없다.

이 모든 것, 곧 일터에서 거룩한 삶을 살라는 하나님의 명령, 예수님의 완전한 본보기, 그분의 겸손한 고난을 생각하면 가게나 농장이나 가정이나 대학이나 사무실에서 우리가 어떤 태도를 지녀야 할지 능히 짐작할 수 있지 않은가? 일터에서 존경심을 다해 복종하는 것이 그리스도를 본받는 길이라는 것이 분명하지 않은가? 그리스도께서는 우리에게 깊은 삶의 동기를 부여하고, 우리의 모든 필요를 온전히 채워주셨다. 그분은 완전하신 구원자로서 우리를 죄에서 깨끗하게 하고, 복종하지 않는 죄와 무례함의 죄에 대해 죽을 수 있는 능력을 허락하신다. 그분은 새롭고 거룩한 태도로 직업 활동을 할 수 있게 도와주시고, 우리 안에서 역사해 자기의 기쁘신 뜻을 위하여 소원을 두고 행하게 하신다(빌 2:13). 예수님이 상하심으로 우리가 나음을 입었다. 일터에서 존중하는 태도로 복종하는데도 고용주가 고마움을 표하지 않더라도 그리스도 안에서 성실하게 살려고 애쓰면 하늘에 계시는 하나님이 영광을 받으시고 그분으로부터 칭찬을 받게 될 것이다. 우리는 힘든 상황에서도 하나님을 굳게 의지할 수 있다. 그분은 모든 것을 공의로 심판하신다.

이 보배로운 말씀을 통해 하나님의 은혜와 영광이 우리에게 분명하게 계시되었다. 그의 피로 이루신 이 귀한 말씀을 묵상하고, 기도하며, 그 은혜로움을 깊이 음미하라. 그리스도 앞에 나가 죄를 고백하고, 우리의 구원을 위해 기꺼이 복종함으로써 큰 사랑을 나타내신 그분께 감사하라. 베드로전서 1장 18-25절을 마음과 생각 속에 깊이 간직하고, 그리스도에 대한 믿음과 감사와 사랑을 늘 기억하며, 하나님의 은혜를 의지하면서 일터로 향하라.

7장

전도하는 삶 :
복음 전도를 위한 성경적 동기

브라이언 나자푸르(with 조쉬 디어)

"이제 내가 너를 바로에게 보내어 너에게 내 백성 이스라엘 자손을 애굽에서 인도하여 내게 하리라 모세가 하나님께 이르되 내가 누구이기에 바로에게 가며 이스라엘 자손을 애굽에서 인도하여 내리이까 하나님이 이르시되 내가 반드시 너와 함께 있으리라 네가 그 백성을 애굽에서 인도하여 낸 후에 너희가 이 산에서 하나님을 섬기리니 이것이 내가 너를 보낸 증거니라 모세가 하나님께 이르되 내가 이스라엘 자손에게 가서 이르기를 너희의 조상의 하나님이 나를 너희에게 보내셨다 하면 그들이 내게 묻기를 그의 이름이 무엇이냐 하리니 내가 무엇이라고 그들에게 말하리이까 하나님이 모세에게 이르시되 나는 스스로 있는 자이니라 또 이르시되 너는 이스라엘 자손에게 이같이 이르기를 스스로 있는 자가 나를 너희에게 보내셨다 하라…

모세가 대답하여 이르되 그러나 그들이 나를 믿지 아니하며 내 말을 듣지 아니하고 이르기를 여호와께서 네게 나타나지 아니하셨다 하리이다 여호와께서 그에게 이르시되 네 손에 있는 것이 무엇이냐 그가 이르되 지팡이니이다 여호와께서 이르시되 그것을 땅에 던지라 하시매 곧 땅에 던지니 그것이 뱀이 된지라 모세가 뱀 앞에서 피하매 여호와께서 모세에게 이르시되 네 손을 내밀어 그 꼬리를 잡으라 그가 손을 내밀어 그것을 잡으니 그의 손에서 지팡이가 된지라 이는 그들에게 그들의 조상의 하나님 곧 아브라함의 하나님, 이삭의 하나님, 야곱의 하나님 여호와가 네게 나타난 줄을 믿게 하려 함이라 하시고…

모세가 여호와께 아뢰되 오 주여 나는 본래 말을 잘 하지 못하는 자니이다 주께서 주의 종에게 명령하신 후에도 역시 그러하니 나는 입이 뻣뻣하고 혀가 둔한 자니이다 여호와께서 그에게 이르시되 누가 사람의 입을 지었느냐 누가 말 못 하는 자나 못 듣는 자나 눈 밝은 자나 맹인이 되게 하였느냐 나 여호와가 아니냐 이제 가라 내가 네 입과 함께 있어서 할 말을 가르치리라 모세가 이르되 오 주여 보낼 만한 자를 보내소서 여호와께서 모세를 향하여 노하여 이르시되 레위 사람 네 형 아론이 있지 아니하냐 그가 말 잘 하는 것을 내가 아노라 그가 너를 만나러 나오나니 그가 너를 볼 때에 그의 마음에 기쁨이 있을 것이라 너는 그에게 말하고 그의 입에 할 말을 주라 내가 네 입과 그의 입에 함께 있어서 너희들이 행할 일을 가르치리라 그가 너를 대신하여 백성에게 말할 것이니 그는 네 입을 대신할 것이요 너는 그에게 하나님 같이 되리라 너는 이 지팡이를 손에 잡고 이것으로 이적을 행할지니라"(출 3:10-14, 4:1-5, 10-17).

이번 장에서는 우리가 그리스도를 따르는 자들로서 복음 전도에 적극적으로 참여해야 할 다섯 가지 이유와 복음 전도를 회피하기 위해 흔히 내세우는 다섯 가지 변명을 살펴볼 생각이다. 그러면 먼저 중요한 용어 두 개의 의미를 밝히는 데서부터 시작해보기로 하자.

첫째, 복음 전도란 무엇인가? "복음 전도evangelism"는 "복음"을 뜻하는 헬라어 "유앙겔리온"에서 유래했다. 간단히 말해 복음 전도란 주 예수 그리스도의 복음을 전하는 것을 의미한다. 따라서 넓게 말하면 누구든 예수 그리스도의 좋은 소식을 충실히 전하는 사람은 복음 전도자이다. 예를 들어 사도행전 21장 8절은 빌립이 목사가 아닌 집사였는데도 그를 "전도자"로 일컫는다. 그와 마찬가지로 그리스도를 믿는 신자로서 십자가의 메시지를 다른 사람들에게 충실하게 전하는 사람은 모두 복음 전도자다.

그러나 좀 더 엄격하게 말하면 복음 전도자는 복음이 아직 전파되지 않은 곳에 복음을 전하는 소명과 성령의 은사를 부여받은 사람을 가리킨다(막 16:15, 엡 4:11). 하나님으로부터 복음 전도자로 부르심을 받아 선교사로 활동하는 사람은 복음을 전하기 위해 한 곳에 머물지 않고, 대개 잃어버린 사람들을 찾아 여기저기 옮겨 다닌다. 나는 이번 장에서 "복음 전도"를 넓은 의미로 사용할 생각이다. 복음 전도는 모든 그리스도인이 다른 사람들에게 적극적으로 믿음을 나누어야 한다는 하나님의 명령을 의미한다.

둘째, 복음이란 무엇인가? 상호 관련된 두 개의 성경 구절을 비교하면 이 질문에 쉽게 대답할 수 있다. 예수님은 마가복음 1장 15절에서 "회개하고 복음을 믿으라"고 말씀하셨다. 이 말씀에는 그렇게 하면 구원을 받을 것이라는 의미가 내포되어 있다. 한편 바울과 실라는 사도행전 16장 30, 31절에서 "선생들이여 내가 어떻게 하여야 구원을 받으리이까"라고 묻는 빌립보 간수에게 "주 예수를 믿으라 그리하면 너와 네 집이 구원을 받으리라"고 대답했다.

예수님은 사람들에게 구원을 받으려면 "복음을 믿으라"고 가르치셨고, 바울과 실라는 간수에게 구원을 받으려면 "주 예수를 믿으라"고 말했다. "복음"과 "예수 그리스도"가 동의어로 사용된 것을 알 수 있다. 따라서 예수 그리스도께서 곧 복음이고, 복음이 곧 예수 그리스도이다. 복음을 전하는 것은 예수 그리스도를 전하는 것이다. 따라서 복음을 거부하는 것은 예수 그리스도를 거부하는 것이다.

복음 전도가 특별히 복음 전도자로 부르심을 받은 사람들이나 목회자들에게만 주어진 의무라고 생각하는 사람들이 많다. 그들은 자신들이 교회의 신실한 멤버이고 예수님을 어느 정도 섬긴다면 잃어버린 자들을 찾아 그들에게 예수님을 전하지 않아도 된다고 생각한다. 그들은 자신들이 복음 전도에 참여하든 참여하지 않든 하나님이 다양한 방법을 통해 잃어버린 죄인들을 구원할 것이라고 믿는다.

그러나 이것은 성경이 가르치는 태도와는 거리가 멀다. 모든 신자가 복음을 전해야 하는 성경적인 이유 다섯 가지를 잠시 살펴보면 다음과 같다.

모든 신자가 복음을 전해야 하는 다섯 가지 이유

첫째, 복음 전도는 생명의 길이다. 사도행전을 보면 복음 전도가 그리스도를 믿는 신자들의 규칙적인 습관이었다는 것을 알 수 있다. 사도행전 8장 4절은 "(박해 때문에) 흩어진 사람들이 두루 다니며 복음의 말씀을 전할새"라고 말한다. "전할새"로 번역된 헬라어 "유앙겔리조"는 "복음을 전하다", "복음을 선포하다"라는 의미를 지닌다. 박해받은 신자들은 목사가 아니었다. 그러나 그들은 하나님이 기회를 허락하실 때마다 박해의 와중에서도 불신자들에게 복음을 전했다. 그들은 복음 전도가 그리스도를 믿는 삶의 중요한 측면 가운데하나라는 사실을 이해했기 때문에 가는 곳마다 복음 전도에 힘썼다. 그들에게 복음 전도는 생명의 길이었다. 오늘날 그리스도를 믿는 우리는 그들이 보여준 충실한 기독교적 삶을 본받아 복음 전도를 우리의 일상적인 의무로 받아들여야 할 필요가 있다.

둘째, 복음 전도는 우리의 정체성을 규정하는 본질이다. 복음 전도는 하나님의 백성이라는 우리의 정체성과 밀접하게 관련된다. 《하이델베르크 요리문답》 32문은 "당신이 그리스도인으로 불리는 이유가 무엇입니까?"라고 묻고, "그 이유는 내가 믿음으로 그리스도의 지체가 되어(행 11:26, 요일 2:27), 그분의 기름 부음에 참여하기 때문입니다(행 2:17)"라고 대답했다.[1] 하나님의 아들이신 예수님은 성

---

1. The Heidelberg Catechism (1563), in *Reformed Confessions of the 16th and 17th*

부 하나님을 통해 성령으로 기름 부음을 받고, 우리의 선지자요 대제사장이요 영원한 왕으로 세우심을 받으셨다. 우리는 그리스도 안에서 그분의 기름 부음에 참여한다. 즉 우리도 선지자요 제사장이요 왕이 된다. 우리가 그리스도인이라면 또한 하나님의 선지자가 된다. 우리는 다른 사람들에게 그리스도를 전한다는 의미에서 선지자의 역할을 한다. 앞서 말한 대로 그리스도를 전하는 것이 복음 전도의 핵심이다.

우리가 진정으로 그리스도 안에 있다면 우리는 **이미** 복음 전도자이다. 우리는 복음을 널리 전하고, 선도하고, 촉진하는 자들이다. 베드로는 "다른 이로써는 구원을 받을 수 없나니 천하 사람 중에 구원을 받을 만한 다른 이름을 우리에게 주신 일이 없음이라"(행 4:12)라고 말했다. 우리는 어디를 가든지 우리가 그리스도 안에 있다는 것, 곧 우리가 복음의 선포자라는 것을 기억해야 한다. 우리는 사랑의 구주께서 우리에게 부여하신 이 정체성을 부끄러워해서는 안 된다.

셋째, 복음 전도는 불신자에 대한 사랑에서 비롯한다. 예수님은 "네 이웃을 네 자신과 같이 사랑하라"(마 22:39)고 명령하셨다. 우리가 복음을 전하지 않는다면 어떻게 우리의 이웃을, 특히 믿지 않는 이웃을 사랑한다고 말할 수 있겠는가?

한밤중에 이웃의 집에 불이 난 것을 보았다면 그들에 대한 사랑

Centuries in English Translation: Vol. 2, 1552–1566, compiled with introductions by James T. Dennison (Grand Rapids: Reformation Heritage Books, 2010), 777.

을 어떻게 표현해야 할까? 상황에 따라 다르겠지만 아마도 그들을 대신해 소방서에 전화를 걸어주는 것이 유익할 것이다. 그러나 그보다는 가능하면 이웃의 집으로 급히 달려가서 "이봐요, 빨리 집에서 나와요! 불이 났어요!"라고 소리를 치는 것이 더 유익할 것이다. 다시 말해 이웃의 행복에 진정으로 관심이 있다면 가장 큰 도움을 베풀고, 그들의 가장 긴급한 필요를 채워주기 위해 최선을 다해야 한다.

불신자들이 처한 상황은 위의 예화에 언급된 이웃이 처한 상황과 아주 유사하다. (예수님은 누가복음 10장 29-37절에서 선한 사마리아인의 비유를 가르치셨다. 그분의 말씀은 하나님의 섭리를 통해 일상 속에서 마주치는 사람들은 물론, 잃어버린 자들이 우리의 이웃이라는 의미를 강하게 내포하고 있다.) 만일 그들이 죄를 회개하지 않고, 그리스도를 믿지 않으면 영원히 불못에서 고통받을 수밖에 없다. 하나님은 우리에게 이웃을 사랑하라고 거듭 명령하셨다. 우리가 이웃을 사랑한다면 그들에게 복음을 전해야 한다는 강한 책임감을 느끼고, 그들이 진정으로 죄를 뉘우치고 주 예수 그리스도를 믿는다면 지옥에 가지 않고 천국에서 영생을 얻는다는 사실을 이해하도록 도와주어야 한다. 만일 우리 주위에 있는 사람들에게 이 소식을 전하지 않는다면 어떻게 이웃을 사랑한다고 말할 수 있겠는가?

또 다른 유익한 예화를 위해, 이웃이 암으로 죽어가고 있고, 우리는 그의 생명을 구할 수 있는 치료 방법을 알고 있는 상황을 가정해 보자. 그런 상황에서 성격이 소심하다거나 두렵다거나 무관심하다는 이유로 치료 방법을 알려주지 않는 것이 과연 온당할까? 결코 그렇지 않을 것이다. 그와 마찬가지로 우리는 그 어떤 이유로도 불신자들에게 예수님을 전하는 것을 망설여서는 안 된다. 만일 그렇게 한다면 그것은 하나님의 말씀에 불순종하는 것이고, 그분의 영광을 가리는 것이다. 우리가 복음을 위탁받은 이유는 그것을 온전히 지키고(즉 복음을 공격하거나 그릇 진술하는 것을 경계하고), 널리 전하기 위해서다(살전 2:4, 딤후 1:12-14).

선한 양심을 지녔다면 이웃이 화재로 인해 죽게끔 놔둬서는 안 되고, 소리를 질러 알려주어야 한다. 또 이웃이 질병에 걸렸을 때도 치료 방법을 알고 있다면 기꺼이 알려주어야 한다. 그와 마찬가지로 우리도 이웃들이 그리스도의 복음을 듣지 못한 채 세상을 떠나게 해서는 안 된다. 만일 우리가 잃어버린 자들을 진정으로 염려한다면 그들의 구원을 위해 기도하며, 그들이 그리스도 없이 멸망하지 않도록 돕기 위해 최선을 다해야 한다. 이웃을 사랑한다면 그렇게 해야 마땅하다.

넷째, 복음 전도는 하나님의 본성으로부터 기원했다. 하나님을 찬양하라. 그분은 복음 전도자이시다. "사랑은 여기 있으니 우리가 하나님을 사랑한 것이 아니요 하나님이 우리를 사랑하사 우리 죄를 속하기 위하여 화목 제물로 그 아들을 보내셨음이라"(요일 4:10)라는 말씀대로 하나님의 사랑의 본질이 그런 식으로 온전히 드러났다. 하나님이 우리를 사랑하고, 구원하려고 하지 않으셨다면 우리는 모두 지옥에 갈 수밖에 없다. 그러나 하나님은 우리를 사랑하기 때문에 그리스도 안에서 영원한 구원을 얻게 하기 위해 솔선해서 죄인들을 자기에게로 이끄셨다.

누가복음 2장 10, 11절에 보면 천사가 하나님을 대신해 목자들에게 복음을 전했던 것을 알 수 있다. "천사가 이르되 무서워하지 말라 보라 내가 온 백성에게 미칠 큰 기쁨의 좋은 소식을 너희에게 전하노라 오늘 다윗의 동네에 너희를 위하여 구주가 나셨으니 곧 그리스도 주시니라." 따라서 우리가 복음을 전하는 것은 우리를 사랑할 뿐 아니라 자기 아들의 형상을 닮으라고 명령하시는 하나님을 본받는 것이다. 우리가 복음을 전해야 하는 이유는 하나님이 먼저 우리에게 복음을 전하셨기 때문이다. 하나님이 우리에게 구원 사역에 동참할 수 있는 기회를 주신 것은 참으로 엄청난 축복이요 영예가 아닐 수 없다. 우리는 다른 사람들에게 하나님의 사랑을 전함으로써 그분을 영화롭게 할 수 있는 기회를 무시해서는 안 된다.

복음 전도는 하나님과 함께 시작하기 때문에 우리는 그것이 그분과 함께 끝난다는 것도 분명하게 인식해야 한다. 사람들을 구원하는 주체자는 우리가 아닌 하나님이시다. 제한된 능력을 지닌 우리가 어떻게 사람들을 영원한 심판으로부터 구원할 수 있겠는가? 절대로 그렇게 할 수 없다. 오직 하나님만이 구원을 베푸실 수 있다. 그분은 구원받을 사람을 주권적으로 선택해 성령의 능력으로 그들을 구원하신다. 그럼에도 불구하고 하나님은 우리를 도구로 사용해 영원불변한 말씀을 전하고 나누게 하셨다. 하나님은 누구를 궁극적으로 구원할지 미리 말씀하지는 않으셨다. 그러나 하나님은 오직 하나님만이 잃어버린 죄인들의 마음속에서 구원을 이룰 수 있다는 사실을 기억하고, 모든 사람에게 좋은 소식을 전하는 전도 사역에 충실하라고 명령하셨다.

다섯째, 복음 전도는 그리스도의 지상명령이다. 우리는 마태복음 28장 18-20절에 기록된 주님의 말씀을 잘 알고 있다. 그분은 그곳에서 매우 중요한 가르침을 베푸셨다.

> "예수께서 나아와 말씀하여 이르시되 하늘과 땅의 모든 권세를 내게 주셨으니 그러므로 너희는 가서 모든 민족을 제자로 삼아 아버지와 아들과 성령의 이름으로 세례를 베풀고 내가 너희에게 분부한 모든 것을 가르쳐 지키게 하라 볼지어다 세상 끝날까지 너희와 항상 함께 있으리라 하시니라."

먼저 복음을 전하지 않으면 "제자들", 곧 건강하게 잘 성장하는 그리스도의 제자들을 육성할 수 없다. 위의 본문과 병행 구절인 마가복음 16장 15절도 "너희는 온 천하에 다니며 만민에게 복음을 전파하라"고 분명하게 말씀한다. 복음 전도는 그리스도의 제자를 육성하는 중요한 첫 단계다. 사람들이 사랑으로 우리에게 말씀을 허락하신 하나님을 먼저 만나지 못하면 그분의 말씀을 이해할 수 없기 때문에 충실한 결실을 맺는 것이 불가능하다. 그리스도의 지상명령에 복종하려면 늘 복음 전도에 힘써야 한다.

물론 우리는 복음을 전했다고 해서 그것을 자랑거리로 삼아서는 안 된다. 하나님은 복음 전도를 통해 자기에게 온전히 복종하기를 원하신다. 바울은 "내가 복음을 전할지라도 자랑할 것이 없음은 내가 부득불 할 일임이라 만일 복음을 전하지 아니하면 내게 화가 있을 것이로다"(고전 9:16)라고 말했다. 그는 로마서 1장 14, 15절에서도 "헬라인이나 야만인이나 지혜 있는 자나 어리석은 자에게 다 내가 빚진 자라 그러므로 나는 할 수 있는 대로 로마에 있는 너희에게도 복음 전하기를 원하노라"라고 말했다. 바울은 하나님이 다른 사람들을 통해 자신의 사역을 돕게 하셨다는 것을 알고, 구원과 관련된 업적은 모두 다 하나님이 이루신 것이라고 결론지었다. 그 이유는 오직 하나님만이 믿음의 주요 온전하게 하시는 분이기 때문이다. 바울은 교회가 이미 설립되어 있던 로마에 복음을 전해야 한다는 말로 복음이 잃어버린 자들을 위한 것일 뿐 아니라 그리스도께 헌신하기 위해 새로운 격려가 필요한 기존 신자들을 위한 것이기도 하다는 사실을 암시했다.

프리실라 오웬스(1829-1907)는 우리가 지금도 교회에서 즐겨 부르는 아름다운 찬송가를 작시했다. 이 찬송가의 제목은 "예수님이 구원하신다"이다(이 찬송가는 "기쁜 소리 들리니"라는 제목으로도 알려져 있다). 그 가사를 보면 그리스도인의 중요한 사명을 알 수 있다.

기쁜 소리 들리니, 예수 구원하신다! 예수 구원하신다!
방방곡곡에 그 소식 전하라, 예수 구원하신다! 예수 구원하신다!
복음 들고 온 세상으로 가자, 산을 넘고 바다를 건너라.

주님 명령이니 전진하라. 예수 구원하신다! 예수 구원하신다![2]

복음 전도는 우리가 복종해야 할 하나님의 명령이라는 사실을 첫 번째 이유로 제시하는 것이 온당할 것 같은데 나는 이 이유를 맨 마지막에 두었다. 물론 하나님이 복음을 전하라고 명령하셨다는 사실을 기억하는 것은 매우 중요하다. 내가 이 이유를 맨 마지막에 둔 데는 특별한 이유가 있다. 그것은 복음 전도가 죄책감이 아닌 하나님이 그리스도 안에서 우리를 위해 하신 일에 대한 감사함으로 이루어지게 하기 위해서다. 마치 군인이 주어진 명령을 기계적으로 따르듯이 하나님의 사랑과 구원의 메시지를 전해서는 안 된다. 우리는 하나님과 이웃을 사랑하는 마음으로 복음을 전해야 한다. 늘 기도하며 즐겁고 열정적인 마음으로 복음을 다른 사람들에게 전할 기회를 찾아야 한다.

남편이 아내에게 꽃이나 초콜릿이나 예쁜 카드를 주고 나서 나중에 단지 의무감에서(즉 남편의 의무를 다하라는 하나님의 명령에 복종하기 위해) 그런 것을 샀다고 말한다면 어떻게 되겠는가? 이 문제는 매우 중요하다. 아내는 단지 남편으로부터 선물을 받는 것을 원하지 않는다. 아내는 남편이 선물을 주는 이유가 자기를 사랑하고, 소중히 여기며, 자기를 기뻐하고, 자신의 헌신에 감사하는 마음이 있기 때문이

2. Priscilla J. Owens, "Jesus Saves," 1882; www.hymntime.com/tch/htm/j/e/s/jesussav.htm (accessed December 13, 2013).

라는 것을 알고 싶어 한다. 그와 마찬가지로 우리도 죄책감이나 의무감 때문에 복음을 전해서는 안 된다. 그런 태도는 하나님을 영화롭게 하지 못한다. 우리는 하나님께 대한 진정한 사랑과 그분을 아는 즐거움과 그분이 날마다 수많은 방법으로 우리의 삶을 축복하시는 것에 감사하는 마음으로 복음을 전해야 한다. 우리는 다른 사람들도 우리처럼 하나님을 알게 되기를 간절히 열망해야 한다.

이런 신념을 잘 표현한 또 하나의 찬송가가 있다. 캐서린 행키(1834-1911)가 작시한 "그 이야기를 전하고 싶어요"라는 찬송가(한국에는 "주 예수 넓은 사랑"으로 번역됨—편집주)는 우리에게 깊은 감명을 준다.

> 그 이야기를 전하고 싶어요. 왜냐면 사실이기 때문이죠.
> 그 이야기 외에는 그 어떤 것도 나의 갈망을 채워줄 수 없어요.[3]

캐서린이 복음을 전하는 이유는 그것이 그녀의 갈망을 채워주고, 기쁨을 주기 때문이다.

복음 전도는 충실한 신자만이 아니라 하늘에 있는 천사들과 성삼위 하나님께 기쁨을 준다. 우리 모두 스스로에게 "이런 기쁨, 곧 복음 전도로 인한 기쁨을 마지막으로 느껴본 때가 언제인가?"라고 물어보자. 우리는 결혼을 하거나 자녀를 낳으면 무척 행복해한다. 우

---

3. Katherine Hankey, "I Love to Tell the Story," 1866; www.hymnsite.com/lyrics/umh156.sht (accessed December 13, 2013).

리는 우리에게 일어난 좋은 일에 대한 소식을 다른 사람들에게 전하고 싶어 한다. 그러나 하나님과 우리의 관계에서 비롯하는 행복에 대해서는 어떻게 하고 있는가? 하나님의 사랑을 전할 때도 똑같은 열정을 느끼는가? 당연히 그래야 한다.

찬송가 가사를 마저 인용하면 다음과 같다.

> 그 이야기를 전하고 싶어요. 그 이야기는 나를 위해 너무나도 많은 것을 해주었답니다.
> 그것이 지금 내가 당신에게 그 이야기를 전하는 이유이지요.[4]

하나님의 자녀라면 누구나 하나님이 우리의 삶을 놀랍게 변화시키셨다는 것을 생각할 때 그런 심정을 느낄 수밖에 없다. 복음은 우리에게 참으로 많은 것을 해주었다. 예수님은 우리를 위해 너무나도 많은 것을 해주셨다. 그분은 우리를 위해 자기 생명을 내주셨다. 그분은 우리를 죄의 권세와 죄책으로부터 구원하기 위해 십자가에서 죽으셨다. 우리는 이미 오래전에 지옥에 갔어야 마땅하지만 죄의 속박으로부터 자유롭게 된 상태로 여전히 생명을 유지하고 있다. 주님은 우리를 위해 너무나도 많은 것을 해주셨다. 이런 사실은 우리에게 더할 나위 없이 큰 동기를 부여해 죄책감이 아닌 사랑으로 복음을 전할 수 있게 해준다.

---

4. Hankey, "I Love to Tell the Story."

사실 우리는 여러 가지 변명을 내세워 복음을 전하지 않으려고 한다. 우리는 그럴듯한 이유를 내세워 다른 사람들에게 그리스도를 전하지 않는 우리의 잘못을 정당화한다. 나는 출애굽기 3, 4장을 중심으로 우리가 흔히 내세우는 변명을 다룰 생각이다. 신자들이 복음을 전하지 않는 이유는 크게 다섯 가지다. 아울러 나는 하나님이 우리가 내세우는 변명에 어떻게 반응하시는지를 살펴보면서 그런 변명들의 어리석음을 밝히고, 그런 변명들에도 불구하고 복음을 전해야 할 필요성을 새롭게 일깨워주고 싶다.

복음을 전하지 않는 다섯 가지 이유

1. **"내가 누구이기에?"** 모세는 바로에게 가라는 하나님의 명령을 듣고 "내가 누구이기에 바로에게 가며 이스라엘 자손을 애굽에서 인도하여 내리이까"(출 3:11)라는 질문의 형태로 첫 번째 변명을 내세웠다. 오늘날 우리도 그와 비슷하게 "복음을 전해야 한다는 것은 알지만 내가 누구이기에 그런 일을 한단 말입니까?"라고 말한다.

모세의 말에는 "저를 보내시는 이유가 무엇입니까? 저는 연약하고, 이미 팔십이 된 노인입니다. 그런데 주님은 그런 저를 막강한 권세를 지닌 바로에게 보내려고 하십니다. 왜 저를 그에게 가라고 하십니까?"라는 의미가 담겨 있다. 그러나 하나님은 12절에서 "내가 반드시 너와 함께 있으리라"고 말씀하셨다. 참으로 놀라운 약속이 아닐 수 없다. 하나님은 모세에게 "네가 늙었고 연약하다는 것을 잘 안다. 그러나 내가 너와 함께 할 것이다."라고 말씀하셨다.

오늘날 우리도 종종 이런 변명을 내세운다. 예를 들어 우리는 "저는 수줍은 성격입니다", "저는 연약합니다", "저는 신학 교육을 정식으로 받은 적이 없습니다", "겁이 납니다"와 같은 변명을 내세우며 하나님을 향해 "제가 누구이기에 저를 보내 복음을 전하게 하십니까?"라고 묻는다. 그러나 예수님은 마태복음 28장 20절에서 "볼지어다 내가 세상 끝날까지 너희와 항상 함께 있으리라"고 말씀하셨다. 우리 홀로, 우리의 힘으로 복음을 전하는 것이 아니다. 하나님이 우리와 함께 하신다.

아프리카에 가서 그 대륙의 3분의 1을 선교지로 개척했던 스코틀랜드 선교사 데이비드 리빙스턴(1813-1873)은 마태복음 28장 20절을 "인생의 좌우명"으로 삼았다. 그는 아프리카에서 몇 년 동안 많은 어려움을 극복하고 나서 스코틀랜드에 돌아와 자신이 행한 사역을 공개적으로 보고하였다. 그는 다시 아프리카에 가서 계속 일할 생각이 있느냐는 질문에 이렇게 대답했다. "언어도 통하지 않을 뿐만 아니라 나에 대한 사람들의 태도가 항상 불확실하며 적대적이기까지 한 그곳에서 오래 일하는 동안 무엇이 나를 지탱해주었는지 아십니까? 그것은 **"볼지어다 내가 세상 끝날까지 너희와 항상 함께 있으리라"**라는 말씀이었습니다. 나는 그 말씀에 모든 것을 걸었습니다.

그 말씀은 한 번도 실패한 적이 없었습니다."라고 대답했다.[5]

리빙스턴은 이 말씀에서 위로를 발견했다. 그는 주님이 자기와 항상 함께 하겠다고 약속하셨기 때문에 그분이 자기를 인도하는 곳이면 어디든지 마다하지 않았다. 그와 마찬가지로 하나님은 우리와 항상 함께 계신다. 따라서 용기를 내라. 주님의 사역을 하려고 할 때마다 그분이 항상 우리와 함께 계시면서 안내자요 위로자가 되어주신다.

"저는 교육을 잘 받지 못했습니다."라고 걱정할지 모르지만 복음을 전하기 위해 학자가 될 필요가 없다. 왜냐하면 모든 것을 아시는 하나님이 함께 하실 것이기 때문이다. 사도행전 4장을 살펴보라. 베드로와 요한이 복음을 전해 수천 명을 그리스도께로 인도했다. 그러나 종교 지도자들은 회의적인 눈으로 그들을 바라보며 그런 일을 할 수 있는 권위와 능력이 어디에서 왔느냐고 물었다. 그들이 죽은 자 가운데서 부활하신 그리스도께서 자신들의 권위라고 대답하자 종교 지도자들은 매우 놀라워했다. "그들이 베드로와 요한이 담대하게 말함을 보고 그들을 본래 학문 없는 범인으로 알았다가 이상히 여기며 또 전에 예수와 함께 있던 줄도 알고"(13절)라는 말씀 안에 그들의 반응이 역력히 나타나 있다. 베드로와 요한은 교육을 잘 받지 못했지만 하나님은 배움이 없는 그들을 도구로 사용해 자신

---

5. David Livingstone, cited in F. W. Boreham, "David Livingstone's Life Text"; www. wholesomewords.org/missions/bliving8.html (accessed December 13, 2013).

의 권능을 나타내셨다. 그와 마찬가지로 하나님은 우리의 결점에도 불구하고 우리를 도구로 사용해 십자가의 메시지를 전하게 하신다. 우리가 하나님을 섬길 때 그분은 약속하신 대로 우리와 함께 하신다.

2. **"사람들에게 무엇이라고 말할 것인가?"** 이 변명은 출애굽기 3장 13절에서 발견된다. "모세가 하나님께 아뢰되 내가 이스라엘 자손에게 가서 이르기를 너희의 조상의 하나님이 나를 너희에게 보내셨다 하면 그들이 내게 묻기를 그의 이름이 무엇이냐 하리니 내가 무엇이라고 그들에게 말하리이까." 모세의 첫 번째 염려는 애굽의 바로 앞에서 자신을 옹호하는 일이었고, 그의 두 번째 염려는 이스라엘 백성 앞에서 자신의 권위를 옹호하는 것이었다. 모세는 자신이 맞서야 할 애굽의 통치자부터 자신이 인도해야 할 하나님의 백성에 이르기까지 다양한 사람들을 상대해야 할 상황을 염려했다. 모세도 우리처럼 하나님이 자기에게 주신 사명을 이행할 때 발생할 수 있는 여러 가지 문제를 생각했다.

"내가 무엇이라고 그들에게 말하리이까"라는 것은 우리가 쉽게 이해할 수 있는 질문이다. 우리가 복음을 전해야 할 사람들은 하나님에 관해 물을 것이 분명하다. 그들은 우리가 진정으로 하나님을 알고 있고, 그분을 대표하고 있는지를 물을 것이다. 그럴 때 우리는 과연 어떻게 대답해야 할까? 하나님과 그분의 말씀에 대한 우리의 지식은 결코 완전하지 않다. 따라서 우리가 그런 고귀한 자격을 지니고 있다는 것, 곧 우리가 전능하신 하나님의 보내심을 받았다는 것을 입증하려면 어떻게 해야 할까?

하나님은 모세의 물음에 이렇게 대답하셨다. "하나님이 모세에게 이르시되 나는 스스로 있는 자이니라 또 이르시되 너는 이스라엘 자손에게 이같이 이르기를 스스로 있는 자가 나를 너희에게 보내셨다 하라"(출 3:14). 하나님은 자신을 "스스로 있는 자"라고 밝히셨다. 이 말은 하나님이 언약을 지키는 신실하신 하나님, 곧 영원히 변하지 않으시는 하나님이시라는 뜻이다. 하나님은 항상 그러셨고, 앞으로도 계속 그러실 것이다. 그분의 말씀은 항상 사실이었고, 오늘날에도 여전히 사실이다. 따라서 우리는 하나님이 우리를 인도하실 때 그분이 하시는 말씀은 모두 사실이고, 미래의 사건들도 모두 그분의 주권적인 계획에 따라 이루어질 것을 알고, 그분을 온전히 신뢰할 수 있다.

우리가 복음 전도를 회피하기 위해 내세우는 변명 가운데 하나는 복음을 실제보다 더 복잡한 것으로 만드는 것이다. 복음은 단순하다. 우리는 바울과 실라를 통해 교훈을 얻어야 한다. 앞서 언급한 대로 그들은 빌립보 간수에게 "주 예수를 믿으라 그리하면 너와 네 집이 구원을 받으리라"(행 16:31)라고 말했다. 그들은 빌립보 간수에게 칼빈주의 5대 교리나 《웨스트민스터 신앙고백》과 같은 것을 알아야 한다고 강조하지 않았다(물론 이 두 가지는 매우 유익한 신앙의 진리들을 전하고 있다). 그들은 단지 그에게 주 예수 그리스도를 믿으면 구원을 받을 것이라고 말했을 뿐이다. 그것이 복음의 메시지다.

우리는 이 교훈을 주님으로부터 직접 배울 수 있다. 십자가의 강도가 예수님께 "예수여 당신의 나라에 임하실 때에 나를 기억하소서"(눅 23:42)라고 간청했을 때 예수님은 "너는 '주님, 죄책과 죄의 권세로부터 나를 구원하소서'라고 구체적으로 말해야 한다. 그렇지 않으면 너를 위해 아무것도 해줄 수 없다."고 말씀하지 않으셨다. 예수님은 그의 말이 틀렸다고 말씀하지 않으셨다. 그분은 강도가 무엇을 구하는지를 잘 알고 계셨다. 예수님은 단지 "네가 오늘 나와 함께 낙원에 있으리라"(43절)라고만 말씀하셨다.

복음 전도란 강의를 하는 것이 아니라 좋은 소식을 전하는 것이다. 우리는 "조직 신학"을 가르치거나 "불가항력적 은혜"의 교리를 설명하지 않는다. 우리는 상대방이 하나님의 선택을 받은 사람인지 아닌지를 확실하게 알 수 없다. 복음을 전할 때는 그런 식의 설명이나 강의는 필요 없다. 바울과 실라가 사용한 방법을 따르라. 주 예수 그리스도를 믿으면 구원을 받을 것이라고 말하라. 그렇게 해야 할 이유는 무엇일까? 그 이유는 하나님이 그런 식으로 사람들에게 복음을 전하라고 명령하셨고, 죄를 깨닫게 만드는 능력이 우리의 설득력 있는 언변이 아닌 하나님과 복음의 메시지에서 비롯하기 때문이다. 이것이 바울이 로마서 1장 16절에서 "내가 복음을 부끄러워하지 아니하노니 이 복음은 모든 믿는 자에게 구원을 주시는 하나님의 능력이 됨이라"라고 말한 이유다.

복음을 전할 때 때로는 성경 구절을 인용하며 하나님이 그 구절을 통해 듣는 자의 삶을 변화시켜주시기를 기도해야 할 필요가 있다. 찰스 스펄전(1834-1892)은 1857년에 "크리스털팰리스"에서 설교를 해달라는 부탁을 받았다. 그는 그곳에서 말씀을 전하기 이틀 전에 그곳의 음향시설을 시험해보고, 설교 연단의 위치를 결정하기 위해 잠시 그곳을 방문했다. 그러면서 그는 텅 빈 강당 앞에 서서 "보라 세상 죄를 지고 가는 하나님의 어린 양이로다"(요 1:29)라고 외쳤다. 나중에 스펄전은 자기가 그 말을 외칠 때 근처에 있던 한 노동자가 그 말을 듣고서 죄를 깨닫고, 그날 집에 돌아가서 예수님을 믿게 되었다는 사실을 알게 되었다. 그는 단지 스펄전이 성경 구절을 외치는 소리를 듣고서 죄를 회개했다.[6]

하나님은 우리의 겸손한 복종을 통해 그 어떤 제약도 받지 않고 놀라운 기적을 행하실 수 있다. 신학 교육을 정식으로 받지 않았다는 이유로 의기소침해서는 안 된다. 요한복음 3장 16절이나 로마서 6장 23절만 알고 있어도 얼마든지 복음을 전할 수 있다. 복음을 전하기 위해 신학자나 변증학자가 될 필요는 없다. 복음은 단순하다. 따라서 복음을 전할 때도 단순하게 전해야 한다.

3. **"사람들이 내 말을 믿지 않을 것이다."** 출애굽기 4장 1절은 "모세가 대답하여 이르되 그러나 그들이 나를 믿지 아니하며 내 말을 듣지 아니하고 이르기를 여호와께서 네게 나타나지 아니하셨다 하

---

6. Cited in "Great Story Illustrating That God Moves In A Mysterious Way, His Wonders To Perform!"; www.gospelweb.net/AngelStories/BeholdTheLambOfGod.htm (accessed December 13, 2013).

리이다"라고 말한다. 하나님은 인자하시게도 그런 항변을 듣고서도 모세에게 놀라운 은혜와 긍휼을 베푸셨다. 이것은 우리에게도 마찬가지다. 모세의 말은 하나님이 이미 사실이라고 말씀하신 것과 정면으로 충돌한다. 그분은 출애굽기 3장 18절에서 "그들이 네 말을 들으리라"고 말씀하셨지만 모세는 하나님이 말씀하신 것을 믿지 못하고 불신앙을 드러냈다. 그러나 하나님은 의로운 분노를 드러내지 않고, 모세에게 자신의 능력을 잠시 보여주셨다(출 4:2-9). 이것은 애굽인들의 반대에 직면하더라도 하나님의 기적이 그가 전하는 말을 사실로 입증할 것이라는 확신을 심어주기 위한 것이었다.

모세의 말에는 "주님, 주님이 저와 함께하실 것이라고 믿고, 또 제가 무엇을 전해야 할지도 잘 알지만 사람들이 제 말을 믿지 않을 것입니다."라는 의미가 담겨 있다. 나는 그런 모세에게 "해보기나 했나요? 하나님이 무엇을 해야 할지 분명히 알려주셨고, 아직 사람들을 상대해보지도 않았는데 그들이 당신의 말을 듣지 않을 것이라고 속단하는 것인가요? 먼저 해보시오. 당신은 너무 비관적이오."라고 말하고 싶은 생각이 든다.

우리도 모세처럼 하나님이 우리를 보내시는 곳에 가기를 주저할 것 같아서 우려된다. 우리의 걱정과 두려움과 "____하면 어쩌지?"라는 식의 질문은 한도 끝도 없다. 그런 것들 때문에 우리는 하나님의 뜻을 행하기를 주저한다. 우리는 때로 "믿지 않는 이웃들에게 말씀을 전하고 싶지 않아. 왜냐하면 그들이 내가 말하는 것을 믿지 않을 것이기 때문이야."라고 말한다. 나는 신자들이 그렇게 말하는 소리를 들으면 "해보기나 했나요?"라고 묻고 싶다.

우리는 먼저 하나님이 우리를 보내시는 곳에 가서 그분의 지시를 이행해야 한다. 그랬는데도 사람들이 우리를 믿지 않으면 어떻게 해야 할까? 우리의 충실성은 하나님의 명령에 대한 복종 여부에 따라 결정된다. 우리의 의무는 다른 사람들이 복음을 믿게 만드는 것이 아니다. 그것은 성령님의 일이다. 우리는 우리의 힘으로 다른 사람들을 믿게 만들기를 바란다. 그러나 우리에게는 그런 능력이 없다. 우리의 의무는 단지 그들에게 그리스도를 전하는 것뿐이다.

사람들은 우리가 복음을 전할 때 여러 가지 질문을 던질 수 있다. 그럴 때는 그들이 하나님의 말씀 안에서 그들이 구하는 대답을 발견하도록 도와야 한다. 그러나 그와 동시에 우리는 "말을 물가로 끌고 갈 수는 있지만 물을 마시게 할 수는 없다."는 옛 속담을 잊어서는 안 된다. 불신자를 억지로 강요해 생명의 샘물을 마시게 할 수는 없다. 우리는 단지 그 사람을 생명수가 있는 곳으로 인도하고, 성령의 사역을 통해 예수 그리스도를 믿어 구원받기를 기도할 뿐이다.

우리는 또한 불신자와 참된 친구 관계를 맺고 적절한 순간에 그리스도를 믿는 믿음을 나눔으로써 복음에 관한 관심을 일깨울 수 있다. 상대방이 "왜 나에게 이런 사랑과 관심을 베푸는 것입니까?"라고 묻는다면 "성경이 네 이웃을 네 자신과 같이 사랑하라고 가르치고 있을 뿐 아니라 내가 그리스도 안에서 발견한 이 사랑을 전함으로써 당신도 직접 그것을 경험하기를 원하기 때문입니다."라고 대답할 절호의 기회가 주어진 셈이다.

사람들을 믿게 만드는 것은 하나님의 일이지만 우리는 복음을 다른 사람들에게 전해야 할 책임이 있다. 이것이 출애굽기에서 하나님의 주권과 인간의 책임이 균형 있게 제시되고 있는 이유다. 물론 어떤 신자들은 하나님의 주권을 복음 전도를 회피하기 위한 변명거리로 삼으려고 애쓴다. 그들은 "나는 하나님의 주권과 선택을 굳게 확신한다. 성경이 가르친 대로(엡 1:4) 하나님은 창세 전에 구원받을 사람들을 선택하셨다. 나는 하나님이 정하신 때에 선택하신 사람들 가운데 얼마를 우리 교회에 보내주실 것이라고 믿는다."라는 식으로 말한다.

그러나 그런 생각은 완전히 잘못되었다! 이것이 "극단적 칼빈주의(하나님의 주권을 극단적으로 강조해 하나님이 정하신 신자의 책임을 완전히 부인하는 신학적 입장)"의 문제점이다. 스펄전은 1858년 8월 1일에 "주권적인 은혜와 인간의 책임"이라는 제목으로 말씀을 전했다. 그는 "누군가가 그 둘(하나님의 주권과 인간의 책임)이 어떻게 서로 조화될 수 있느냐고 묻는다면 나는 그것들은 서로 조화되기를 원하지 않는다고 대답할 것이다. 나 자신도 그 둘을 서로 조화시키려고 노력한 적이 없다. 그 이유는 그것들이 서로 전혀 모순되지 않기 때문이다…둘 다 사실이다. 두 진리는 서로 충돌하지 않는다. 우리가 해야 할 일은 단지 그 둘을 모두 믿는 것뿐이다."라고 말했다.[7] 스펄전은 우리의 한정된

---

7. Charles Spurgeon, "Sovereign Grace and Man's Responsibility," www.spurgeon. org/sermons/0207.htm (accessed December 13, 2013).

능력으로는 다른 사람은 고사하고 우리 자신도 구원할 능력이 없지만 하나님은 그런데도 우리를 도구로 삼아 온 세상에 복음을 전하게 하신다는 사실을 옳게 이해했다(우리도 그래야 마땅하다). 하나님이 우리에게 세상에 자신의 나라를 건설하는 일에 동참할 기회를 허락하셨다는 것은 참으로 크나큰 영예가 아닐 수 없다. 그런 복된 기회를 무시한다면 그보다 더 큰 어리석음은 없을 것이다.

어떤 사람들은 선택의 교리가 성경적인 복음주의를 방해하는 장애물이라고 생각하지만 절대 그렇지 않다. 오히려 이 교리는 우리가 복음을 전할 때 우리에게 용기를 준다. 만일 선택이 없다면 영적으로 죽은 죄인들이 그리스도 안에서 새롭게 될 가능성이 존재하지 않을 것이다. 하나님이 창세 전에 일부 사람들을 구원하기로 선택하셨다는 사실은 확실하게 구원받을 사람들이 있다는 확신을 심어 주기 때문에 잃어버린 자들에게 복음을 전할 강한 동기부여의 요인이 될 수 있다.

우리는 선택받지 않은 사람들과 선택받은 사람들을 구별할 수 있을 것처럼 생각해서는 안 된다. 우리는 그럴 능력이 없다. 단지 하나님이 구원하기로 선택한 사람들을 구원하실 것이라고 굳게 믿고, 잃어버린 죄인들을 위해 기도하며 복음을 전하는 것으로 족하다. 심지어 예수님도 자신의 말을 듣는 사람들이 믿음을 갖기를 바라며 그런 식으로 복음을 전하셨다. 예수님은 각양각색의 사람들로 구성된 군중을 향해 "수고하고 무거운 짐 진 자들아 다 내게로 오라 내가 너희를 쉬게 하리라"(마 11:28)라고 말씀하셨다. 요한복음 6장 44

절의 말씀대로 예수님은 오직 성부께서 인도하시는 사람들만 자신의 말을 받아들일 것을 알고 계셨지만 모든 사람을 향해 회개하고, 자기를 믿으라고 말씀하셨다. 우리는 그런 주님을 본받아야 한다. 우리는 오직 하나님만이 사람들을 구원하실 수 있다는 것을 알고 모든 사람에게 복음을 신실하게 전해야 한다.

4. **"나는 말을 잘 하지 못한다."** 모세는 출애굽기 4장 10절에서 "오 주여 나는 본래 말을 잘하지 못하는 자니이다 주께서 주의 종에게 명령하신 후에도 역시 그러하니 나는 입이 뻣뻣하고 혀가 둔한 자니이다"라고 변명했다. 말을 유창하게 잘하는 사람이 누가 있을까? 분명코 나는 아니다. 그러나 감사하게도 하나님의 능력은 우리의 유창한 말솜씨에 의존하지 않는다. 우리는 다른 사람들에게 복음을 전하면서 말을 더듬거릴 수도 있고, 문법이 틀릴 수도 있다. 그러나 그러면 어떤가! 우리는 우리의 실수를 바로잡아주거나 그것까지 사용하셔서 자신의 영원한 목적과 계획을 이루는 주권자이신 하나님을 섬긴다.

복음 전도를 생각하면 너무 긴장되어 다른 사람들에게 복음을 전할 때 혹시나 말을 잘못할까봐 두렵다고 말하는 사람들이 많다. 만일 그런 생각이 든다면 자신의 자녀가 물에 빠져 익사 직전의 상태에 있을 때는 어떻게 반응할 것인지 생각해보라. 그런 상황에서도 너무 긴장되어 말을 잘하지 못할까봐 주저하겠는가, 아니면 온 힘을 다해 "누가 제 아이를 좀 구해주세요."라고 힘껏 외치겠는가? 그런 상황에서는 말솜씨를 전혀 걱정하지 않을 것이 틀림없다. 심지어 자신의 목숨조차 돌보지 않고 오로지 죽어가는 자녀를 신속히 구원하는 것에만 모든 관심을 집중할 것이 분명하다.

이것은 복음 전도의 과정을 구체적으로 예시하는 예화다. 우리 주위에서 수많은 사람이 그리스도를 알지 못한 채 죽어가고 있다. 그들은 오직 하나님 안에서만 발견될 수 있는 사랑과 평화와 기쁨과 위로로부터 영원히 단절된 채 지옥에서 끝없이 고통받을 운명에 처해 있다. 사람들이 그런 식으로 멸망해 가고 있는데 두 손을 놓고 가만히 있어야 할까? 그럴 수는 없다. 우리가 복음을 전하지 않는 주된 이유 가운데 하나는 성경이 우리에게 명령하는 것만큼 다른 사람들을 진정으로 염려하지 않기 때문이다.

우리는 우리 자신과 가족들만을 생각한다. 불행히도 우리는 우리와 관계가 없는 사람들에 대해서는 무관심한 경향이 있다. 우리는 개인적으로 알지 못하는 사람들은 별로 염려하지 않는다. 그러나 성경은 그리스도 밖에서 죽는 사람들은 모두 지옥에서 영원히 하나님의 진노를 당하게 될 것이라고 말씀한다. 우리는 지옥에 관한 성경의 가르침을 깊이 생각해보는 시간을 가져야 한다. 그리고 그 불행한 현실을 떠올리며 잃어버린 사람들에게 좀 더 많은 관심을 기울이며 우리의 복음 전도와 그들의 구원을 위해 기도해야 한다.

모세가 자신의 말재주가 변변치 않다고 변명하자 하나님은 "누가 사람의 입을 지었느냐 누가 말 못 하는 자나 못 듣는 자나 눈 밝은 자나 맹인이 되게 하였느냐 나 여호와가 아니냐 이제 가라 내가 네 입과 함께 있어서 할 말을 가르치리라"(출 4:11, 12)라고 대답하셨다.

예수님도 제자들에게 그와 비슷하게 말씀하셨다. "사람이 너희를 회당이나 위정자나 권세 있는 자 앞에 끌고 가거든 어떻게 무엇으로 대답하며 무엇으로 말할까 염려하지 말라 마땅히 할 말을 성령이 곧 그 때에 너희에게 가르치시리라"(눅 12:11, 12).

나는 그동안 살아오면서 하나님이 그런 식으로 역사하시는 것을 여러 번 경험했다. 한번은 많은 질문을 제기한 무신론자에게 복음을 전하는데 놀랍게도 하나님의 은혜로 그 모든 질문에 잘 대답할 수 있었다. 대화를 마칠 무렵, 나는 하나님이 나의 생각과 말을 인도해주신 덕분에 올바로 대답할 수 있었다는 사실을 깨닫고는 깜짝 놀랐다. 그것은 나의 능력이 아니었다. 그것은 하나님의 은혜로 인해 성령께서 내 안에서 역사하신 결과였다. 하나님을 신뢰하면 그분은 우리의 삶 속에서 그런 식으로 역사하신다. 그분은 우리를 인도하실 뿐 아니라 자기가 우리를 보내신 사람들에게 복음을 잘 전할 수 있도록 도와주신다.

바울은 고린도전서 2장 1-4절에서 뛰어난 말재주가 그리스도를 섬기기 위한 필수 조건이 아니라는 사실을 분명하게 상기시켜주었다.

"형제들아 내가 너희에게 나아가 하나님의 증거를 전할 때에 말과 지혜의 아름다운 것으로 아니하였나니 내가 너희 중에서 예수 그리스도와 그가 십자가에 못 박히신 것 외에는 아무 것도 알지 아니하기로 작정하였음이라 내가 너희 가운데 거할 때에 약하고 두려워하고 심히 떨었노라 내 말과 내 전도함이 설득력 있는 지혜의 말로 하지 아니하고 다만 성령의 나타나심과 능력으로 하여."

하나님이 우리의 많은 결함에도 불구하고 우리를 통해 역사하신다는 사실을 알면 참으로 큰 용기를 얻을 수 있다. "복음 전도자란 모든 사람에게 어떤 사람이라도 능히 변화시킬 수 있는 매우 중요한 누군가를 전하는 무명인이다."라는 유명한 말이 있다.[8] 그렇다. 우리는 하나님을 섬기는 겸손한 "무명인"이다. 잃어버린 사람들의 삶 속에서 지속적인 변화를 일으킬 수 있는 것은 우리의 말재주가 아니다. 그런 변화는 오직 우리가 마땅히 전해야 할 복음의 메시지를 통해 역사하는 전능하신 하나님만이 일으키실 수 있다.

5. **"다른 사람을 보내세요."** 모세는 출애굽기 4장 13절에서 "오 주여 보낼 만한 자를 보내소서"라고 말했다. 모세가 하나님 앞에서 온갖 변명을 내세운 이유가 분명하게 드러났다. 그는 가기가 싫었다. 우리도 마찬가지 아닌가? 우리가 복음을 전하지 않는 이유는 복음을 전하기가 싫어서다. 우리가 온갖 변명과 이유를 내세워 하나님의 전도 명령을 회피하는 이유는 복음을 전하기가 싫기 때문이

---

8. Cited in Roy B. Zuck, *The Speaker's Quote Book* (Grand Rapids: Kregel, 1997), 133.

다. 우리는 인정하기가 부끄러워서 이런 사실을 숨기려고 애쓰지만 실제로 그런 이유로 복음 전도를 회피하는 그리스도인들이 너무나도 많다. 모세의 경우도 마찬가지였다.

모세가 하나님의 명령을 회피하려고 마지막 노력을 기울이는 순간, 하나님은 그를 향해 크게 노하셨다(출 4:14). 친구들이여, 하나님이 노하실 때까지 변명을 늘어놓지 않도록 조심하자. 오히려 하나님이 우리를 보내시는 곳에 기꺼이 사랑으로 나아가자. 그분이 우리와 함께하고, 우리를 인도하며, 자기를 충실히 섬길 수 있는 힘을 허락하실 것이라는 사실을 기억하자. 하나님은 은혜롭게도 모세의 형 아론을 그의 조력자로 허락하셨다. 우리가 주님의 일을 하기 위해 나아가면 그보다 무한히 더 뛰어난 조력자이신 성령께서 우리와 함께 가신다. 성령께서 우리를 인도하고, 깨우치며, 가장 어려운 상황에서도 우리에게 하나님의 평안을 허락하신다.

결론

혹시 당신이 믿지 않는 사람인데 이번 장의 내용을 읽게 되었다면 당신은 복음을 듣고 거기에 적절히 반응하는 것이 필요하다. 당신은 주 예수 그리스도를 믿어야 한다. 구원받아야 한다. 하나님께 당신의 삶을 온전히 바치지 않으면 그분으로부터 영원히 분리되어 지옥이라는 끔찍한 장소에 떨어지게 될 것이다.

이렇게 말하면 "그리스도께로 돌이키고 싶지만 그동안 지은 죄는 모두 어떻게 해야 합니까? 예수님 앞에 믿음으로 나갈 능력이 없습니다."라고 말할 사람이 있을지도 모르겠다. 요한복음 5장에 보면 예수님이 38년 된 병자를 고쳐주신 사건이 기록되어 있다. "예수께서 이르시되 일어나 네 자리를 들고 걸어가라 하시니 그 사람이 곧 나아서 자리를 들고 걸어가니라"(요 5:8, 9).

병자는 예수님의 말씀을 듣고 아무것도 되묻지 않았다. 그는 "지금 제정신입니까? 내가 걸을 수 없는 처지라는 것을 보고도 모르십니까?"라고 말하지 않았다. 그는 즉시 온전하게 되었고, 예수님의 말씀에 기꺼이 복종했다.

우리가 복음을 전할 때도 본질적으로 같은 일을 한다. 우리는 죄로 인해 영적으로 죽은 사람들, 곧 스스로를 구원할 수 없는 사람들에게 복음을 전한다. 그들이 여전히 죄 가운데 잃어버려진 채로 있는데 그들이 어떻게 복음을 믿을 수 있겠는가? 병자가 걷거나 스스로를 치유할 수 없었던 것처럼 그들의 힘으로는 복음에 응답할 수 없다.

여기에 복음의 아름다움이 있다. 예수님은 "나에게 오라"고 말씀할 때 그렇게 할 수 있는 발을 허락하신다. 예수님은 "나를 믿으라"고 말씀할 때 그렇게 할 수 있는 믿음을 주신다. 따라서 우리는 항상 하나님께 모든 찬양과 영광을 돌린다. 그리스도께 헌신하지 못하게 방해하는 것은 무엇이든 단호히 배격해야 한다. 그리스도께서 우리를 부르실 때는 부름에 응답할 수 있는 힘을 주어 자신의 영원한 가족이 되게 하신다.

이미 그리스도를 믿고 있는 사람들은 복음 전도를 회피하기 위한 변명을 중단하고, 날마다 다른 사람들에게 예수님을 전하고, 기회가 있을 때마다 잃어버린 자들에게 복음을 전하는 습관을 길러야 한다. 찬송가 작가 허버트 토비(1888-1972)는 "영혼들을 위한 열정"이라는 제목의 위대한 찬송가를 작시했다. 그 찬송가의 가사를 우리의 기도로 삼자.

사랑하는 주님, 제게 영혼들을 위한 열정과
잃어버린 자들을 구원하는 열정을 허락하소서.
예수님, 잃어버린 사람들, 거듭 죄를 짓고 있는 사람들을
구원으로 인도하고 싶습니다.
오, 이 시간부터 당장 용서의 이야기를
전하는 일을 시작하게 하소서.[9]

영국의 복음 전도자 조지 횟필드는 "오, 주님. 제게 영혼들을 허락하소서. 그렇지 않으시려거든 제 영혼을 취하소서."라고 기도했다.[10] 우리도 그렇게 기도하자.

복음 전도를 다룬 훌륭한 기독교 서적과 복음 전도의 열정을 불러일으킬 수 있는 선교사들과 복음 전도자들의 생애를 다룬 좋은

---

9. Herbert G. Tovey, "A Passion for Souls"; www.hymntime.com/tch/htm/g/i/v/givemeap.htm (accessed December 13, 2013).

10. George Whitefield, cited in Zuck, *The Speaker's Quote Book*, 359.

전기를 읽어라.

내가 몇 년 전에 들은 이야기를 마지막으로 이번 장을 마치고 싶다. 필리핀에 있을 때의 일이다. 가족들과 캠핑 나온 어린 소년이 숲속에서 길을 잃었다. 가족들과 다른 사람들은 모든 곳을 샅샅이 뒤졌지만 그를 찾을 수가 없었다. 그들은 몇 시간 동안 소년을 찾다가 크게 실망하며 캠프로 돌아왔다. 그때 어떤 사람이 빠진 지역이 없도록 하기 위해 서로 손을 맞잡고 한 번 더 숲을 뒤져보자고 제안했다. 그들은 그렇게 했고, 곧 소년을 발견했다. 그러나 때가 너무 늦고 말았다. 소년은 이미 죽은 상태였다. 그들이 그런 식으로 좀 더 일찍 함께 협력했더라면 소년의 생명을 구할 수 있었을 것이다.

사랑하는 친구들이여, 죄 가운데서 죽어가는 사람들에게 복음을 전할 때 우리도 그렇게 해야 할 필요가 있다. 목회자와 장로들과 동료 신자들과 함께 영적으로 손을 맞잡으라고 당부하고 싶다. 죽은 사람들이 복음의 능력을 통해 그리스도 안에서 다시 살아나기를 바라는 마음으로 모두 함께 손을 맞잡고, 주 예수 그리스도의 복음을 선포하라.

3부

기독교적 삶과 세상의 풍랑

8장

고난의 용광로를 경험하는 삶

제럴드 빌커스

삶은 번영과 시련으로 이루어져 있다.[1] 전도자는 "형통한 날에는 기뻐하고 곤고한 날에는 되돌아 보아라 이 두 가지를 하나님이 병행하게 하사 사람이 그의 장래 일을 능히 헤아려 알지 못하게 하셨느니라"(전 7:14)라고 말했다. 그리스도인은 누구나 번영과 시련의 연속선 위에 서 있다. 모든 그리스도인은 사는 동안 번영과 시련을 경험한다. 성경은 극심한 시련을 겪는 사람들을 비롯해 시련을 겪는 모든 사람에게 영광스러운 위로를 전한다. 성경은 또한 극도로 형통한 삶을 사는 사람들을 비롯해 형통한 삶을 사는 모든 사람에게 하나님이 정하신 때에 나타나게 될 시련의 날을 대비하라고 가르친다. 우리는 형통할 때나 곤고할 때나 항상 취리히의 종교개혁자 오토 베르뮬러루스의 말을 기억해야 한다. 그는 "세상에 사는 동안 우리는 포위 공격을 받는 상태에 처해 있다. 우리는 누가, 언제, 어떻

---

1. 이 글을 위해 도와준 내 연구 조수인 마이클 보그에게 감사를 표한다.

게 나타나서 우리를 공격할지 모르는 상황 속에서 늘 작은 충돌과 싸움에 시달리며 살아가야 한다."라고 말했다.[2]

시련을 많이 겪어본 사람들이 가장 훌륭한 고난의 교사들이 되는 경우가 많다. 사도적 교회의 큰 특징 가운데 하나는 고난을 잘 견딜 수 있는 은혜였다. 어떤 시련에도 굴하지 않은 순교자들의 피가 교회 성장의 가장 강력한 요인 가운데 하나였다. 테르툴리아누스는 "당신들이 우리를 더 자주 살육할수록 우리는 수적으로 더 늘어날 것이다. 그리스도인들의 피는 씨앗이다."라고 말했다.[3] 많은 사람이 잘 알고 있는 대로 그들은 순교에 직면해서도 조금도 굴하지 않고 죽음을 달게 받아들였다. 선지자들과 사도들과 순교자들과 성도들의 고난은 미래 세대에게 시련과 박해와 고난 속에서도 주님을 굳게 붙잡으라고 가르친다.

이런 점에서 우리는 영국 청교도들을 통해 많은 것을 배울 수 있다. 그들은 "스코틀랜드 박해 시기the Killing Times in Scotland"의 스코틀랜드 청교도들처럼[4] 교회에서 쫓겨났을 뿐 아니라 "대추방Great

---

2. Otho Wermullerus, *Most Precious Pearl, Teaching All Men to Love and Embrace the Cross, as a Most Sweet and Necessary Thing Unto the Soul*, trans. Miles Coverdale (London: James Nisbet and Co., 1838), 129.

3. Tertullian, *Apology*, trans. S. Thelwall, ch. 50, in *Ante-Nicene Fathers*, ed. Alexander Robert and James Donaldson (New York: Charles Scribner's Sons, 1918), 3:55.

4. 예를 들어, Gary Brady, *The Great Ejection* (Darlington, U.K.: Evangelical Press, 2012)을 보라.

Ejection"이나[5] "5마일 령Five Miles Act"과[6] 같은 조치로 인해 생계의 위협을 당했고 심지어는 목숨을 잃는 등 종교적, 사회적 박해를 경험했다. 그들은 또한 유아 사망률이 매우 높았을 뿐 아니라 질병과 전염병을 비롯해 갖가지 재해가 있었던 시기에 살면서 온갖 자연적인 시련에 시달렸을 뿐 아니라 깊은 죄의식과 사탄의 공격과 다양한 유혹과 같은 내적 시련을 견뎌야 했다. 그들은 그런 시련 속에서도 굳센 결심을 굽히지 않음으로써 고난을 잘 견디는 법에 대해 훌륭한 본보기를 세웠다.[7]

신학이 고난 속에서 형성되면 그 교리는 단지 합리적인 차원에 그치지 않는다. 그런 신학이나 신학적 논증은 삶의 현실을 도외시하지

---

5. 예를 들어, Samuel Rawson Gardiner, *A Student's History of England: From the Earliest Times to the Death of Queen Victoria*, vol. 2 (London: Longmans, Green, and Co., 1907), 590을 보라.

6. Peter Hume Brown, *History of Scotland*, vol. 2 (London: Cambridge University Press, 1911), 335ff.

7. 청교도들은 시련에 대해 실천적인 저술을 많이 남겼다. 예를 들면, 다음을 보라. Thomas Boston, *The Crook in the Lot* (Glasgow: Porteous and Hislop, 1863); David Brainerd, "Life and Diary of the Rev. David Brainerd," in *The Works of Jonathan Edwards*, vol. 2 (Peabody, Mass.: Hendrickson, 2003), 313-458; William Bridge, "A Lifting Up the Downcast," in *The Works of the Rev. William Bridge*, vol. 2 (London: Thomas Tegg, 1845), 3-282; Jeremiah Burroughs, *The Rare Jewel of Christian Contentment* (reprint, Edinburgh: Banner of Truth, 2005); John Flavel, *Divine Conduct or The Mystery of Providence* (London: L.B. Seeley and Son, 1824); Samuel Rutherford, *The Trial and Triumph of Faith: Lessons from Christ's Gracious Answers to a Woman Whose Faith Would Not Give Up* (Edinburgh: Banner of Truth, 2001); Richard Sibbes, *The Bruised Reed* (Edinburgh: Banner of Truth, 1998); Joseph Symond, *The Case and Cure of a Deserted Soul: Or a Treatise Concerning the Nature, Kinds, Degrees, Symptoms, Causes, Cure of, and Mistakes About Spiritual Desertions* (Morgan, Pa.: Soli Deo Gloria, 1997); and Thomas Watson, *All Things for Good* (Edinburgh: Banner of Truth, 1986).

않고 더 큰 신빙성을 지니게 되고, 성경 주석들도 적용의 힘이 더욱 강해진다. 한마디로 하나님에 관한 연구가 큰 효율성을 띠게 된다. 청교도는 고난을 통해 더욱 순수한 믿음을 고백하게 되었고, 그것을 목회적 차원에서 더욱 설득력 있게 전달할 수가 있었다. 조지 스윈녹은 "경건한 사람은 은종처럼 세게 때릴수록 더 좋은 소리를 낸다."라고 말했다.[8] 고난을 잘 감내하는 사람은 위로와 격려의 말도 잘한다.

청교도는 그런 식으로 고난의 성경적 교리를 올바로 드러냈다. 그들은 고난에 대한 성경의 가르침을 숙고하고 해설하고 이해함으로써 "너희는 위로하라 내 백성을 위로하라"(사 40:1)고 격려했던 성경의 가르침을 실천하려고 노력했다. 성경의 가르침에 따르면 모든 고난은 하나님의 부활 능력을 경험할 수 있는 기회를 제공한다(고후 1:8-11 참조). 따라서 성경의 가르침을 옳게 이해하면 고난을 잘 감내할 수 있는 방법을 알 수 있다.

베드로 사도는 "사랑하는 자들아 너희를 연단하려고 오는 불 시험을 이상한 일 당하는 것 같이 이상히 여기지 말고 오히려 너희가 그리스도의 고난에 참여하는 것으로 즐거워하라 이는 그의 영광을 나타내실 때에 너희로 즐거워하고 기뻐하게 하려 함이라"(벧전 4:12, 13)라고 신자들을 격려했다.

---

8. George Swinnock, *The Works of George Swinnock* (Edinburgh: James Nichol, 1863), 3:404.

이 구절의 핵심은 "이상히 여기지 말고"라는 문구에 담겨 있다. 원어의 의미는 "그것을 싫어하지 말고"라는 뜻이다.[9] 베드로는 편지의 수신자들에게 고난의 용광로와 같은 속성을 구체적으로 일깨워줌으로써 고난이 닥쳤을 때 그것이 충실한 신자에게 무익하다거나 부적절하다거나 이상하다거나 예기치 못한 사건인 것처럼 생각하지 말라고 당부했다. 우리는 고난을 당할 때 종종 무엇인가가 크게 잘못되었다고 생각하는 경향이 있다. 베드로는 "그런 식으로 생각하지 말라. 불 시험은 이상한 것도 아니고 잘못된 것도 아니다." 라고 말했다. 그는 신자들에게 종종 신비로 남는 것, 곧 고난의 이유와 목적을 분명하게 보여주었다. 이번 장의 목적은 불 시험을 이상하게 여기지 않아야 할 이유를 열 가지로 나눠 제시함으로써, 신자들의 고난에 관한 베드로의 가르침에 담긴 의미를 밝히는 데 있다.

명칭

첫째, 성경이 그런 명칭을 부여했으므로 우리는 불 시험을 이상히 여기지 않아야 한다. 어떤 것에 명칭을 부여하는 것은 친숙함이나 관계의 의미를 내포한다. 다시 말해 어떤 것에 이름을 붙인다는 것은 그것을 개인적으로 알고 있다는 뜻이다. 베드로는 참으로 지혜롭게도 "불 시험"(벧전 4:12)이라는 용어를 사용했다. 그는 베드로전서

---

9. 헬라어로는 *xenizoo*이다. 여기에서 "xenophobia(외국인 혐오)"라는 단어가 유래했다.

1장 7절에서 이미 이 개념을 언급했다. 그는 "너희 믿음의 확실함은 불로 연단하여도 없어질 금보다 더 귀하여 예수 그리스도께서 나타나실 때에 칭찬과 영광과 존귀를 얻게 할 것이니라"라고 말했다.

베드로전서 4장 12절은 "불"과 "시험"이라는 두 개의 헬라어 용어를 사용했다. 먼저 "불(호 푸로시스)"은 베드로가 시련의 어려움과 강렬함을 솔직하게 인정하고 있다는 것을 보여준다. 불은 뜨겁다. 불은 태운다. 불은 불사른다. 한편 "시험(페이라스모스)"은 이 불이 단지 일시적이라는 것을 보여준다. 시험은 진리를 위해 테스트한다는 좋은 목적을 지닌다. 우리가 스스로 원해서 그런 시험을 선택할 리는 만무할 것이다. 힘들고, 어렵고, 강렬한 일시적인 시련은 우리의 마음 상태를 시험하는 기능을 한다.

"불 시험"은 용광로를 생생하게 묘사한다.[10] 베드로는 광석을 제련하는 고대의 기술을 언급했다. 광석 제련자는 가마를 뜨겁게 달궈 지렛대를 이용해 광석을 그 안에 집어넣고, 그것이 녹아 불순물과 금속이 분리될 때까지 지켜보며 기다린다. 광석 제련자는 종종 금속에 공기를 불어넣어 위에 있는 찌꺼기를 제거하거나 날카로운 도구로 그것을 걸어 낸다. 그는 불순물이 모두 제거될 때까지 그런 과정을 거듭 되풀이한다. 작은 실수로 인해 미세한 불순물을 조금이라도 남겨둔다면 광석이 충분히 제련되지 못한 탓에 그 가치가

---

10. Cf. Joel Green, *1 Peter*, Two Horizons New Testament Commentary (Grand Rapids: Eerdmans, 2007), 148.

떨어질 수밖에 없다. 따라서 그는 자신이 목표한 대로 광석이 온전하게 제련될 때까지 정제 과정을 수차례 반복한다. 당시에는 흔히 금속에 광석 제련자의 모습이 선명하게 비쳐야만 비로소 정제가 온전히 이루어졌다고 판단했다.

그렇다면 베드로는 이 용어로 무엇을 가리킨 것일까? 불, 시험, 용광로는 과연 무엇을 의미할까?[11] 성경의 가르침을 종합하면 베드로가 말한 "불 시험"이 세 가지 의미를 내포하고 있는 것을 알 수 있다.

1. **박해.** 베드로는 박해를 염두에 두고 그렇게 말했다. 초기 그리스도인들은 감옥에 갇히고, 비방과 비난을 당하고, 차별을 받고, 소외당하고, 심지어는 죽임까지 당했다. 그런 박해가 처음부터 존재했다. 지금도 세상의 많은 곳에서 그리스도인들이 용광로와 같은 시련을 겪고 있다(요 15:18, 히 11:32-38).

---

11. 어떤 학자들은 "불 시험"의 역사적 이해에 대해 논하고 로마 황제들이 일으킨 박해와 연결시킨다. Green, *1 Peter*, 8ff., and Gerald L. Borcher, "The Conduct of Christians in the Face of the 'Fiery Ordeal' (4:12-5:11)," *Review and Expositor* 79 (1982): 451-52. 어떤 학자들은 불 심판을 재림 전 환난과 연관지어 보기도 한다. Mark Dubis, *Messianic Woes in First Peter: Suffering and Eschatology in 1 Peter 4:12–19* (New York: P. Lang, 2002); Bo Reicke, *The Epistles of James, Peter and Jude*, The Anchor Bible (New York: Doubleday, 1964), 71-72; and Ernest Best, *1 Peter*, New Century Bible (Greenwood, S.C.: Attic Press, 1971), 161. 불 시험을 역사적으로만 보는 것은 그리스도인의 고난과 박해를 충분히 이해하는 데 불충분하다. 아마도 베드로는 그리스도인이 당하는 모든 부당한 고난을 염두에 두었을 것이다. 그는 앞에서 독자들에게 마음을 동여맴으로 그리스도께서 나타나실 때에 주실 것을 소망하라고 촉구했다(벧전 1:13 참조). 오직 그리스도의 재림만이 그리스도인을 삶 속에서 경험하는 고난으로부터 완전히 해방시켜줄 것이다.

2. **시험**. 야고보는 "시험을 참는 자는 복이 있나니 이는 시련을 견디어 낸 자가 주께서 자기를 사랑하는 자들에게 약속하신 생명의 면류관을 얻을 것이기 때문이라"(약 1:12)고 말했다. 시험이 닥칠 때마다 죄를 짓거나 죄를 극복할 기회가 주어진다. 하나님이 자기 백성을 시험하시는 이유는 죄를 짓게 하기 위해서가 아니다. 그러나 마귀는 그들의 심령이 연약하고, 쉽게 미혹되는 순간을 이용해 그들의 몰락을 노린다(약 1:14 참조).

3. **섭리**. 섭리적 시련은 삶 속에서 흔히 발생한다. 섭리적 시련은 약한 것에서부터 심각한 것까지, 일시적인 것에서부터 영구적인 것까지, 명백한 것에서부터 감추어진 것까지 매우 다양하다. 물리적인 것도 있고, 정신적인 것도 있고, 감정적인 것도 있다. 질병이나 장애로 인해 섭리적 시련이 발생할 때도 있고, 섭리적 시련으로 인해 질병과 장애가 발생할 수도 있다. 섭리적 시련에는 고통과 슬픔이 뒤따른다. 섭리적 시련은 가정과 직장과 교회에 영향을 미칠 뿐 아니라 경제적이거나 자연적인 상황에서처럼 통제가 불가능하다. 섭리적 시련은 당혹감과 절망감과 같은 영적 고통을 야기한다. 하나님의 섭리로 인한 고통은 그런 식으로 삶의 어떤 분야에서든 언제라도 발생할 수 있다.

베드로는 "불 시험"이라는 용어를 사용할 때 이 세 가지 측면을 다 염두에 두었거나 그중에 일부를 염두에 두었을 것이다.[12] 베드로는 우리가 기독교적 고난을 그런 관점에서 생각하기를 바랐다. 고난은 불 시험이다. 그것은 광석 제련자의 용광로와 같은 기능을 한다. 베드로는 그런 분명한 용어로 고난을 일컬음으로써 그것이 덜 이상해 보이게 하는 데 성공했다. 따라서 "우리는 고난 속에서 다른 사람들이 찾을 수 없는 유익을 볼 수 있어야 한다."[13]

설계자

둘째, 하나님이 그 용광로를 설계하고 만드셨기에 불 시험을 이상히 여기면 안 된다. 만일 어떤 사람을 비참한 상황에 몰아넣고, 낯선 사람이나 원수가 그런 상황을 만들었다고 말하면 그는 그 상황을 이상하게 여길 이유를 발견할 것이다. 그러나 만일 그 상황이 그 사람의 아버지, 곧 그의 필요와 약점을 잘 알고 있는 아버지에게서 비롯한 것이라면 그는 그것을 이상하게 여겨 혐오하지 않을 것이다. 왜냐하면 그런 상황을 만든 것이 자신의 아버지이기 때문이다. 그렇다면 우리의 고난이 빛의 아버지이신 하나님에게서 비롯한 것이라는 사실을 알면 그보다 훨씬 더 큰 위로를 느낄 수 있지 않겠는가(약 1:17)? 존 플라벨은 "성도는 이 세상에서 온갖 시련을 경험하지

---

12. Cf. Green, *1 Peter*, 155.

13. John Bunyan, *The Entire Works of John Bunyan*, vol. 2, ed. Henry Stebbing (London: James S. Virtue, 1860), 285.

만 지혜로우신 성령께서 운명의 수레바퀴들 위에 올라앉아 온갖 괴이한 일들과 그에 뒤따르는 유해한 영향력을 통제함으로써 복되고 행복한 결과를 만들어 내시기 때문에 큰 위로와 용기를 얻을 수 있다."고 말했다.[14] 아모스가 성읍에 일어난 재앙을 두고 말한 내용은 그리스도인의 고난에도 똑같이 적용된다. 그는 "여호와의 행하심이 없는데 재앙이 어찌 성읍에 임하겠느냐"(암 3:6)라고 말했다. 이 말은 "우리가 들어가야 할 용광로 가운데 하나님이 설계하지 않으신 것이 있겠는가?"라는 의미를 지닌다. 토머스 브룩스는 이렇게 말했다.

아무리 하찮은 질병도 하나님이 관여하지 않으시는 것이 없다. 아무리 미미해도 항상 하나님의 섭리가 개입하기 마련이다. 글을 쓰는 데는 펜보다 필기자가 더 큰 영향을 미치고, 일을 하는 데는 일꾼이 도구로 사용하는 수단보다 더 큰 영향을 미친다. 그와 마찬가지로 모든 행위의 원인자요 주관자이신 하나님이 우리의 모든 고난에 그 어떤 열등하거나 부수적인 원인보다 더 큰 영향을 미치신다.[15]

그리스도인이 감내하는 용광로는 모두 모든 필요를 채워주시는 주권자 하나님에게서 비롯한다. "누가 고통을 야기하든 그것을 허

---

14. John Flavel, *The Whole Works of the Rev. Mr. John Flavel*, 6 vols. (London: W. Baynes and Son, 1820), 4:342–43.

15. Thomas Brooks, *The Mute Christian Under the Smarting Rod; With Sovereign Antidotes for Every Case* (London: W. Nicholson, 1806), 26–27.

락하는 분은 하나님이시다."[16] 용광로의 궁극적인 설계자는 하나님 이시며, 그것은 우리를 유익하게 하는 결과를 낳는다(롬 8:28 참조).

본보기들

셋째, 성경이 용광로를 경험한 많은 신자들을 본보기로 제시하므로 우리는 불 시험을 이상히 여기지 않아야 한다. 이스라엘 백성이 애굽에서 당한 고난은 용광로와 같은 고난이었다. 하나님은 "보라 내가 너를 연단하였으나 은처럼 하지 아니하고 너를 고난의 풀무 불에서 택하였노라"라고 말씀하셨다(사 48:10, 신 4:20, 왕상 8:51, 렘 11:4 참조). 용광로가 광석을 정제하는 것처럼 출애굽은 하나님의 "특별한 소유"인 이스라엘 백성을 정화하기 위한 수단이었다(출 19:4, 5 참조). 한 스코틀랜드 사역자는 "시련은 보석들을 윤나게 닦는 다이아몬드 가루와 같다."라고 말했다.[17]

하나님의 백성들이 용광로를 거친 이야기가 많다. 가장 대표적인 이야기 가운데 하나는 다니엘의 세 친구, 곧 사드락, 메삭, 아벳느고의 이야기다. 그 세 젊은이는 왕이 만든 우상에 절하기를 거부한 이유로 실제로 용광로 속에 던져졌다(단 3장). 그들은 고난의 용광

---

16. Thomas Watson, *A Body of Practical Divinity in a Series of Sermons on the Shorter Catechism* (Aberdeen: George King, 1838), 661.

17. Quoted in John Anthony O'Brien, *A Treasury of Great Thoughts from Ancient to Modern Times* (New York: F. Fell Publishers, 1973), 345.

로 안에 들어가서 믿음을 시험받았다. 이 밖에도 구약성경을 살펴보면 고난의 용광로를 경험한 하나님의 백성들을 여러 곳에서 찾아볼 수 있다. 시편 저자는 하나님을 높이 찬양하면서 "하나님이여 주께서 우리를 시험하시되 우리를 단련하시기를 은을 단련함 같이 하셨으며"(시 66:10)라고 말했다. 하나님은 스가랴 선지자를 통해 "내가 그 삼분의 일을 불 가운데에 던져 은 같이 연단하며 금 같이 시험할 것이라 그들이 내 이름을 부르리니 내가 들을 것이며 나는 말하기를 이는 내 백성이라 할 것이요 그들은 말하기를 여호와는 내 하나님이시라 하리라"(슥 13:9)라고 말씀하셨다. 말라기 선지자도 메시아의 시대를 예언하면서 "그가 은을 연단하여 깨끗하게 하는 자 같이 앉아서 레위 자손을 깨끗하게 하되 금, 은 같이 그들을 연단하리니 그들이 공의로운 제물을 나 여호와께 바칠 것이라"(말 3:3)라고 말했다.[18]

이런 성경 구절들을 읽어보면 "과거의 성도들이 용광로와 같은 시련을 겪었는데 오늘날의 성도들이 그것을 이상하게 여길 이유가 무엇인가?"라고 묻지 않을 수 없다. 토머스 왓슨은 "이 세상의 삶은 고난으로부터 자유롭지 못하다…그리스도인은 고난의 상속자이다. 그리스도인은 울면서 세상에 태어나서 신음하며 세상을 떠난다."고 말했다.[19] 하나님은 구원의 계획 속에서 자기 백성을 처음 일으켜 세우신 이후부터 줄곧 그들을 그런 식으로 다루어 오셨다.

---

18. Cf. Thomas R. Schreiner, *First, Second Peter, Jude*, New American Commentary (Nashville, Tenn.: B&H, 2003), 219.

19. Watson, *A Body of Practical Divinity*, 661.

남아 있는 죄

넷째, 은혜를 받은 이후에도 여전히 죄와 우리의 부패한 본성이 남아 있으므로 우리는 불 시험을 이상히 여기지 않아야 한다. 성경은 하나님이 자기 백성에게 고난을 허락하는 이유는 그들의 죄를 드러내시기 위해서라고 가르친다. 이스라엘 백성이 광야에서 불평하자 하나님은 그들의 죄를 지적하며 불뱀을 보내 그들이 죄를 뉘우칠 때까지 고통을 가하셨다(민 21:4-9). 다윗도 간음죄를 저지른 후에 죄를 깨끗하게 해달라고 하나님께 호소할 때까지 그분의 부재를 경험하는 고통을 맛봐야 했다(시 51:2). 하나님이 국가나 개인의 차원에서 자기 백성에게 고난을 허락하시는 이유는 그들 안에 남아 있는 죄를 새롭게 의식하게 만들기 위해서다. 심지어 바울 사도도 사탄이 보낸 가시를 육체에 지니고 있다고 말했다. 가시가 무엇이었든 이에 상관없이, 그것은 바울에게 고통을 주는 것이었고 그에게 교만의 위험성을 일깨워주는 것이었다(고후 12:6-8).[20] 토머스 맨튼은 "고난을 통해 은혜의 시험이 주어지고, 하나님에 대한 경험이 가능해진다. 고난은 죄를 죽이기 위한 하나님의 징계 방식의 일부로서 우리에게 그분을 더 많이 발견할 수 있는 행복한 기회를 부여한다."라

---

20. See John Calvin, *Commentary on the Epistles of Paul the Apostle to the Corinthians*, trans. John Pringle, vol. 1 (reprint, Grand Rapids: Eerdmans, 2009), 371–77.

고 말했다.[21]

하나님의 백성은 종종 자신의 죄가 더욱 분명하게 드러나 밖으로 뚜렷하게 나타나는 것을 느끼곤 한다. 그러나 회심의 순간부터 시작되는 죄와의 싸움은 참 신자의 삶 속에서 은혜가 효과적으로 역사하고 있다는 증거가 아닐 수 없다. 고난은 우리 안에서 최악의 결과를 낳는 것처럼 보이지만 실상은 전에 의식하지 못했던 죄를 깨달을 수 있는 기회를 제공한다. 그것은 우리에게 매우 유익하다. 조지 휫필드는 "고난은 불순물을 만드는 것이 아니라 단지 불순물을 드러낼 뿐이다."라고 말했다.

아마도 이것이 고난을 겪는 그리스도인들이 주위 사람들에게 종종 오해를 사는 이유일 것이다. 고난을 겪는 사람들을 도우려고 노력하는 사람들은 자칫하면 욥의 친구들이 저질렀던 잘못을 되풀이할 가능성이 크다. 고난으로 인해 죄와 약점이 표면에 드러나는 것이 보일 때는 그들을 섣불리 비난하기보다 욥이 친구들에게 원했던 대로 동정심을 가지고 대해야 한다. 욥은 "나의 친구야 너희는 나를 불쌍히 여겨다오 나를 불쌍히 여겨다오 하나님의 손이 나를 치셨구나"(욥 19:21)라고 호소했다. 만약 당신이 지금 용광로 밖이라면, 당신도 곧 거기에 들어간다는 것을 기억하라. 우리는 예수님이 마리아와 마르다가 슬픔의 용광로를 경험하는 것을 보고 나사로의 무덤

---

21. Thomas Manton, *One Hundred and Ninety Sermons on the Hundred and Nineteenth Psalm*, vol. 3 (London: William Brown, 1845), 329.

198 기독교적 삶의 아름다움과 영광

앞에서 취하셨던 태도를 본받아야 한다. 그분은 눈물을 흘리셨다(요 11:35). 우리는 "우는 자들과 함께 울라"(롬 12:15)는 바울의 말을 실행에 옮겨야 한다.

고난받는 형제와 자매들을 불쌍히 여길 수 있는 겸손한 마음을 갖게 해달라고 기도하자. 고난이 이상하지 않은 이유는 남아 있는 죄 때문이라는 사실을 항상 기억하자. 하나님은 고난을 통해 우리의 죄를 드러내어 그것을 걷어내게 하심으로써 우리를 정화하신다. 그리스도인들은 고난을 이상하게 여겨서는 안 된다. 그 이유는 "고난의 바다 안에보다 한 방울의 죄 안에 더 많은 해악이 존재하기" 때문이다.[22]

고난의 삶

다섯째, 기독교적인 삶은 큰 희생이 뒤따르는 고난의 삶으로 정의되므로 우리는 불 시험을 이상히 여기지 않아야 한다. 그리스도께서는 기독교적인 삶이 편안하고, 안락하고, 형통한 삶이라고 가르치지 않으셨다. 은혜 언약은 그런 삶을 약속하지 않는다. 오히려 그 반대다. 예수님은 "누구든지 나를 따라오려거든 자기를 부인하고 자기 십자가를 지고 나를 따를 것이니라 누구든지 자기 목숨을 구원하고자 하면 잃을 것이요 누구든지 나와 복음을 위하여 자기 목숨

---

22. Watson, *A Body of Practical Divinity*, 131.

을 잃으면 구원하리라"(막 8:34, 35)라고 말씀하셨다. 예수님은 제자들에게 십자가 중심적인 고난의 삶을 기꺼이 받아들이라고 명령하셨다. 맨튼은 이렇게 말했다. "우리는 날마다 준비하고 있어야 한다. 짐꾼들이 길거리에 서서 누가 일을 시켰을 때 즉시 짐을 질 준비를 하고 있는 것처럼 그리스도인들도 그리스도께서 요구하실 때 언제라도 자신의 짐을 질 준비를 하고 있어야 한다."[23] 휫필드는 자신의 일기에서 "이 세상에 사는 한, 나는 시련으로부터 자유롭기를 기대하며 그것들을 바꾸려고 애쓰지 않는다. 그 이유는 시련을 통해 내 마음의 교만을 극복하는 것이 필요하기 때문이다."라고 말했다.[24]

바울은 "우리가 하나님의 나라에 들어가려면 많은 환난을 겪어야 할 것이라"(행 14:22)는 말로 그리스도의 가르침을 요약했다. 그는 심지어 그리스도의 고난에 참여하기를 원했다(빌 3:10). "그리스도의 고난에 참여하는 것으로 즐거워하라"(벧전 4:13)는 말씀대로 기독교적 삶은 고난의 삶이요 그리스도의 고난에 참여하는 삶이다. 고난의 목적은 공로를 세우기 위한 것이 아니라 우리를 거룩하게 해 그리스도의 형상을 닮게 하는 데 있다. 나다니엘 빈센트는 이렇게 말했다. "깊은 슬픔이나 그 밖의 다른 고난의 용광로를 거치는 사람이 거룩하고, 악이 없고, 더러움이 없고, 죄인에게서 떠나 계시는 그리스도와 하나님과 순결한 천사들을 더욱 닮아가며, 모든 일에서 더

23. Manton, *Sermons*, 329.
24. George Whitefield, *George Whitefield's Journals* (Edinburgh: Banner of Truth, 1998), 179.

욱 의롭게 행하고, 삶의 태도가 더욱 거룩해지고, 모범적으로 변해 가는 모습은 진정 보기 드문 광경이 아닐 수 없다."[25] 고난의 용광로야말로 그리스도를 본받는 삶의 진정한 실체다. 그런데도 달리 무엇을 더 기대한단 말인가?

하나님의 성품

여섯째, 고난에 대한 불평은 하나님과 그분의 성품을 거스르는 것이므로 우리는 불 시험을 이상히 여기지 않아야 한다. 고난을 있어서는 안 될 이상한 것으로 생각하면 우리의 삶에 대한 하나님의 뜻을 거스를 소지가 많다(롬 8:28 참조). 우리는 종종 하나님의 성품을 의심하려는 유혹을 느낀다. 이스라엘 백성은 하나님이 자기들을 죽이려고 광야로 몰아넣었다면서 광야의 힘든 생활을 불평했다. 그러나 그들이 그런 고난을 겪게 된 이유는 구원받기 위해서였다. 하나님의 성품을 의심하면 그분과 그분의 목적과 사랑에 대한 믿음 없는 생각과 불신앙이 생겨날 수밖에 없다. 시련을 겪는다고 해서 불신앙에 빠져서는 안 된다. 스테판 차녹은 "고난을 옳게 판단하자. 육신은 종종 우리의 친구이신 하나님을 우리의 적으로 생각하도록 부추긴다."라고 말했다.[26] 시련을 겪을 때는 하나님의 의로우심과 선

---

25. 다음 책에서 인용함. Charles Spurgeon, *The Treasury of David*, vol. 6 (New York: Funk and Wagnalls, 1882), 176.

26. Stephen Charnock, *The Works of Stephen Charnock*, vol. 3 (London: Paternoster

하심과 인자하심을 믿어야 한다.

불신앙은 우리 자신을 지나치게 높이 평가하고, 분수에 넘치는 것을 바라게 하기 때문에 자연히 불평불만을 부추기기 마련이다. 욥과 아삽의 경우도 예외가 아니었다. 욥은 고난이 닥쳤을 때 처음에는 인내했지만 시간이 지나면서 차츰 고난을 "이상하게" 여겼다. 그는 친구들로부터 비난을 받고 의지가 약해지자 하나님을 의심하기 시작했고, 급기야는 자신의 생일을 저주하기까지 했다(욥 3:1 참조). 사실 그의 고난은 피조물인 그의 연약함과 하찮음을 깨닫게 하고, 하나님의 위대하심을 드러내기 위한 목적을 지닌 것이었다. 나중에 욥은 이 사실을 깨닫고 자신의 손으로 입을 가리며 하나님께 대한 불평을 멈추었다(욥 40:4).

아삽은 악인들의 번영과 자신의 상황을 비교하면서 자기도 행복하고 형통한 삶을 살 자격이 충분하다고 생각했다. "내가 악인의 형통함을 보고…질투하였음이로다"(시 73:3)라는 말씀에서 알 수 있듯이, 그는 고난을 겪게 되자 불평했다. 우리도 하나님이 허락하신 축복에 감사하지 않거나 우리와 다른 사람들의 삶을 비교할 경우에는 시련을 이상하게 여길 수밖에 없다. 우리는 값없이 주어지는 하나님의 선물과 분수에 넘치는 은혜를 받아 참으로 부요한 존재가 되었다. 불평불만은 그런 사실을 옳게 인식하지 못한 데서 비롯한 결과다. 조지프 홀은 "오, 하나님. 제가 달갑지 않은 시련으로 인해 갈

Row, 1816), 297.

등을 겪고 있을 때 주님의 풀무로부터 이따금 바람이 불어오지 않는다면 저는 마땅히 저의 상태를 의심해봐야 할 것입니다. 만일 그 바람이 새롭게 불어오지 않으면 제 안에서 미약하게 빛나고 있는 은혜의 불씨가 곧 꺼지고 말 것입니다. 그 불씨들이 불꽃을 일으킬 때까지 바람을 불어주시고, 일어난 불꽃들이 거센 불길이 되어 주님을 향해 타오르기까지 불을 지펴주소서."라는 기도로 고난의 용광로를 경험할 때 우리가 지녀야 할 정신적 태도를 잘 묘사했다.[27] 아삽은 나중에 "후에는 영광으로 나를 영접하시리니"(시 73:24)라고 고백했다. 우리 삶에 대한 속된 생각, 우리는 고난보다 더 나은 것을 받을 자격이 있다는 생각 등과 더불어 싸우는 것이 참으로 중요하다.

하나님의 임재

일곱째, 하나님은 고난을 겪는 자기 백성들과 함께 계시므로, 불 시험을 이상하게 여기면 안 된다. 하나님은 이사야를 통해 자기 백성이 고난을 겪을 때 그들과 함께 하겠다고 약속하셨다. 그분은 "네가 물 가운데로 지날 때에 내가 너와 함께 할 것이라 강을 건널 때에 물이 너를 침몰하지 못할 것이며 네가 불 가운데로 지날 때에 타지

---

27. Joseph Hall, "Occasional Mediations," XXII, in *The Works of the Right Reverend Joseph Hall*, ed. Philip Wynter (Oxford: Oxford University Press, 1863), 10:131.

도 아니할 것이요 불꽃이 너를 사르지 못하리니"(사 43:2)라고 말씀
하셨다. 이사야는 "그들의 모든 환난에 동참하사 자기 앞의 사자로
하여금 그들을 구원하시며 그의 사랑과 그의 자비로 그들을 구원하
시고 옛적 모든 날에 그들을 드시며 안으셨으나"(사 63:9)라는 말로
하나님이 자기 백성과 함께 하실 것이라고 예언했다.

　이런 사실이 다니엘의 세 친구에 관한 이야기를 통해 구체적으
로 예시되었다. 느부갓네살 왕이 사드락, 메삭, 아벳느고를 던져 넣
었던 풀무불은 입구가 있었다. 왕은 그 입구를 통해 그들이 얼마나
빠르게 재로 변할 것인지를 지켜보았다. 그런데 안을 들여다본 그
는 깜짝 놀라지 않을 수 없었다. "우리가 결박하여 불 가운데에 던
진 자는 세 사람이 아니었느냐 하니 그들이 왕에게 대답하여 이르
되 왕이여 옳소이다 하더라 왕이 또 말하여 이르되 내가 보니 결박
되지 아니한 네 사람이 불 가운데로 다니는데 상하지도 아니하였고
그 넷째의 모양은 신들의 아들과 같도다 하고"(단 3:24, 25). 네 번째
사람은 바로 임마누엘("하나님이 우리와 함께 계신다"는 뜻)이신 그리스도였
다. 그분이 풀무불 속에서 그들과 함께 계셨다. 스펄전은 우리에게
묻는다. "활활 타는 풀무불 속에 있더라도 하나님을 굳게 신뢰하는
믿음으로 그분의 아들처럼 생기신 분이 은혜로운 임재로 우리를 보
호해주실 것을 확신할 수 있겠는가?"[28]

---

28. C. H. Spurgeon, *The Metropolitan Tabernacle* (London: Passmore and Alabaster, 1904), 161.

하나님의 백성은 고난을 겪는 동안 종종 하나님의 친밀한 임재를 가장 생생하게 의식하곤 한다. 그들은 바울처럼 "나와 함께 한 자가 하나도 없고 다 나를 버렸으나…주께서 내 곁에 서서"(딤후 4:16, 17)라고 말한다. 하나님은 때로 우리가 시련을 겪을 때 우리에게 가장 가까이 다가오신다.

우리의 주님이요 구원자요 주인이요 친구이신 하나님이 우리가 고난받을 때 우리와 함께 계시는데 불 시험을 이상하게 여겨서야 되겠는가? 바울은 이렇게 말했다.

> "그런즉 이 일에 대하여 우리가 무슨 말 하리요 만일 하나님이 우리를 위하시면 누가 우리를 대적하리요…누가 우리를 그리스도의 사랑에서 끊으리요 환난이나 곤고나 박해나 기근이나 적신이나 위험이나 칼이랴…내가 확신하노니 사망이나 생명이나 천사들이나 권세자들이나 현재 일이나 장래 일이나 능력이나 높음이나 깊음이나 다른 어떤 피조물이라도 우리를 우리 주 그리스도 예수 안에 있는 하나님의 사랑에서 끊을 수 없으리라"(롬 8:31, 35, 38, 39).

하나님은 우리가 시련을 겪는 동안 줄곧 우리를 지켜보신다. 존 다우네임은 "하나님은 하늘에 계시고, 우리는 땅에 있기 때문에 그분이 마치 멀리서 우리를 지켜보고 계신 것 같지만…사실은 신중한 의사가 환자를 면밀히 살펴보는 것처럼…하나님도 그분의 계획대로 우리를 깨끗하게 정화하고자 할 때 우리의 곁에 가까이 서 계신

다."라고 말했다.[29]

하나님은 고난을 겪는 자기 백성과 함께하실 뿐 아니라 그들의 고난에 직접 동참하신다. 다시 말해 하나님은 그리스도를 보내 고난과 죽음을 당하게 하셨다. 새뮤얼 러더퍼드는 "우리 위에 놓인 그리스도의 십자가 중에서 가장 무거운 끝부분이 우리의 강하신 구원자 위에 올려져 있다는 것을 알아야 한다."라고 말했다.[30] 그리스도께서는 다메섹으로 가던 바울에게 나타나서 "사울아 사울아 네가 어찌하여 나를 박해하느냐"(행 9:4)라고 물으셨다. 그리스도의 백성이 당하는 고난은 곧 그분 자신이 당하는 고난이다(골 1:24 참조). 그분은 용광로 안에 있는 우리와 함께 계신다. 그분은 자기 백성의 죗값을 치르기 위해 겟세마네와 골고다의 불 속을 통과하셨다. 그분은 하나님의 백성을 향한 하나님의 진노의 거센 불길을 끄기 위해 친히 그 진노의 불길을 통과하셨다. "하나님이 우리와 함께 계시고 그리스도의 능력이 우리에게 임하면 우리는 연약함 속에서조차 기뻐할 수 있다."[31]

---

29. John Downame, cited in R. A. Bertram, *A Homiletic Encyclopedia* (New York: Funk & Wagnalls, 1885), 31.

30. Samuel Rutherford, *Letters of Samuel Rutherford* (Edinburgh: Banner of Truth, 2006), 34.

31. Thomas Manton, *The Complete Works of Thomas Manton*, vol. 7 (London: James Nisbet & Co., 1872), 31.

자유

여덟째, 불 시험을 이상하게 여기면 안 되는 이유는 그것을 통해 주어지는 자유 때문이다. 다니엘의 세 친구는 풀무불 속에서 하나님의 임재를 경험했을 뿐 아니라 머리털 한 올 그을리지 않았고, 옷도 불타지 않았다(단 3:27). 그러나 놀랍게도 불타버린 것이 하나 있었다. 그것은 다름 아닌 그들을 결박한 줄이었다. 풀무불에 들어가기 전까지만 해도 그들은 밧줄에 결박되어 걸을 수조차 없었다. 그러나 그들이 당한 고난의 원천이었던 불이 그들을 자유롭게 걷게 만들어 주었다.

여기에는 영적 비유가 감추어져 있다. 박해나 시련의 시험을 거치는 하나님의 백성들은 하나님이 불 시련으로부터 자기들을 보호하실 뿐 아니라 그것을 이용해 자기들을 속박하던 것을 불태워 없애주셨다고 간증한다. 토머스 왓슨은 "우리가 전에는 영혼 안에 죽여 없애지 못한 정욕이 존재한다는 것을 알지 못했지만 고난의 폭풍우가 닥치자 비로소 불신앙과 조급함과 육신적인 두려움을 발견하게 되었고, 많은 죄들이 고난의 폭풍우에 의해서 쓰러지게 되었다."라고 말했다.[32]

시련을 통해 인간에 대한 두려움으로부터 자유롭게 될 수도 있고, 세상을 사랑하는 마음으로부터 자유롭게 될 수도 있다. 또한 죽

---

32. Watson, *A Body of Practical Divinity*, 664.

음에 대한 두려움으로부터 자유롭게 될 수도 있다. 하나님은 고난과 시련과 박해를 이용해 자기 백성에게 자유를 주신다. 마르틴 루터도 보름스 의회에서 교황청의 심문에 담대하게 맞섰을 때 이런 자유를 경험했다. 스코틀랜드 출신의 선교사 존 패튼도 그런 경험을 자주 했다. 그는 타나섬의 식인종들 사이에서 선교 활동을 하는 동안 혹독한 고난을 겪었지만 늘 절망과 고통과 위험으로부터 자유를 얻었다. 리처드 십스는 "가난과 고난은 교만을 부추기는 힘을 제거한다."라고 말했다.[33] 바울도 그런 경험을 했다. 그는 죽음의 위험을 겪으면서 죽은 자를 다시 살리시는 하나님을 통해 자기를 의존하려는 생각을 내려놓고 자유롭게 되었다(고후 1:8-11 참조).

이처럼 불 시험은 신자들을 속박하던 것들을 제거해 자유를 준다. 그런데 그것을 이상하게 여겨야 할 이유가 무엇인가? 그리스도께서는 고난의 용광로를 거치는 우리를 인도할 뿐 아니라 놀랍게도 그것을 통해 우리에게 자유를 허락하신다.

주님의 계획과 뜻

아홉째, 불 시험을 이상하게 여기면 안 되는 이유는 그 결과가 우리를 향한 하나님의 계획과 뜻에 온전히 일치하기 때문이다. 이것이

---

33. Richard Sibbes, *The Works of Richard Sibbes*, vol. 6 (Edinburgh: James Nichol, 1863), 239.

"너희 믿음의 확실함은 불로 연단하여도 없어질 금보다 더 귀하여 예수 그리스도께서 나타나실 때에 칭찬과 영광과 존귀를 얻게 할 것이니라"(벧전 1:7)라는 베드로의 말에 담긴 정확한 의미다.

우리는 가능하면 고난을 피하고 싶어 한다. 그러나 용광로는 그 안에 있는 금과 은을 손상시키지 않는다. 브룩스는 "(하나님의 백성이) 겪는 모든 고난에 대한 하나님의 계획은 단지 그들을 시험하려는 것이다. 무지한 사람들이 생각하는 것과는 달리 하나님의 계획은 그들을 해치거나 파멸시키기 위한 것이 아니다."라고 말했다.[34]

용광로는 금과 은을 더 순수하게 만드는 역할을 할 뿐이다. 하나님의 백성은 그분의 특별한 소유로 일컬어진다. 때로는 그런 보배로운 백성을 정화하는 수단으로 불 시험보다 더 좋은 것이 없다. 고난받는 마음은 "고난 속에서 하나님께 더욱더 가까이 붙어있기를 원할 뿐 아니라, 그분의 매서운 징계를 정당하게 여기고 그것이 의롭고 거룩한 처사임을 인정하는 은혜로운 마음이다."[35] 땅에 쟁기질을 하는 이유는 그것이 유용하게 사용될 수 있는 땅이기 때문이고, 전지가위로 나무의 가지를 자르는 이유는 그것이 열매를 맺을 수 있는 나무이기 때문이다. 그와 마찬가지로 하나님의 백성이 고난을 당하는 것은 그들이 그만큼 보배롭다는 의미를 담고 있다. 다

---

34. Thomas Brooks, *Precious Remedies Against Satan's Devices: Being, A CompanionFor Christians of All Denominations* (Philadelphia: Jonathan Pounder, 1810), 94.

35. Flavel, *The Works*, 5:620.

우네임은 "영적 은혜의 기름이 우리의 무쇠 같은 마음을 부드럽게 하지 않으면 하나님이 풀무불과 같은 시련을 통해 그것을 부드럽게 만드신다. 마음이 단단한 땅과 같을 때…하나님은 고난의 쟁기와 써레를 이용해 그것을 잘게 부수어 열매를 맺을 수 있는 땅으로 만드신다."라고 말했다.[36] 러더퍼드도 "당신의 의사이신 주님은 당신을 죽이는 것이 아니라 죄로부터 깨끗하게 하시는 분임을 확신하라. 그분은 자신을 상하게 하셨다가 다시 싸매주는 의사로 일컬으셨다. 상처를 절개하는 것은 환자를 죽이기 위해서가 아니라 치료하기 위해서다."라고 말했다.[37] 그런데도 불 시험을 이상하게 여길 셈인가?

기쁨

열째, 불 시험을 이상하게 여기면 그것이 우리의 기쁨을 앗아갈 것이기 때문에, 불 시험을 이상하게 여기면 안 된다. 베드로전서 4장 13절은 불 시험을 이상하게 여기지 말고 "오히려…즐거워하라"고 말한다(마 5:11, 12 참조). 레이튼 감독은 "만일 하나님의 자녀가 시련을 겪을 때 그로 인한 자연적인 괴로움만을 생각하지 않고, 그것이 은혜로운 사랑에서 비롯한 것이라는 사실과 그것을 통해 주어질 유

---

36. Downame, cited in Bertram, *Homiletic Encyclopedia*, 10.

37. Rutherford, *Letters*, 97.

익한 결과들과 우리가 주님의 보배이고, 그분이 우리를 정화하기 위해 용광로 안에서 우리를 시험하신다는 것을 기억한다면…시련을 인내할 수 있을 뿐 아니라 고난 속에서조차 기뻐할 수 있을 것이다."라고 옳게 말했다.[38]

하나님의 보배로운 백성은 고난을 통해 머리이신 그리스도를 닮게 된다. 그것이 곧 말로 다 할 수 없는 영광스러운 기쁨을 가져온다. 고난받는 신자들은 믿음으로 "하나님은 험상궂은 섭리 뒤에 미소 띤 얼굴을 감추고 계신다네."라고 노래할 수 있다.[39] 러더퍼드도 "주님을 위해 수치를 당할지라도 기꺼이 감수하라. 주님이 그 거룩한 손으로 우리의 얼굴을 어루만지며 우리의 눈에서 눈물을 씻어주실 때 어찌 기뻐하지 않을 수 있겠는지 생각해보라."라는 말로 그런 형용할 수 없는 기쁨을 묘사했다.[40]

고난 속에서도 기뻐할 수 있는 이유는 그것을 통해 하나님의 형상을 본받을 수 있기 때문이다(살전 4:3). 우리는 불 시험을 이상하게 생각하지 말고, 오히려 시련의 용광로를 통해 하나님이 의도하신 계획이 이루어지기를 바라야 한다. 하나님이 우리에게 고난을 허락하신 이유를 이해할 수 없더라도 가능한 한 빠르게 고난을 달갑게 받아들이고, 하나님이 우리를 다루시는 방법을 기꺼이 인정해야 한

38. Robert Leighton, *The Whole Works of Robert Leighton* (New York: J. C. Riker, 1846), 316.

39. From the hymn "God Moves in a Mysterious Way" by William Cowper, 1774.

40. Rutherford, *Letters*, 61.

다. 종종 큰 시련을 겪곤 했던 경건한 청교도 사역자 에드워드 페이슨은 그렇게 혹독한 시련을 겪어야 할 무슨 특별한 이유가 있느냐는 질문을 듣고, "그런 이유는 없소이다. 그러나 그런 이유가 수만 가지나 있는 것만큼 나는 매우 만족하고 있소이다. 하나님의 뜻이야말로 모든 이유 가운데 가장 완벽한 이유라오."라고 대답했다.[41]

따라서 시련의 용광로를 지날 때는 "내가 믿음으로 행하며 세상에 맞서 잘 싸우고 있는가? 삶의 모든 부분에서 하나님께 온전히 헌신하고 있는가? 은혜의 수단을 통해 하나님의 임재와 은혜를 구하고 있는가? 세상의 것을 멀리하고, 하나님이 적합하다고 생각하시는 때에는 언제라도 세상을 떠날 준비가 되어 있는가?"라는 물음들을 생각해야 한다. 그렇게 하면 주님이 우리에게 허락하신 시련을 통해 많은 유익을 얻을 수 있다. "하나님이 비올라의 줄을 잡아당기시는 이유는 더 아름다운 음악이 울려 나게 하기 위해서다."[42]

결론

지금까지 하나님의 불 시험을 이상하게 여기지 않아야 할 열 가지 이유를 간단하게 살펴보았다. 이것은 소위 "건강과 부의 복음"과 같이 오늘날에 널리 만연된 대부분의 신학과는 사뭇 다르다. 그런 신

---

41. Cited in Asa Cummings, *A Memoir of the Rev. Edward Payson* (Boston: Crocker and Brewster, 1830), 353.

42. Watson, *A Body of Practical Divinity*, 303.

학은 믿음만 충분히 있으면 항상 번영하는 삶을 누릴 수 있다고 가르친다. 고난을 "이상한" 경험이라고 믿는 사람들이 셀 수 없이 많다. 그런 가르침은 성경의 가르침과 정면으로 충돌한다. 그것은 청교도들의 견실한 신학과 극명하게 대조된다. 고난을 이상하게 생각해서는 안 된다.

우리가 살펴봐야 할 마지막 질문은 "베드로가 어떻게 고난에 관한 그런 내용의 글을 쓸 수 있었을까?"라는 것이다. 아마도 그는 다음과 같은 내용의 말을 들려주고 싶었는지도 모른다. "고난의 용광로에 대해 아무것도 알지 못하던 시절이 있었다. 주님은 자신이 겪게 될 일을 거듭 말씀하셨다. 그분은 자신이 고난을 받아 죽을 것이고, 우리도 기꺼이 죽을 각오를 해야 한다고 말씀하셨다. 그러나 나는 그렇게 하고 싶은 마음이 없었다. 나는 그것이 이상하게 생각되었기 때문에 주님을 '붙들고 항변'했다(막 8:32). 나는 '이 일이 결코 주께 미치지 아니하리이다'(마 16:22)라고 말했다. 그러나 모든 일이 주님이 말씀하신 대로 정확하게 이루어졌다. 어느 날 밤, 나는 가야바의 법정 밖에서 실제로 불 옆에 서 있었다. 누군가가 내게 예수님을 아느냐고 물었다. 그것은 내가 그토록 이상하게 여겼던 불 시험이었다. 나는 불 시험의 한복판에 있었다. 주님을 아느냐는 질문이 세 차례나 거듭되었고, 나는 세 번 다 심지어는 저주와 맹세까지 곁들여가면서 그분을 알지 못한다고 대답했다. 그것은 불 시험이었다. 나는 그 안으로 깊이 빠져들고 말았다. 나의 부패한 마음이 여실히 드러났다. 그러나 그 후 시간이 지나면서 주님이 나를 정화하는 분이셨다는 사실을 깨닫게 되었다. 그분은 나의 믿음과 삶을 정화하고, 찌꺼기들을 걷어내셨다. 나중에 디베랴 호수에서 주님은 '요한의 아들 시몬아 네가 나를 사랑하느냐'(요 21:17)라고 물으셨다. 그분은 내 안에서 자신의 형상이 나타나는 것을 보기를 원하셨다. 그분은 불 시험을 통해 자신과 나에 대한 것을 더 많이 깨우쳐주셨다. 주님은 결국에는 나의 죽음조차도 자기를 영화롭게 할 것이라고 말씀하셨다(요 21:19)."

물론 무모하게 고난의 용광로 속으로 뛰어들라는 말은 아니다. 그러나 은혜와 확신 안에서 성장하기를 원한다면 주님이 고난의 용광로를 통해 우리를 위한 계획을 이루신다는 사실을 인정해야 마땅하다. 우리는 고난을 이상하게 여기지 말고, 그것을 받아들일 준비를 해야 한다.

찰스 스펄전과 그의 아내 수잔나는 침실에 이사야서 48장 10절("보라 내가…너를 고난의 풀무 불에서 택하였노라")이 적힌 액자를 걸어놓았다고 한다. 시련이 이상하지 않다는 것을 생생하게 상기시켜주는 말씀이 아닐 수 없다. "면류관을 얻기 위해 달려가는 사람은 비가 와도 그렇게 신경쓰지 않는다."[43] 우리의 시련을 완벽하게 계획하고 그것을 이용해 우리를 정화하며 자신의 형상을 더욱 닮게 하는 하나님이 우리의 방패와 힘이 되시며, 고난의 용광로가 영원히 사라

---

43. John Trapp, *Commentary of the Old and New Testaments*, vol. 1 (Eureka, Calif.: Tanski, 1997), 92.

질 때까지 우리를 보존하시며, 의인들이 태양과 별처럼 찬란하게 빛나며 영원히 하나님을 찬양하게 하실 것이다.

9장

성적으로 부도덕한 세상에서
도덕적으로 살아가는 삶

브라이언 크로프트

잠언 5장

최근에 나는 오랫동안 알고 지내온 한 좋은 친구와 함께 잠시 시간을 보낸 적이 있다. 그는 자기가 심각한 죄를 저질렀다고 말했다. 그는 내가 그를 알게 된 이후로 줄곧 음란물 때문에 갈등을 겪어왔기 때문에 나는 당연히 그 문제일 것이라고 짐작했다. 나는 그의 이야기를 들을 준비가 전혀 되어 있지 않았던 셈이었다. 그는 음란물을 보다 보니 결국에는 여러 달 동안 정기적으로 매춘부들과 관계를 갖게 되었다고 털어놓았다. 그렇다면 그런 그의 고질적인 습관이 끝나게 된 이유는 무엇이었을까? 그 이유는 그의 아내가 그 사실을 알게 되었기 때문이다. 익히 짐작할 수 있는 대로 그의 결혼생활은 엉망진창이 되고 말았다. 다행히 하나님의 은혜로 그의 아내가 그를 버리지 않았다. 그들은 망가진 결혼생활을 최대한 복구하려고 노력하면서 교회의 보살핌을 받고 있는 상황이었다.

아마도 간통은 우리가 이 세상에서 경험할 수 있는 가장 고통스러운 배신행위에 해당할 것이다. 불행히도 간통은 이 나라는 물론, 교회 안에서까지 유행병처럼 만연하고 있다. 이런 점에서 하나님이 이 문제와 관련해 잠언을 통해 우리에게 허락하시는 지혜는 그런 파괴적인 불충실함으로부터 우리를 보호하는 기능을 한다.

잠언은 솔로몬이 자기 아들에게 지혜와 분별력과 슬기와 총명을 가르쳐 하나님이 지으신 세상에서 그분을 경외하며 살게 하기 위해 기록한 것이다. 잠언은 약속이 아니라 죄가 가득한 이 세상에서 올바로 살아가는 데 필요한 지혜와 분별력을 제공하는 일반적인 진리를 다루고 있다.

하나님은 잠언 5장에서 음란한 여인의 유혹으로부터 우리 자신을 보호하고, 충실한 남편이 될 수 있는 지혜를 가르쳐주셨다. 이번 장은 결혼과 육체적인 친밀함에 관한 하나님의 계획이 무엇인지를 밝히고, 우리 문화의 성적 부도덕함이 끊임없이 우리를 공격하는 와중에 하나님의 계획을 거스르는 가장 큰 원수를 어떻게 다루어야 하는지를 보여주는 데 그 초점이 있다. 이것은 남편이든 아내든, 독신자든 기혼자든, 사별한 사람이든 이혼한 사람이든, 젊은이든 노인이든 상관없이 모두에게 참으로 중요한 문제가 아닐 수 없다.

"내 아들아 내 지혜에 주의하며 내 명철에 네 귀를 기울여서 근신을 지키며 네 입술로 지식을 지키도록 하라 대저 음녀의 입술은 꿀을 떨어뜨리며 그의 입은 기름보다 미끄러우나 나중은 쑥 같이 쓰고 두 날 가진 칼 같이 날카로우며 그의 발은 사지로 내려가며 그의 걸음은 스올로 나아가나니 그는 생명의 평탄한 길을 찾지 못하며 자기 길이 든든하지 못하여도 그것을 깨닫지 못하느니라 그런즉 아들들아 나에게 들으며 내 입의 말을 버리지 말고 네 길을 그에게서 멀리 하라 그의 집 문에도 가까이 가지 말라 두렵건대 네 존영이 남에게 잃어버리게 되며 네 수한이 잔인한 자에게 빼앗기게 될까 하노라 두렵건대 타인이 네 재물로 충족하게 되며 네 수고한 것이 외인의 집에 있게 될까 하노라 두렵건대 마지막에 이르러 네 몸, 네 육체가 쇠약할 때에 네가 한탄하여 말하기를 내가 어찌하여 훈계를 싫어하며 내 마음이 꾸지람을 가벼이 여기고 내 선생의 목소리를 청종하지 아니하며 나를 가르치는 이에게 귀를 기울이지 아니하였던고 많은 무리들이 모인 중에서 큰 악에 빠지게 되었노라 하게 될까 염려하노라 너는 네 우물에서 물을 마시며 네 샘에서 흐르는 물을 마시라 어찌하여 네 샘물을 집 밖으로 넘치게 하며 네 도랑물을 거리로 흘러가게 하겠느냐 그 물이 네게만 있게 하고 타인과 더불어 그것을 나누지 말라 네 샘으로 복되게 하라 네가 젊어서 취한 아내를 즐거워하라 그는 사랑스러운 암사슴 같고 아름다운 암노루 같으니 너는 그의 품을 항상 족하게 여기며 그의 사랑을 항상 연모하라 내 아들아 어찌하여 음녀를 연모하겠으며 어찌하여 이방 계집의 가슴을 안겠느냐 대저 사람의 길은 여호와의 눈 앞에 있나니 그가 그 사람의 모든 길을 평탄하게 하시느니라 악인은 자기의 악에 걸리며 그 죄의 줄에 매이나니 그는 훈계를 받지 아니함으로 말미암아 죽겠고 심히 미련함으로 말미암아 혼미하게 되느니라.”

하나님은 위의 말씀에서 결혼에 관한 자신의 선한 계획과 관련해 남편들에게 세 가지 지침을 하달하셨다.

음란한 여자를 피하라

첫째, 남편들은 음란한 여자를 피해야 한다(1-14절). 잠언에 언급된 "음녀"는 아내가 있는 남자를 유혹하려고 애쓰는 여자를 가리킨다. 솔로몬은 자기 아들에게 음란한 여자의 교활한 유혹에 대해 경고했다. "네 길을 그에게서 멀리 하라 그의 집 문에도 가까이 가지 말라"(8절).

하나님은 창세기 2장에서 자신의 형상으로 창조한 남자와 여자를 위한 완벽하고 선한 목적을 분명하게 밝히셨다. 그들은 한 몸이었고, 벌거벗었지만 부끄러워하지 않았다(24, 25절). 결혼은 선하신 하나님이 평생을 같이할 한 남자와 한 여자를 위해 세우신 거룩한 계획이다. 그러나 창세기 3장에 기록된 인간의 타락 이후로 남자와 여자를 한 몸으로 만들기 위한 하나님의 계획이 온갖 형태로 크게 왜곡되었다. 그 결과가 우리 문화 속에서도 동성애, 음란물, 성적 학대 등으로 여전히 계속되고 있다. 아마도 가장 교활한 현상은 텔레비전과 영화를 통해 불륜을 미화하고 있다는 사실일 것이다. 이런 왜곡된 현상을 조금도 심각하게 생각하지 않는 사람들이 너무나도 많다. 교인들 가운데 많은 사람이 스스럼없이 그런 것을 보고 있다는 것이 그 명백한 증거다. 잠언의 음란한 여자는 결혼을 위한 하나님의 선하고 완전한 계획이 심각하게 왜곡되었다는 것을 분명하게 보여준다.

솔로몬은 음란한 여자를 피해야 할 이유를 두 가지 제시했다. 먼저 음란한 여자는 자신의 파괴적인 속성을 미모로 위장한다(1-6절). 이것이 마귀가 종종 붉은 드레스를 입은 아름다운 여인으로 묘사되는 이유다. 음란한 여자는 남자들을 유혹해 자신의 마수에 걸려들게 만드는 데 능숙하다. 왜냐하면 그녀의 입술은 "꿀을 떨어뜨리며 그의 입은 기름보다 미끄럽기"(3절) 때문이다. 그녀는 자신이 남자들이 원하는 것과 그들을 만족하게 하는 것을 줄 수 있는 것처럼 생각하게 만들어 그들을 유혹한다. 그러나 그녀의 유혹에 넘어간 수많은 남자들이 나중에 깨닫는 대로 그녀는 미모와 능란한 말로 자신의 파괴적인 속성을 감춘다. "나중은 쑥 같이 쓰고 두 날 가진 칼 같이 날카로우며 그의 발은 사지로 내려가며 그의 걸음은 스올로 나아가나니 그는 생명의 평탄한 길을 찾지 못하며 자기 길이 든든하지 못하여도 그것을 깨닫지 못하느니라"(4-6절).

음란한 여자는 양의 탈을 쓴 이리다. 그녀는 미모와 달콤한 말로 위장하지만(3절) 그녀에게 유혹되는 사람들은 모두 멸망으로 치달을 뿐이다.

음란한 여자를 피해야 할 또 하나의 이유는 그녀와 관계를 맺으면 결과가 비참할 것이 분명하기 때문이다(7-14절). 솔로몬은 자기 아들에게 "네 길을 그에게서 멀리 하라 그의 집 문에도 가까이 가지 말라"(8절)고 권고했다. 그는 이 권고에 주의를 기울이지 않을 때 나타나게 될 끔찍한 결과들을 다음과 같이 길게 열거했다.

"두렵건대 네 존영이 남에게 잃어버리게 되며 네 수한이 잔인한 자에게 빼앗기게 될까 하노라 두렵건대 타인이 네 재물로 충족하게 되며 네 수고한 것이 외인의 집에 있게 될까 하노라 두렵건대 마지막에 이르러 네 몸, 네 육체가 쇠약할 때에 네가 한탄하여 말하기를 내가 어찌하여 훈계를 싫어하며 내 마음이 꾸지람을 가벼이 여기고 내 선생의 목소리를 청종하지 아니하며 나를 가르치는 이에게 귀를 기울이지 아니하였던고"(9-13절).

음란한 여자의 유혹에 넘어가 이런 결과들을 경험하고 나서 "내 선생의 목소리를 청종하지 하니하며 나를 가르치는 이에게 귀를 기울이지 아니하였던고"(13절)라고 한탄한다면 참으로 절망스러울 것이다.

음란한 여자에게 유혹을 당해본 사람이면 누구나 잠언의 말씀이 너무나도 정확하다는 것을 인정하지 않을 수 없을 것이다. 나도 사역을 하는 상황에서 그런 여자를 만나본 적이 있다. 그녀는 매우 매혹적이었고, 말이 기름보다 더 미끄러웠다(3절). 그러나 그녀는 결혼을 네 번이나 실패했고, 약물을 과도하게 남용했으며, 인간관계에 문제가 많았다. 그런 그녀의 삶에서 솔로몬이 열거한 파괴적인 결과들이 분명하게 드러났다. 나의 아내는 내가 그녀를 상대해야 할 때마다 경각심을 곤두세웠다. 특히 스콧 웰스 목사가 우연히 나와 함께 있으면서 그녀가 나에게 하는 행동을 지켜보았던 일이 가장 기억에 남는다. 그는 나와 함께 그 자리를 뜨자마자 내가 그 문제를 꺼내기도 전에 단호하면서도 똑 부러진 어조로 "개인적인 문제에 참견하고 싶지는 않지만 그 여자와는 가능한 한 거리를 멀리 유지하는 것이 좋을 듯합니다."라고 말했다. 좋은 조언이었다. 나는 그의 조언을 귀담아들었다.

그런 유의 여성이 직장에서 은근히 추파를 던지거나 길 건너편에 사는 이웃 여자가 가까이 다가와 수다스럽게 말을 건네거나 은행 직원이나 가게 점원이 사생활에 좀 지나치게 관심을 기울인다 싶을 때는 웰스 목사의 조언과 더 중요하게는 솔로몬의 말("네 길을 그에게서 멀리 하라 그의 집 문에도 가까이 가지 말라")에 주의를 기울여라. 음란한 여자는 추파를 던지는 말이나 듣기 좋은 말로 우리를 유혹한다. 그녀의 그런 태도에 잠시 응해주는 것이 그리 큰 문제가 아니라고 생각해서는 안 된다. 지혜와 총명의 말에 귀를 기울여 분별력 있는 태도로 음란한 여자의 허망한 말에 속아 넘어가지 않도록 주의하라.

헌신적인 그리스도인들은 대부분 음란한 여자와 관계를 맺지 않을 것이 틀림없다. 그러나 가상의 음녀, 곧 음란물에 나오는 음란한 여자와 성적인 죄를 지을 가능성이 얼마든지 존재한다. 음란물을 보는 것은 음란한 여자와 관계를 맺는 것과 조금도 다르지 않다. 실제 현실 속에서의 음란한 여자나 가상 현실 속에서의 음란한 여자나 하나님과 아내에 대한 사랑을 앗아가기는 마찬가지다. 음란물은 이 나라뿐 아니라 교회 안에서도 전염병처럼 퍼지고 있다. 그것이 큰 문제인 이유는 잠언에 언급된 행위를 하기 때문이다. 음란물은 달콤한 약속으로 남자와 여자들을 유혹한다. 그러나 그 결과는 음란한 여자처럼 "쑥 같이 쓰다"(4절).

음란물을 즐기는 것은 곧 음란한 여자를 집적거리는 것과 같다. 그것이 그다지 큰 문제가 아니라고 생각해서는 곤란하다. 앞서 말한 내 친구도 단지 음란물을 즐겼을 뿐인데 결국에는 심각한 성적 부도덕에 치우치고 말았다. 테드 번디와 같은 범죄자도 한 번의 음란물이 계기가 되어 결국 여성들을 상대로 극악무도한 범죄를 저지르고 말았다. 사랑하는 형제자매들이여, 기혼자든 독신자든 주위에서 성애를 다룬 노골적인 자료들을 접하거든 단호하게 거부하라. 인터넷을 사용할 때나 애매하게 성적인 텔레비전 쇼를 시청할 때는 경각심을 바짝 곤두세워야 할 필요가 있다. 음란한 여자를 피해야 하는 이유는 하나님이 우리를 위해 더 나은 계획과 뜻을 세우고 계시기 때문이다.

아내를 즐거워하라

하나님이 결혼을 위한 자신의 선한 계획에 관해 두 번째로 가르치신 교훈은 아내를 즐거워하라는 것이다(15-20절). 내가 배운 가장 심오한 진리 가운데 하나, 곧 지금도 나의 결혼생활과 내가 하는 모든 결혼 상담에 줄곧 유익한 효과를 가져다주는 진리는 음란한 여자와 우리 주위의 성적 범죄의 유혹으로부터 남편을 지켜주는 가장 뛰어난 보호책이 바로 아내라는 것이다. 이것이 솔로몬이 음란한 여자를 다루고 나서 곧바로 자기 아들에게 아내를 즐거워하라는 교훈을 가르친 이유였다.

솔로몬은 아내를 즐거워해야 할 이유를 세 가지로 나눠 제시했다. 첫째는 아내가 남편의 것이기 때문이다(15-17절). 솔로몬이 남편과 아내가 서로에게 속함으로써 아름다운 "한 몸"을 이루는 것을 묘사할 때 사용한 표현에 주목하라. 그는 "너는 네 우물에서 물을 마시며 네 샘에서 흐르는 물을 마시라 어찌하여 네 샘물을 집 밖으로 넘치게 하며 네 도랑물을 거리로 흘러가게 하겠느냐 그 물이 네게만 있게 하고 타인과 더불어 그것을 나누지 말라"고 말했다.

하나님은 아내를 남편 혼자서만 소유하고 즐길 수 있게 하셨다. 그와 동시에 그분은 아내를 그와 똑같은 방식으로 즐기려고 시도하는 남자들로부터 그녀를 보호해야 할 책임을 남편에게 부여하셨다. "그 물이 네게만 있게 하고 타인과 더불어 그것을 나누지 말라"(17절). 오직 부부끼리만 육체적인 애정과 욕구와 즐거움을 누리게 하는 것이 결혼을 위한 하나님의 계획이다.

남편이 아내만을 즐거워해야 할 두 번째 이유는 아내가 만족스러운 존재이기 때문이다(18, 19절). 18, 19절의 의미는 굳이 설명할 필요가 없다. 왜냐하면 남편이 성적 욕구를 오직 아내에게만 쏟아부어야 한다는 것은 자명한 이치이기 때문이다. 남편이 아내에게서 느껴야 할 감정을 표현한 문구에 주목하라. 남편은 아내를 즐거워해야 하고, 만족스럽게 여겨야 하며, 그녀의 사랑을 연모해야 한다. 남편들이여, 아내에게 그런 감정을 느끼고 있는지 생각해보라. 이것이 하나님의 계획이다. 남편의 마음으로부터 그런 욕망을 빼앗으려고 하는 것은 무엇이든 하나님의 선한 계획을 왜곡시키는 결과를 낳는다.

남편이 아내만을 즐거워해야 할 세 번째 이유는 아내가 남편의 보호책이기 때문이다. "내 아들아 어찌하여 음녀를 연모하겠으며 어찌하여 이방 계집의 가슴을 안겠느냐"(20절). 아내가 남편의 보호책이라는 사실은 나의 결혼생활은 물론 내가 하는 결혼 상담에서도 사실로 입증된다. 하나님이 나에게 즐거워하며 기뻐할 수 있는 매혹적인 아내를 허락하셨다는 사실과 그렇게 했을 때 주어질 많은 축복을 생각한다면 어떻게 음란한 여자를 원할 수 있겠는가?

하나님의 계획은 진정 놀랍기 그지없다. 하나님은 남편과 아내에게 이 세상의 가장 큰 위험으로부터 서로를 보호하라고 요구하신다. 남편은 아내를 물리적인 해악으로부터 보호해야 한다. 이것이 베드로가 아내를 더 연약한 그릇으로 여기라고 당부했던 이유다(벧전 3:7). 그와 마찬가지로 하나님은 남편을 음란한 여자로부터 보호하는 일에 아내가 가장 중요한 역할을 하도록 계획하셨다. 남편들이여, 아내를 즐거워하라. 아내는 남편을 음란한 여자의 덫에 걸리지 않도록 보호한다. 아내들이여, 남편을 잘 보살펴 음란한 여자로부터 보호하는 일에 가장 중요한 역할을 담당하고 있다는 것을 알고, 그 역할에 충실하라.

하나님의 계획은 분명하다. 그런데 그 계획을 그토록 자주 거부하려고 애쓸 필요가 무엇인가? 솔로몬의 말에 담긴 주된 요점 가운데 하나는 남편이 필요로 하는 모든 것을 아내에게 주셔서 아내의 사랑에 매료될 수 있게 하셨다는 것이다. 나는 여기에서 단지 육체적인 친밀함만이 아닌 아내의 전인적인 인격에 관해 말하고 있다. 이런 말이 우리의 현재 상황과 거리가 멀다면 "내가 아내를 마땅히 즐거워해야 할 만큼 즐거워하지 않는 이유가 무엇일까?"라는 중요한 질문을 생각해볼 필요가 있다. 우리는 이런 질문에 마땅히 대답할 말을 찾을 수 없을 때 아내에게 책임을 돌려 아내가 하는 일이 마음에 들지 않는다는 식으로 말하려는 경향이 있다. 그러나 실상은 우리가 아내를 지나치게 당연시하고 있기 때문이다. 그것은 아내와 평생을 함께 보내겠다고 서약할 당시에 아내의 사랑에 매료될 수밖에 없었던 이유를 망각한 탓이다.

잠언의 말씀이 아내에 대해 남편이 느껴야 할 감정을 어떻게 묘사하고 있는지에 유념하라. 이 말씀은 "남편들아 아내 사랑하기를 그리스도께서 교회를 사랑하시고 그 교회를 위하여 자신을 주심 같이 하라"(엡 5:25)라는 바울의 말과 일맥상통한다. 우리가 아내와 함께 그런 식으로 살아야 할 이유는 일평생의 동반자를 통해 만족을 얻는 것이 하나님의 계획이고, 더 중요하게는 세상 사람들에게 우리가 아내를 사랑하고, 흠모하고, 소중히 여기며, 아내의 모든 것에 깊이 매료되어 살아가고 있는 모습을 보여줌으로써 복음을 나타내 보일 수 있기 때문이다.

언젠가 이 성경 본문과 관련해 한 가지 유익한 질문을 들은 적이 있다. 그것은 "이 본문을 여성들에게는 어떻게 적용할 수 있나요?"

라는 것이다. 나는 여성은 아니지만 하나님의 은혜로운 섭리 덕분에 좋은 여자를 아내로 맞이했다. 나는 아내가 나를 충분히 사랑해 준 덕분에 육체적인 친밀함에 대한 여성의 욕구가 인생의 계절을 거치면서 커졌다 작아졌다 하는 이유를 쉽게 이해할 수 있었다. 결혼한 지 수년이 된 부부들이나 자녀를 둔 부부들은 설명하지 않아도 잘 안다. 남편들이여, 이런 사실이 당신의 아내를 포함하여 예외 없이 적용된다는 점을 잊지 말고 아내가 그런 현실을 토로할 때면 주의를 기울여 이해심 있게 받아들여라.

이 본문에서 아내에게 적용할 수 있는 교훈을 세 가지 도출할 수 있다. 첫째, 모든 여성은 음란한 여자가 되지 않도록 조심해야 한다. 여성이 다른 여성의 남편을 유혹하는 상황은 어떤 경우에도 용납될 수 없다. 그것은 하나님의 계획을 완전히 왜곡하는 것이다. 만일 그런 죄를 짓고 있다면 음란한 여성의 죄가 얼마나 가증스러운 것인지를 기억해야 할 필요가 있다. 물론 당신이 음란한 여자라고 할지라도 그리스도 안에 나타난 하나님의 긍휼을 얻을 수 있고, 얼마든지 용서를 받을 수 있다. 그러나 그렇게 되려면 당신은 오직 그리스도 안에서만 죄 사함을 받을 수 있다는 것을 알고, 죄를 회개하고 그분께로 달려가야 한다.

둘째, 음란한 여자를 조심하라. 그런 여자는 어디에나 있다. 그런 여자는 원수 마귀의 가장 큰 자산이다. 그녀가 어딘가에서 남편을 노리고 있다는 것과 스스로가 남편을 그녀로부터 보호할 수 있는 가장 막강한 방어책이라는 사실을 기억하라. 남편에게 화가 났거나 그에게서 무언가를 얻을 속셈으로나 그에게 은밀한 속내를 전할 생각으로 남편을 멀리하는 일이 있어서는 곤란하다. 그렇게 하는 것은 남편을 음란한 여자로부터 보호하는 가장 뛰어난 보호 수단을 제거하는 것과 같다.

셋째, 이 성경 본문에서 육체적인 친밀함을 위한 하나님의 아름답고, 선하고, 온전한 계획을 발견하라. 솔로몬은 육체적인 친밀함이 일방적인 거래가 되어서는 안 된다고 말한다. 남편이 아내를 통해 즐거움을 얻는 것처럼 아내도 남편을 통해 즐거움을 얻어야 한다. 여성의 삶에는 이런 즐거움을 얻는 것을 방해하는 요인들이 많다. 예를 들면 이기적이고 배려심 없는 남편, 자녀들, 여러 가지 육체적인 현상들 등이다. 아내를 위한 하나님의 선한 계획을 마음속에 소중히 간직하라. 그리고 어떤 장애 요인이 그것을 방해하더라도 하나님이 의도하신 축복을 경험하게 해달라고 기도하라.

하나님 앞에서 떨라

하나님이 결혼을 위한 자신의 선한 계획에 관해 마지막 세 번째로 가르치신 교훈은 전지하신 하나님을 두려워하라는 것이다(21-23절). "전지하다"라는 말은 하나님이 모든 것을 아신다는 뜻이다. 하나님 앞에서는 아무것도 감출 수 없다(히 4:13). 솔로몬이 음란한 여자에 대해 경고하고, 결혼을 위한 하나님의 참된 계획이 무엇인지를 밝히고 나서, 우주의 하나님이 모든 것을 보고 아신다고 말한 것은 결코 우연이 아니다. 성적 범죄는 우리가 될 수 있는 대로 감추려고 애쓰는 죄다. 그러나 전지하신 하나님 앞에서는 아무것도 숨길 수 없다.

솔로몬은 하나님을 두려워해야 할 이유를 몇 가지 제시했다. 첫째는 하나님이 우리의 길을 아시기 때문이다. 솔로몬은 "대저 사람의 길은 여호와의 눈 앞에 있나니 그가 그 사람의 모든 길을 평탄하게 하시느니라"(21절)라는 말로 이 점을 분명하게 언급했다. 하나님은 우리가 충실한 남편인지 아닌지 잘 아신다.

전지하신 하나님을 두려워해야 할 두 번째 이유는 하나님이 우리의 부패한 본성을 아시기 때문이다. 부패한 본성이란 "죄의 줄에 매이는"(22절) 성향을 의미한다. 솔로몬은 23절에서 "심히 미련함으로 말미암아 혼미하게 되느니라"라는 말로 그 이유를 설명했다. 하나님은 죄인인 우리가 하나님을 거스르는 성향을 타고났기 때문에 우리를 위해 정한 결혼의 아름다운 계획을 무시하고, 음란한 여자를 원하는 욕구가 매우 강하다는 것을 알고 계신다. 그분은 우리가 자신의 계획을 왜곡하려는 이유가 우리의 마음속에 있는 죄 때문이라는 사실을 잘 아신다.

사랑하는 형제들이여, 만일 음란한 여자의 유혹이나 그녀의 그릇된 행위에 이끌렸다면 하나님이 모두 지켜보고 계신다는 사실을 기억하라. 다른 사람들에게는 그런 일을 감출 수 있을지 몰라도 하나님은 속일 수 없다. 사랑하는 자매들이여, 스스로 음란한 여자가 되었거나 이기적인 목적을 위해 남편을 멀리함으로써 그에게 죄를 지었다면 하나님이 모두 보고 계신다는 사실을 기억하라. 그러한 죄도 다른 죄들과 마찬가지로 하나님의 의로운 분노와 심판을 받아야 마땅하다. 스스로가 그런 죄를 짓고 있다면 어떻게 하는 것이 좋을지 곰곰이 생각해보라.

물론 아무리 가증스러운 성적 범죄를 저질렀더라도 예수 그리스도의 구원 사역을 통해 나타난 하나님의 긍휼을 얻을 수 있다. 그 이유는 예수님이 우리로서는 불가능한 완전한 삶을 사셨고, 십자가에서 우리의 죄를 위해 완전한 희생 제물이 되어 우리를 대신해 죽으셨기 때문이다. 예수님은 결혼을 위한 하나님의 계획을 거스른 죄는 물론 모든 죄의 빚을 단번에 청산하셨다. 예수님은 또한 사흘 만에 다시 살아나심으로써 죄를 뉘우치고 믿음으로 자기를 의지하는 모든 사람에게 죄 사함과 영생을 허락하셨다.

그리스도인들이여, 당신은 이 복음을 알고 있고, 또 죄로부터의 자유와 그리스도를 통해 하나님과 화목하게 된 기쁨을 경험했을 것이다. 잠언의 본문이 경고하는 죄도 다른 죄를 처리할 때와 똑같은 방식으로 처리할 수 있다. 다시 말해 우리는 하나님이 모든 것을 알고 계신다는 것과 우리의 행위가 아닌 그리스도께서 십자가에서 우리를 대신해 이루신 일 때문에 우리가 구원받는다는 사실을 알고, 그분 앞에서 죄를 솔직하게 고백하고, 죄에서 돌이켜 우리의 구원자요 왕이신 주님의 품으로 달려가야 한다. 우리는 그리스도 때문에 용서받는다. 우리의 의는 그분에게서 비롯한 것이다. 충실한 남편이나 충실한 아내란 항상 모든 것을 옳게만 하는 사람이 아니라 죄를 솔직히 인정하고, 회개함으로써 복음을 통해 주어지는 용서의 기쁨을 되찾는 사람을 가리킨다. 당신은 충실한 남편인가? 당신은 충실한 아내인가?

하나님의 은혜로 모든 남편과 아내가 결혼을 위한 하나님의 계획을 온전히 받아들이기를 기도한다. 우리 모두 그 계획 속에서 서로를 보호하고, 그로 인해 서로를 즐거워할 수 있기를 바란다. 그리스도께서 우리를 위해 자신의 생명을 내주신 것처럼 우리도 배우자를 사랑하고, 소중히 여기며, 서로를 위해 온전히 헌신함으로써 복음의 빛이 환하게 드러나기를 기도한다. 우리는 하나님의 은혜로 주 예수 그리스도를 따르는 제자로 변화되었기 때문에 성적으로 부도덕한 세상에서 그리스도와 위대하신 하나님의 영광을 드러내는 삶을 살아갈 수 있다.

10장

부정적인 문화 속에서
긍정적으로 살아가는 삶

데이비드 머리

빌립보서 4장 8절

우리는 갈수록 부정적으로 변하는 문화 속에서 살고 있다. 우리는 이런 문화 속에서 마음을 짓누르고, 생각을 혼란스럽게 만드는 우울하고 실망스러운 사건들에 의해 압도되기 쉽다.

경기 침체, 채무 불이행에 대한 법적 제재, 실업, 가정 파괴와 같은 주제들이 대중 매체를 뜨겁게 달군다. 일자리, 주택 가격, 저축액, 연금 기금은 갈수록 줄어드는데 대학 교육, 의료 서비스, 노인 보호를 위한 비용은 무섭게 늘어나고 있다.

정치인, 재판관, 언론인, 교육자들이 연합해 기독교의 근본 교리를 비웃고, 기본적인 기독교적 도덕에 의문을 제기하며, 고대로부터 이어져 온 결혼과 같은 신성한 제도를 훼손하는 가운데 교회는 갈수록 주변으로 밀려나고 있다.

인터넷과 텔레비전은 세상 곳곳에서 일어난 불행한 사건들을 매일 우리의 컴퓨터와 거실로 실어 나르면서 질병과 재난과 파괴와 죽음의 우울하고 씁쓸한 소식을 전하고 있다.

그리스도인들은 문화 전쟁에서 패배한 쪽에 속해 있고, 설교와 기도는 예배와 섬김을 독려하는 영감 있는 외침이라기보다는 불만 족스러운 패배주의의 부르짖음처럼 들린다. 우리의 문화는 죽음의 나락으로 거침없이 추락하고 있는 것처럼 보이고, 우리의 감정과 사고방식과 인간관계도 덩달아 심각하게 영향받고 있다.

그러나 바울은 그와는 다른 정신적 태도를 지녀야 한다고 가르쳤다.

> "끝으로 형제들아 무엇에든지 참되며 무엇에든지 경건하며 무엇에든 지 옳으며 무엇에든지 정결하며 무엇에든지 사랑 받을 만하며 무엇에 든지 칭찬 받을 만하며 무슨 덕이 있든지 무슨 기림이 있든지 이것들을 생각하라"(빌 4:8).

바울은 "기쁨의 서신"으로 불리는 빌립보서에서 타락한 세상에 서 불가피하게 접할 수밖에 없는 나쁜 소식들을 아예 듣지 말라는 비현실적인 요구를 하지 않았다. 그의 말은 수도원이나 수녀원을 장려하는 의미와는 거리가 멀다. 그의 말은 우울하고 불건전한 것 을 추구하는 오늘날의 문화를 좇지 말고, 의도적인 노력을 기울여 고무적이고 건전한 것을 선택하라는 의미를 담고 있다.

쓰레기가 들어오면 쓰레기가 나간다

이 선택은 우리의 생각하는 방식은 물론, 우리가 느끼고 말하고 행동하는 방식까지 변화시킨다. 당연한 일이다. 우리가 먹는 음식의 질이 우리의 생각과 감정과 행위에 영향을 미치는 것처럼 우리의 귀와 눈을 통해 들어오는 말과 소리와 형상도 그와 똑같은 영향을 미친다. 흔히 말하는 대로 쓰레기가 들어오면 쓰레기가 나간다.

빌립보 신자들도 우리처럼 습관적으로 걱정을 일삼는 사람들이었다(빌 4:6, 7). 그들은 끊임없이 이런저런 걱정과 불안에 시달렸다. 그러나 바울은 상상을 초월하는 뛰어난 하나님의 평강이 우리의 마음과 생각을 철옹성처럼 굳게 지켜주며 우리의 감정과 사고 속으로 유입되는 것들을 막아줄 것이라고 말했다. 그러나 그런 평강의 경비병을 통해 주어지는 유익을 누리려면 우리의 생각을 채우는 것들을 다르게 바꿔야 할 필요가 있다(8절).

그릇되고, 저속하고, 부정직하고, 더럽고, 추하고, 혐오스러운 것이 우리의 생각 속에 들어오게 놔두면 극도의 불안감에 시달릴 수밖에 없다. 그런 것들이 침투하면 우리의 생각이라는 성 안에서 평화가 사라지고, 성문이 활짝 열려 걱정과 불안의 군대가 우리 마음의 성채로 물밀듯 밀려드는 결과가 발생하기 마련이다.

선한 것이 들어오면 선한 것이 나간다

그런 쓰레기를 멀리하고, 참되고, 칭찬할 만하고, 옳고, 순수하고, 아름답고, 매혹적인 것으로 대체하면 평강이 보초병처럼 우리의 감정과 생각을 지켜줌으로써 평온하고, 차분한 난공불락의 성채가 구축된다. 다시 말해 하나님의 평강이 주어지고, 평강의 하나님이 우리에게 임하신다(7, 9절).

그러나 그렇게 하려면 엄청난 정신적 노력이 필요하다. 바울은 "이것들을 생각하라"고 명령했다. 이것은 애매하고, 비현실적이고, 공상적인 생각을 의미하지 않는다. 이것은 "그런 선한 것들에 온전히 생각을 집중하라. 그런 것들을 생각함으로써 엄격한 사고 습관을 기르라."는 의미다.

그렇다면 우리의 생각을 어떻게 집중시켜 평안을 만들고 유지하는 강력한 힘을 기를 수 있을까? 바울은 건전한 사고활동을 여섯 가지로 나눠 제시했다. 이 여섯 가지 사고의 범주는 많은 주제를 포괄한다. 그러면 지금부터 그런 주제들을 특별히 매체를 통해 유입되는 생각과, 사역을 통해 유입되는 생각에 초점을 맞춰 하나씩 살펴보기로 하자.

매체를 통해 유입되는 생각

바울 사도는 우리에게 여섯 가지 영법을 가르쳐 강력한 시류를 거슬러 헤엄쳐 나가도록 돕는다. 그런 영법을 배워 활용하지 않으면 부정적인 것의 거센 물결에 휩쓸려 두려움과 불안과 혐오와 우울이라는 소용돌이 속으로 빨려 들어갈 수밖에 없다.

거짓이 아닌 참된 것

"무엇에든지 참되며." 정치적 우파든 좌파든 상관없이 거짓말이나 허위 사실이나 편견이나 왜곡된 사실을 귀담아듣지 않도록 주의하라. "상대 진영"의 거짓을 밝히는 일에 대부분의 시간을 할애하는 언론인들을 경계하라. 거짓을 지나치게 강조하는 것은 파괴적인 냉소주의와 의심과 불신과 적대감을 조장하기 쉽다.

균형 있고, 진실하고, 공정한 보도에 귀 기울이라. 감정을 자극하기보다는 정확한 정보를 전달하는 데 중점을 둔 전기와 역사서를 즐겨 읽어라. "어디에서 나온 누구의 말인가"에 연연하지 말고 진리에만 관심을 기울여라. 하찮은 정보를 퍼뜨리는 사람들보다 진실을 말하는 사람들을 가까이하라.

저속한 것이 아닌 경건한 것

대중 매체는 저속하고 추잡한 삶의 측면을 선전하는 경향이 있다. 대중 매체의 기자들과 자료들은 우리 사회의 더러운 오물에 초점을 맞춘다. 그들은 올바로 기능하는 가정들과 건전하게 발전하는 학교들에 관한 기사를 널리 전하기보다 실패와 좌절과 재앙을 부각시키는 데 지면과 영상을 사용하는 경향이 있다.

지난해《뉴욕타임스》가 선정한 베스트셀러 목록을 잠시 살펴보라. 어린 시절에 벌어진 가장 끔찍한 학대와 잔혹한 행위를 묘사한 책들이 가장 인기 있는 책들 가운데 포함되었다. 베스트셀러에 오른 한 소설책은 가학적 성행위를 다룸으로써 대중 매체의 관심을 사로잡았고, 남녀노소를 막론하고 많은 사람의 생각을 오염시켰다.

바울은 "그렇게 하지 말라"고 강권한다. "무엇에든지 경건한 것"을 생각하라. "경건한"으로 번역된 말은 "위엄 있고, 엄숙하고, 가치 있고, 고상한"을 의미한다. 그 반대의 의미는 "저속하고, 하찮고, 시시한"이다. 따라서 영웅적인 생각을 고양하고, 경외심을 불어넣고, 예배의 정신을 일깨우는 책과 잡지, 웹 사이트와 텔레비전 프로그램, 영화와 예술을 골라 습득해야 한다. 저속한 것은 버리고, 고귀한 것을 추구해야 한다.

잘못된 것이 아닌 옳은 것

"무엇에든지 옳으며." 옳은 것을 생각하라는 바울의 말은 하나님의 율법과 기준에 부합하는 것을 생각하라는 뜻이다. 바꾸어 말하면 삶의 모든 부분에서 올바르게 행동하라는 의미다. 대부분의 시트콤이나 드라마나 뉴스 기사가 옳은 것을 추구한다고 생각하는가? 대중 매체가 올바른 행위를 널리 알리고 있다고 생각하는가? 그렇지 않다. 오히려 정반대다. 그것들은 부패한 행위에 초점을 맞춘다. 의로운 삶을 살려고 노력하는 사람들은 뉴스의 머리기사에 자주 언급되지 않는다. 설혹 그들이 텔레비전이나 영화에 등장하더라도 대개는 세상 물정을 모르거나 애처롭거나 경멸을 받을 만큼 한심하거나 시대착오적인 사람으로 희화화되기 십상이다.

바울은 올바른 행위, 용기 있는 행동, 근면한 부모, 자애로운 아버지, 헌신적인 어머니, 공손한 자녀들, 행복한 가정, 친절한 간병인, 정직한 고용인, 공정한 고용주와 같은 선한 것을 추구하고 기념하라고 권고했다.

이것은 사업의 영역에도 똑같이 적용되며, 생산성과 수익성에 직접적인 영향을 미친다. 한 무리의 심리학자들이 60개의 회사를 방문해서 사람들이 업무 회의 중에 나오는 말을 모두 기록했다. 그러고 나서 그들은 그것을 부정적인 말과 긍정적인 말로 나누어 분석한 뒤에 그 둘의 비율을 계산해 냈다. 그들의 결론은 무엇이었을까? "극명한 차이가 나타났다. 긍정적인 말과 부정적인 말의 비율이 3:1 이상인 회사들은 번창하고 있고, 그 비율 이하의 회사들은 수익을 많이 창출하지 못하고 있다. 그러나 긍정성을 너무 지나치게 중시하는 것은 바람직하지 않다. 삶은 돛과 노를 가지고 있는 배와 같다. 부정적인 노가 없이 긍정적인 돛만 있으면 돛이 목적 없이 펄럭일 것이기 때문에 신뢰성을 잃어버릴 수 있다."[1]

---

1. Martin Seligman, *Flourish* (New York: Simon & Schuster, 2011), Kindle locations 1113–1120.

더러운 것이 아닌 정결한 것

"무엇에든지 정결하며." 기독교적 결혼을 높이 평가하거나 정상적으로 기능하는 가정을 묘사한 영화를 마지막으로 본 적이 언제인가? 요즘에는 부도덕, 학대, 다툼, 살인이 부각된다. 정결한 것은 흔적도 없이 사라지고, 더러운 것만이 난무한다.

행복하고 경건한 관계나 오래도록 서로에게 충실한 결혼생활과 같은 좋은 것을 추구하겠다고 결심하라. 음란물을 보지 않고, 옷을 단정하게 입고, 근면성실하고, 결혼할 때까지 순결을 지키는 경건한 젊은이들을 기뻐하라.

추한 것이 아닌 사랑받을 만한 것

"무엇에든지 사랑받을 만하며." 이 말은 매혹적이고 매력적인 것, 즉 애정과 찬사를 자아내는 말과 행동을 가리킨다. 아마도 이 말의 의미와 가장 잘 부합하는 현대 용어는 "아름다운"일 것이다. 오늘날 텔레비전을 보거나 인터넷을 검색할 때는 "아름답다"라는 말이 거의 떠오르지 않는다. 그렇지 않은가?

사람들이 대부분 철근과 콘크리트로 지은 다양한 크기와 형태의 거주지에 살고 있는 요즘 같은 시대에는 주변 환경 속에서 아름다운 것을 발견하기가 어려울 때가 많다. 요즘에는 기껏해야 세속적인 것과 단조로운 것만 많이 보이고, 더 나쁘게는 부패한 것과 추한 것만 눈에 띌 때가 많다. 또 우리의 코에는 더러운 검댕과 먼지가 끼고, 우리의 귀에는 자동차와 착암기 소리가 요란하게 들려오고,

우리의 미각은 대량생산된 질 낮은 음식으로 인해 무뎌질 대로 무뎌졌다.

도시에서 나와 아름다운 산을 보고, 숲의 향기를 맡고, 신선하고 건강한 생산물을 맛보고, 청아한 새소리를 들어야 할 필요가 있다. 그렇게 하기가 어렵거든《살아 있는 지구》나《바다의 신비》와 같은 BBC 방송의 자연 다큐멘터리라도 시청하라. 또는 자기가 좋아하는 안락의자의 편안함을 박차고 나가서 아름다운 세계를 여행하거나 아름다운 바닷물 속에 몸을 잠그는 것도 좋을 것이다. 다양한 감각을 통해 아름다운 것을 느낄 수 있는 방법을 찾으라.

질책받을 것이 아닌 칭찬 받을 만한 것

"무엇에든지 칭찬 받을 만한 것"을 생각하라는 바울의 말은 "파괴적인 것이 아닌 건설적인 것에 초점을 맞추라"는 의미를 지닌다. 우리는 사람들로부터 "형편없네!"가 아닌 "잘했어!"라는 소리를 들을 만한 일을 해야 한다.

가족들과 자동차를 함께 타고 갈 때 누군가의 좋은 면을 부각시키는가, 나쁜 면을 부각시키는가? 듣는 사람들이 하나님을 찬양하고, 다른 사람들을 칭찬하게 만드는 이야기를 하는가, 아니면 하나님을 의심하고, 다른 사람들을 비난하게 만드는 이야기를 하는가? 자녀들이 토크 라디오의 파괴적이고 비판적인 태도를 본받지 못하게 보호하고, 그 대신 긍정적이고 고무적인 대화에 귀를 기울이도록 돕고 있는가? 국가의 범죄율이 줄어들고, 전 세계의 문맹률이 감소하는 것과 같은 좋은 일들에 대해 하나님께 감사하는가?

우리의 일상생활 속에는 그리스도인이 했든 비그리스도인이 했든 상관없이 기꺼이 인정하고 고맙게 생각해야 할 좋은 일들이 많다. 좋은 생산품, 유익한 서비스, 지혜로운 통찰력, 훌륭한 기사와 같은 것을 볼 때는 기꺼이 칭찬하며 존중해줘야 한다. 비판할 거리를 찾지 말고, 칭찬할 거리를 찾아 다른 사람들과 함께 그것을 즐겨라. 24시간 동안 사물이나 사람에 대해 부정적으로 말하지 않고 희망적이고 긍정적인 말만 하는 실험을 해보는 것도 좋을 것이다. 매일 그렇게 하기는 현실적으로 어려운 일이지만 며칠 동안 그렇게 하는 것은 삶의 방향을 균형 있게 바로잡는 데 도움이 될 것이다.

바울은 "무슨 덕이 있든지 무슨 기림이 있든지 이것들을 생각하라"(8절)라는 말로 이 여섯 가지 범주의 행위를 요약했다.

세속 언론에서조차도 대다수 뉴스 미디어의 해로운 영향력을 인정하고 있다. 《더 가디언》의 롤프 도벨리는 "나쁜 영향을 미치는 뉴스를 보지 않으면 더 행복해질 것이다"라는 제목의 기사에서 뉴스는 "두려움과 공격성을 자극하고 사람들의 창의성과 깊이 생각할 수 있는 능력을 방해한다."라고 주장했다. 그는 뉴스가 사람들을 현혹하고, 건강을 해롭게 하고, 인식적인 오류를 증가시키고, 사고를 억제하고, 시간을 낭비하게 하고, 사람들을 수동적으로 만들고, 창의성을 말살한다고 말했다.[2]

---

2. Rolf Dobelli, "News is bad for you—and giving it up will make you happier,"

물론 일부 그리스도인들은 큰 재난이나 불행한 사건에 관한 세부 내용을 더 많이 아는 것이 필요하다. 예를 들면 하나님이 그런 가공할 만한 사건들을 해석해 교회와 대중에게 설명하는 일을 맡긴 사람들이다. 그러나 우리 가운데 대다수는 텔레비전과 인터넷 뉴스에 지나치게 관심을 집중할 필요가 없다. 오히려 우리는 우리 자신과 가족들을 그런 소식으로부터 보호해야 한다.

그렇다면 현실 세계에서 일어나는 문제들을 모두 무시하라는 것인가? 숀 아처 교수는 "심리학자들은 텔레비전을 덜 보는 사람들이 매일 밤 10시 뉴스를 통해 범죄, 비극, 죽음에 대한 소식을 듣는 사람들보다 삶이 주는 보상과 위험을 더욱더 정확하게 판단한다는 사실을 발견했다. 그 이유는 그들이 과장되거나 일방적인 정보 자료를 볼 가능성이 낮아 현실을 좀 더 분명하게 볼 수 있기 때문이다."라고 말했다.[3]

내 경우는 이제 뉴스 제목을 두어 가지만 훑어보거나 쓰나미나 테러와 같은 흉한 사건을 다루는 기사의 첫 번째 단락만을 대충 읽는 단계에 도달했다. 내 입장은 "꼭 알아야 할 필요가 있는 것만 알자."라는 것이다. 모든 것을 다 알 필요는 없다. 그것이 내가 빌립보서 4장 8절을 실천하는 방법이다.

The Guardian, April 12, 2013, http://www.guardian.co.uk/media/2013/apr/12/news-is-bad-rolf-dobelli?CMP=twt_gu (accessed July 15, 2013).

3. Shawn Achor, cited in Gretchen Rubin, *The Happiness Project* (New York: Harper, 2011), 53.

우리는 이 말씀을 실천에 옮겨야 한다. 바울에게는 그것이 이론이 아니었다. 그는 빌립보 신자들에게 자신에 대한 기억을 일깨우면서 "너희는 내게 배우고 받고 듣고 본 바를 행하라 그리하면 평강의 하나님이 너희와 함께 계시리라"(9절)라고 말했다. 그가 생각한 대로 생각하고, 그가 행한 대로 행하면 두려움과 불안과 우울함과 걱정이 물러가고, 대신 하나님의 평강이 찾아올 것이다.

사역을 통해 유입되는 생각

우리가 관심을 기울여야 할 것은 단지 세상을 통해 유입되는 생각만이 아니다. 우리가 영적으로 받아들이는 것도 조심해서 경계해야 할 필요가 있다. 앞서 언급한 판단 기준들은 우리가 경험하는 사역과 우리가 읽고 듣고 보는 영적 자료들에도 똑같이 적용된다.

만일 우리 자신이 설교자나 교회 지도자나 주일학교 교사나 부모라면 우리가 그리스도의 양들에게 가르치고 있는 것이 바울이 제시한 기준에 부합하는지를 점검해야 할 필요가 있다. 우리는 무엇을 받아들이고 있고, 또 다른 사람들에게 무엇을 가르치고 있는가? 바울의 판단 기준을 적용해 이 문제를 몇 가지로 나눠 좀 더 균형 있게 다루면 다음과 같다.

죄보다는 구원을 더 강조하라

사람들에게 죄의 교리를 가르쳐 죄책감을 느끼게 하지 못하면 복음은 그들에게 아무런 의미가 없고 효력을 발휘하기가 어렵다. 많은 사람이 죄를 경시하고, 하나님의 율법을 축소하고, 그분의 진노를 약화시키려고 애쓰지만 복음의 메시지는 "모든 사람이 죄를 범하였으매 하나님의 영광에 이르지 못하더니"(롬 3:23)라는 말씀에서부터 시작한다.

그러나 죄를 마땅히 강조해야 할 그 이상으로 강조할 필요는 없다. 어떤 설교자와 교사와 부모들은 갈보리 언덕의 사랑과 은혜보다 시내산의 불과 연기에 더 오래 머물러 있기를 좋아한다. 그들은 탕자가 돌봤던 돼지우리를 보고 그 냄새를 맡는 것은 물론, 그 끔찍한 세부 내용을 오래도록 음미하기를 좋아한다. 죄는 그 가장 악하고 잔인한 행위를 굳이 감정적으로 지나치게 강조하지 않더라도 이미 그 자체로 충분히 나쁘다.

우리는 인간의 절박한 필요라는 본질적인 문제를 도외시하지 않은 상태에서 그리스도를 통해 확보된 다중적 차원의 구원에 초점을 맞춰야 한다. 이 구원을 기술하고 묘사하고 경험할 수 있는 놀라운 방법은 너무나도 많다. "하나님이 그 아들을 세상에 보내신 것은 세상을 심판하려 하심이 아니요 그로 말미암아 세상이 구원을 받게 하려 하심이라"(요 3:17).

거짓보다는 진리를 더 강조하라

은행들이 직원들에게 위폐를 진폐 위에 겹쳐 놓고 식별하는 방법을 가르치고, 의사들이 건강한 가슴의 소리를 수천 번 듣고서 심장

질환과 폐 질환을 찾아내는 훈련을 받는 것처럼 그리스도인들도 온 세상에 만연한 수많은 오류와 이단 사상과 거짓 종교와 광신적 종교 집단에 대해 알고, 거기에 대응하는 법을 배우기보다 진리에 관한 것을 읽고 가르치는 일에 더 큰 비중을 두어야만 거짓을 발견하는 능력이 더 크게 배양되고, 덕성이 더욱 함양될 수 있다.

물론 다른 사람들의 세계관과 신학이 어떻게 잘못되었는지를 아는 것은 중요하다. 그러나 우리 자신의 세계관과 신학이 왜 옳은지를 아는 것은 그보다 훨씬 더 중요하다. 우리의 생각을 성경의 진리와 은혜의 교리와 성경 구절로 가득 채워야 한다. 오류를 밝히는 것보다 진리를 전하는 일에 시간을 더 많이 할애해야 한다. 하나님의 율법을 어긴 잘못을 단죄하기보다 그분의 도덕법이 가르치는 아름다운 윤리적인 지침들을 더 많이 제시해야 한다. 또한 성경적인 결혼을 왜곡하는 것을 부각시키기보다 성경적인 결혼 자체를 더 많이 칭송하고 강조해야 한다.

경고보다는 호소를 더 많이 하라

설교자는 호소와 경고를 둘 다 해야 하지만 후자보다는 전자에 더 중점을 두어야 한다. 채찍보다는 당근을 더 많이 줘야 하고, 죄의 추악함보다는 거룩함의 아름다움을 더 강조해야 하며, 마귀의 위험보다 그리스도의 매력을 더 많이 보여주고, 지옥의 공포보다는 천국의 복됨을 더 많이 언급해야 한다.

그리스도의 사랑스러우심과 영광을 교인들과 자녀들과 동료들에게 보여주자. 예수님이 우리를 기꺼이 구원하기를 원하고, 또 그렇게 하실 수 있다는 것을 보여주자. 그분이 구원하는 것을 얼마나 기뻐하고 원하시는지를 보여주자. 그리스도께서 우리를 구원하시는 이유는 의무감 때문이 아니라 그렇게 하기를 원하고 기뻐하시기 때문이다.

흔히 예수님이 다른 누구보다 지옥에 대해 더 많이 가르치셨다고 말한다. 사실이다. 그러나 그분이 다른 모든 것보다 지옥을 더 많이 가르치시지는 않았다. 그분은 경고의 말씀을 많이 하셨지만 그보다는 호소하고 설득하는 말씀을 훨씬 더 많이 하셨다.

싸움보다는 승리를 더 많이 강조하라

시련, 고난, 타락, 패배, 유혹은 모두 성경적인 용어다. 그 점은 승리, 성장, 성숙, 진보, 유용성, 열매, 섬김, 기회, 격려 등도 마찬가지다. 바울은 그리스도의 "고난"은 물론, "그 부활의 권능에 참여함을" 알고 싶어 했다(빌 3:10). 그는 내주하는 죄가 계속해서 영향력을 행사한다는 것을 알았다(롬 7장). 그러나 그는 또한 죄의 권세가 무너졌고, 성령 안에서 생명의 능력이 역사한다는 것을 알았다(롬 8장). 우리의 설교, 블로그, 기도, 찬송도 이런 성경의 강조점을 옳게 반영하고 있는지 생각해보라.

물론 어려움을 겪는 사람들, 실망한 사람들, 패배한 사람들을 온유한 마음으로 동정해야 한다. 그러나 그런 경험들이 마치 성장, 확신, 기쁨과 같은 것보다 더 좋은 것처럼 부각해서는 안 된다. 상한 갈대를 꺾거나 꺼져가는 심지를 꺼서는 안 되지만 사람들이 상한 채로 쇠약해져 가도록 방치해도 안 된다. 우리는 그런 사람들을 위로하고, 상한 곳을 고쳐주며, 꺼져가는 불씨를 살리고, 앞으로 그리고 위로 힘차게 나아가도록 격려해야 한다.

우리는 박해받는 사람들과 일체감을 가지고, 그들을 동정해야 한다. 그러나 우리는 또한 우리 자신과 다른 사람들에게 세계 곳곳에서 수많은 사람이 그리스도께로 돌아오고 있다는 것과 복음의 능력이 온 세상에 미치고 있다는 사실을 상기시켜주어야 할 필요가 있다.

슬픔보다는 기쁨을 더 많이 강조하라

그리스도인들은 우리의 문화와 사회가 나아가고 있는 방향을 개탄스럽게 생각하며 불평을 토로하기 쉽다. 기도회에 가보면 정부의 다양한 정책에 대해 우려를 표하는 기도가 많은 것을 알 수 있다. 슬퍼해야 할 때가 있지만 웃어야 할 때도 있다(전 3:4). 우리는 우리가 충분히 받았는지 못 받았는지 따지면서 응석을 부리는 아이처럼 더 많이 달라고 징징거릴 때가 많다.

브래들리 라이트는 한 공항 서점에서 시사 문제를 다룬 책들이 진열된 곳을 돌아보고 나서 "모든 책이 다소의 차이는 있지만 (1) 세상이 끔찍한 장소이며, (2) 갈수록 더 나쁘게 변하고 있다고 말하고 있다…낙관적인 관점을 지닌 책은 단 한 권도 없었다."라고 말했다.[4] 그는 그런 세속적인 비관주의와 기독교적 낙관주의를 이렇게 대조했다. "2천 년 전에 복음, 곧 좋은 소식을 핵심으로 하는 책이 널리 읽히기 시작했다. 누구든 그 좋은 소식을 발견하거든 그것을 기꺼이 인정하며 기뻐하고 감사해야 한다. 좋은 소식은 모두 하나님의 좋은 소식이기 때문에 그것을 무시하고 숨기고 축소하고 왜곡하면, 정신적으로 건강하거나 영적으로 건전할 수 없다."[5]

물론 슬퍼해야 할 일이 많다. 그러나 그리스도인들은 슬퍼하기보다는 기뻐하며 살아가야 한다. 현재에도 감사할 것이 너무나도 많고, 또 미래에는 감사할 것이 훨씬 더 많을 것이다. 사도들은 자기들이 그리스도를 위해 박해받는 일에 합당한 자로 여김을 받고 있다는 사실마저 크게 기뻐했다(행 5:41). 그들은 큰 고난을 받는 와중에서도 "기뻐하고 즐거워하라"(마 5:12)는 주님의 명령에 온전히 복종했다.

결론

잠언 23장 7절은 "대저 그 마음의 생각이 어떠하면 그 위인도 그러한즉"이라고 말씀한다. 우리의 생각이 우리 존재를 결정한다. 빌립보서 4장 8절에 따라 유입되는 생각을 조절하자. 그리고 우리 자신

---

4. Bradley Wright, *Upside: Surprising Good News About the State of Our World* (Bloomington, Minn.: Bethany, 2011), 15.

5. Wright, *Upside*, 12.

이 얼마나 더 건강하고, 행복해지는지 지켜보자.

11장

질병과 죽음을 극복하는 삶

브라이언 크로프트

마가복음 5장 21-43절

2012년, 나는 나의 할머니 장례식에서 말씀을 전하는 영예를 누렸다. 할머니의 죽음은 우리 모두에게 큰 충격이었다. 할머니는 비록 연세가 여든다섯이나 되었지만 임종하기 두 달 전까지만 해도 나의 자녀들과 공놀이를 하고, 나의 어린 딸에게 꽃에 물 주는 일을 돕게 하고, 친구들을 만나러 가고, 집 주위를 돌보고, 교회를 성실하게 섬겼다. 할머니도 우리처럼 그렇게 금방 세상을 떠날 것이라고는 전혀 알지 못했다. 그런데 할머니의 등에 난 악성 종양이 모든 상황을 단번에 바꾸어 놓았다.

할머니의 죽음은 삶에 관한 많은 것을 생각할 수 있는 계기를 제공했지만 그중 가장 중요한 것은 우리가 질병과 고난과 죽음과 같은 타락의 결과들 앞에서 얼마나 무기력하고 무력한지를 깨우쳐준 것이었다. 우리 자신이나 우리가 사랑하는 사람들이 고난을 겪고 있거나 질병이나 육체적인 장애나 임박한 죽음과 싸우고 있는 경우에는, 이런 말이 무슨 의미인지 이해하기가 그리 어렵지 않을 것이다.

그렇다면 우리는 질병과 고난과 죽음이 우리를 기다리고 있는 상황에서 어떻게 인생을 살아가며 희망을 발견할 수 있을까? 마가복음 5장은 이 질문에 대해 명확하고 유익한 대답을 제시하고 있다.

마가가 마가복음을 기록한 목적은 예수님이 하나님의 아들이라는 사실과 그분의 강림과 함께 하나님의 나라가 도래했다는 사실을 알리기 위해서였다. 마가는 그런 목적을 염두에 두고, 하나님의 아들인 예수님의 권위를 드러내는 데 마가복음의 대부분을 할애했다.

이런 사건들 가운데 몇 가지를 해석하는 데 핵심 역할을 하는 중요한 구절이 마가복음 4장 말미에서 발견된다. 예수님이 폭풍우를 잔잔하게 하신 후에 제자들은 "그가 누구이기에 바람과 바다도 순종하는가"(41절)라고 말했다. 마가복음은 이 질문에 세 가지 대답을 제시했다. 첫째, 예수님은 자연을 다스리신다(35-41절). 둘째, 예수님은 영적 세계를 다스리신다(막 5:1-20). 셋째, 예수님은 우리를 가장 힘들게 만드는 것, 곧 질병과 죽음을 다스리신다(막 5:21-43). 아무쪼록 마가복음의 본문을 살펴보는 동안, 각자 무슨 어려움을 당하고 있든지 은혜로우신 하나님이 우리 모두에게 말씀을 통해 큰 위로를 베풀어 주시기를 기도한다.

"예수께서 배를 타시고 다시 맞은편으로 건너가시니 큰 무리가 그에게로 모이거늘 이에 바닷가에 계시더니 회당장 중의 하나인 야이로라 하는 이가 와서 예수를 보고 발 아래 엎드리어 간곡히 구하여 이르되 내 어린 딸이 죽게 되었사오니 오셔서 그 위에 손을 얹으사 그로 구원을 받아 살게 하소서 하거늘 이에 그와 함께 가실새 큰 무리가 따라가며 에워싸 밀더라 열두 해를 혈루증으로 앓아 온 한 여자가 있어 많은 의사에게 많은 괴로움을 받았고 가진 것도 다 허비하였으되 아무 효험이 없고 도리어 더 중하여졌던 차에 예수의 소문을 듣고 무리 가운데 끼어 뒤로 와서 그의 옷에 손을 대니 이는 내가 그의 옷에만 손을 대어도 구원을 받으리라 생각함일러라 이에 그의 혈루 근원이 곧 마르매 병이 나은 줄을 몸에 깨달으니라 예수께서 그 능력이 자기에게서 나간 줄을 곧 스스로 아시고 무리 가운데서 돌이켜 말씀하시되 누가 내 옷에 손을 대었느냐 하시니 제자들이 여짜오되 무리가 에워싸 미는 것을 보시며 누가 내게 손을 대었느냐 물으시나이까 하되 예수께서 이 일 행한 여자를 보려고 둘러 보시니 여자가 자기에게 이루어진 일을 알고 두려워하여 떨며 와서 그 앞에 엎드려 모든 사실을 여쭈니 예수께서 이르시되 딸아 네 믿음이 너를 구원하였으니 평안히 가라 네 병에서 놓여 건강할지어다 아직 예수께서 말씀하실 때에 회당장의 집에서 사람들이 와서 회당장에게 이르되 당신의 딸이 죽었나이다 어찌하여 선생을 더 괴롭게 하나이까 예수께서 그 하는 말을 곁에서 들으시고 회당장에게 이르시되 두려워하지 말고 믿기만 하라 하시고 베드로와 야고보와 야고보의 형제 요한 외에 아무도 따라옴을 허락하지 아니하시고 회당장의 집에 함께 가사 떠드는 것과 사람들이 울며 심히 통곡함을 보시고 들어가서 그들에게 이르시되 너희가 어찌하여 떠들며 우느냐 이 아이가 죽은 것이 아니라 잔다 하시니 그들이 비웃더라 예수께서 그들을 다 내보내신 후에 아이의 부모와 또 자기와 함께 한 자들을 데리시고 아이 있는 곳에 들어가사 그 아이의 손을 잡고 이르시되 달리다굼 하시니 번역하면 곧 내가 네게 말하노니 소녀야 일어나라 하심이라 소녀가 곧 일어나서 걸으니 나이가 열두 살이라 사람들이 곧 크게 놀라고 놀라거늘 예수께서 이 일을 아무도 알지 못하게 하라고 그들을 많이 경계하시고 이에 소녀에게 먹을 것을 주라 하시니라."

예수님은 위의 본문에서 "인간의 숙명인 질병에 어떻게 대처해야 하는가?"라는 질문에 두 가지로 대답하셨다.

질병을 다스리시는 예수님을 신뢰하라

첫 번째 대답은 예수님이 질병을 다스리신다는 사실을 믿으라는 것이다. 질병에 걸렸을 때 희망이 필요한 이유는 질병이 죽음으로 이어질 가능성이 있을 뿐 아니라 사랑하는 사람이 병든 상황에서 우리가 아무것도 할 수 없음을 절감할 때야말로 가장 큰 무기력함이 느껴지는 때이기 때문이다. 예를 들어 사람들을 격려하기를 좋아했던 명석한 노인이 갑자기 알츠하이머병에 걸렸다는 진단을 받았을 때나 활동적인 운동선수가 심한 관절염을 앓게 되었을 때나 목회자의 아내가 넷째 아이를 출산할 때 암에 걸린 것이 발견되었을 때가 그런 경우에 해당한다. 질병에 걸렸을 때는 희망이 필요하다. 그것은 곧 위의 본문에서 발견되는 희망(즉 예수님이 질병을 포함해 모든 것을 다스리는 주권자이시라는 것)이다.

마가가 진술한 대로 예수님은 배를 타고 갈릴리 호수 건너편으로 가셨고, 그곳에서 다시 큰 군중과 마주치셨다(21절). 그 군중 가운데는 야이로라는 사람이 있었다(22절). 그는 지역 회당의 장로들을 대표하는 회당장이었다. 또한 거기에는 오랫동안 혈루증을 앓아 온 여인이 있었다(25절). 이 두 가지 사례는 예수님이 질병을 다스리는 주권자이시라는 사실을 분명하게 보여준다. 그리스도인인 우리는 이런 사례들을 통해 어떤 질병과 어려움을 당하더라도 우리의 구원자요 왕이신 주님을 신뢰하는 법을 배워야 할 필요가 있다.

위의 본문은 예수님 앞에서 우리가 취해야 할 세 가지 태도를 가르친다. 첫째, 우리는 예수님 앞에 나와 그분을 의지해야 한다.

야이로는 유대인 회당에서 매우 중요한 사람이었다. 마가복음 앞부분의 내용을 살펴보면 예수님에 대한 바리새인들과 다른 종교 지도자들의 증오심이 점점 커지고 있었던 것을 알 수 있다. 그런 점에서 야이로는 큰 어려움을 무릅쓰고 예수님을 찾아온 것이었다.

놀랍게도 질병에 걸렸거나 죽음을 눈앞에 둔 상황이 되면 삶에서 진정으로 중요한 것을 더 잘 볼 수 있게 된다. 야이로는 자기 딸이 곧 죽을 운명이라는 것을 알고 나자 자신의 평판 따위는 전혀 안중에 없었다(23절). 그는 딸이 건강을 되찾기를 바랐고, 오직 예수님만이 그런 일을 하실 수 있다는 것을 알았다. 그것이 그가 예수님의 발 아래 엎드려(22절) 손을 얹어 자기 딸을 구원해주실 것을 간청한 이유였다(23절).

열두 해 동안 혈루증을 앓아 온 여인도 예수님께 와서 도움을 구했다(25절). 그녀는 혈루증 때문에 재산을 모두 잃었을 뿐 아니라(26 절), 의식법에 따르면 부정했으며, 희망을 모두 포기한 상태였다. 그녀는 더 이상 아무 방법이 없다는 말을 들었지만 예수님에 관한 소식을 듣고는(27절) 많은 군중을 뚫고 그분께 나왔다.

둘째, 예수님을 믿는 큰 믿음이 필요하다. 다른 사람은 어떤지 모르지만 나는 날마다 나의 믿음이 얼마나 연약한지를 보여주는 일을 겪고 있다. 사실, 우리는 이 두 사람의 믿음을 본받아야 할 필요가 있다.

"이는 내가 그의 옷에만 손을 대어도 구원을 받으리라 생각함일러라"(28절)라는 말씀에서 알 수 있는 대로 여인은 예수님이 자기를 치유할 능력을 지니고 계신다고 확신했다. 열두 해 동안 아무도 그녀의 질병을 치유하지 못했다. 그녀의 질병은 더 악화되었다. 그러나 그녀는 질병을 다스리시는 예수님의 옷을 만지기만 해도 건강해질 수 있다고 믿었다. 그것은 큰 믿음이었다.

그것은 야이로의 경우도 마찬가지였다. 그의 딸은 "죽게 되었"다 (23절). 그는 의사를 찾거나 자기 딸 곁에 머물면서 그녀가 운명하는 것을 지켜볼 수도 있었다. 그러나 그는 어떻게 했는가? 그는 예수님에게 찾아가서 많은 군중 사이를 뚫고 그분께 자기 딸이 있는 곳에 와달라고 간청하는 모험을 시도했다. 그 이유는 오직 예수님만이 자기 딸을 구원할 수 있다고 믿었기 때문이다.

그것은 평범한 믿음이 아니었다. 그것은 큰 믿음이었다. 그것은 큰 믿음이었을 뿐 아니라 예수님이 요구하시는 믿음이었다. 예수님은 혈루증을 앓던 여인에게 "네 믿음이 너를 구원하였다"라고(34절) 질병의 치유를 선언하셨다. 그분은 야이로의 딸이 죽었는데도 그에게 "두려워하지 말고 믿기만 하라"(36절)고 말씀하셨다.

셋째, 우리는 예수님의 능력과 권위가 나타나기를 바라야 한다. 마가가 여인이 어떻게 치유되었는지를 상세하게 묘사한 이유는 그런 사실을 전하기 위해서였다. 그녀가 예수님의 옷을 만지는 순간, 혈루 근원이 즉시 마르고 질병이 치유되었다(29절). 예수님은 그 능력이 자기에게서 나간 것을 알고, 누가 자기를 만졌는지 물어보셨다(30절). 그러자 그녀는 예수님 앞에 엎드려 자기가 그랬다고 고백했다(33절). 마가는 그녀가 큰 믿음을 가진 것을 보여주었을 뿐 아니라 더 중요하게는 옷을 만지는 것만으로도 오랜 질병이 말끔히 치료된 사실을 증언함으로써, 예수님이 질병을 비롯해 모든 것을 다스리는 권위와 능력을 지니고 계시다는 사실을 밝히 드러냈다.

예수님의 큰 권능이 그분이 살리신 아이에게 분명하게 나타났다. 그 장면을 상상해보라. 어린 딸이 죽었다는 것을 알게 된 사람들은 크게 통곡하며 슬피 울었다. 그때 예수님이 들어와서 "아이가 죽은 것이 아니라 잔다"(39절)고 말씀하셨다.

스스로를 그 어린 소녀의 가족이라고 생각해보라. 낯선 사람이 난데없이 나타나서 죽은 아이를 보고, "아이가 죽은 것이 아니라 잔다"고 말했다면 무슨 생각이 들겠는가? 아마도 그가 미쳤다거나 정말 경우에 맞지 않는 최악의 농담을 하고 있다고 생각할 것이 분명하다. 그의 말이 옳다고 믿을 사람은 아무도 없을 것이다.

사람들이 예수님을 비웃은 것은 조금도 이상한 일이 아니다(40절). 그러나 예수님은 아이를 다시 살리심으로써 죽음과 질병을 다스리는 자신의 큰 권능과 권위를 보여주셨다.

문제는 질병과 육체적인 고통의 유무가 아니라 "그것에 어떻게 직면할 것인가?"이다. 예수님이 질병을 다스리신다면 그리스도인인 우리는 세상 사람들과는 전혀 다른 방식으로 질병에 반응해야 한다. 예수님이 질병과 육체적인 고통을 온전히 다스리신다면 질병에 걸렸을 때 우리를 위한 그분의 목적과 계획을 생각해봐야 할 필요가 있다. 풀리지 않은 의문이 많을 테지만 마가는 이 본문에서 우리가 예수님이 그런 순간에 우리를 자신의 형상으로 빚고 계시다는 것을 확신할 수 있도록 몇 가지 진리를 제시했다.

예수님은 우리가 질병에 걸렸을 때 자기를 신뢰하기를 원하신다. 우리는 우리 자신을 신뢰하지 말고 그분 앞에 나와 큰 믿음으로 그분을 의지해야 한다. 삶을 유지하기 위해 음식과 수면과 물에 의존하는 것처럼 날마다 그리스도를 충실하게 의지하면 질병에 걸리더라도 그분의 선하고 완전한 계획을 신뢰할 수 있다.

존 뉴턴은 여든두 살의 나이에 건강이 쇠약해져 갈 때 이렇게 말했다. "죽음은 큰 문제다. 육신과 마음이 쇠약해졌을 때는 우리의 마음의 힘이요 영원한 분깃이신 하나님을 의지해야 한다."[1] 질병을

---

1. John Newton, cited in Richard Cecil, *Memoirs of the Rev. John Newton*, in *The Works of the Rev. John Newton* (Edinburgh: Banner of Truth, 1985), 1:89.

통해 주어지는 하나님의 선물 가운데 하나는 우리가 우리의 안식처요 피난처요 환난 중에 큰 도움이 되시는 그리스도를 의지하지 않고 우리 자신과 우리의 힘을 얼마나 더 많이 의지하며 살고 있는지를 좀 더 분명하게 깨닫게 된다는 것이다.

하나님은 질병을 통해 큰 능력을 나타내 자신의 영광을 위한 목적을 분명하게 드러내신다. 위의 본문에서 알 수 있듯이 여인은 즉시 치유를 받았고, 어린 소녀는 죽었다. 소녀의 아버지가 자기 딸의 치유를 간청했지만 예수님은 자기의 옷을 만진 여인과 대화를 나누셨고, 그 사이에 소녀는 죽고 말았다. 예수님은 절망적인 질병을 앓고 있던 여인을 치유함으로써 자기의 권능을 보여주셨다. 그리고 그분은 어린 소녀를 다시 살림으로써 가장 큰 권능을 보여줄 생각이셨다.

이 이야기는 나의 큰딸 애비가 폐렴으로 위급한 상태가 되어 병원에 입원했을 때의 일을 생각나게 한다. 나는 내가 오랫동안 설교로 강조해 온 하나님의 주권과 당시의 상황이 서로 일치하지 않는 것처럼 보이자 믿음이 크게 흔들렸다. 나는 과연 내가 전한 말씀을 진정으로 믿었을까? 만일 그랬다면 하나님은 딸아이의 생명을 취함으로써 자기를 영화롭게 하기를 원하실 수도 있다는 것을 기억할 필요가 있었다.

내가 예수님이 질병을 다스리신다는 사실을 진정으로 믿었던 것은 분명해 보였다. 딸아이를 잃고 싶지는 않았지만 만일 하나님의 영광을 위한 그분의 목적을 받아들이기를 거부한다면 질병에 대한 예수님의 주권을 믿는 큰 믿음을 가질 수 없다는 것을 알았다. 결국 나는 마음의 평화를 얻게 되었고, 하나님이 자기의 이름을 영화롭게 하기 위해 어떤 일을 하시든 복종하기로 마음먹었다. 그러자 딸아이의 병세가 차츰 호전되었고, 하나님은 딸아이를 살려주셨다.

그러나 하나님은 앞으로 딸아이의 목숨을 살려두지 않으실 수도 있다. 하나님은 그 지혜로운 섭리를 통해 나의 할머니를 거두어 가시기로 결정하셨다. 그러나 질병에 걸린 상황에서 결과가 어떻게 나타나든 예수님이 질병(우리 자신의 질병, 배우자의 질병, 자녀의 질병, 동료 교인의 질병, 목회자 사모의 질병 등)을 포함해 모든 것을 다스리신다는 사실은 결코 변하지 않는다.

그리스도인들이여, 하나님은 선하고 은혜로우시다. 그분은 자기가 적합하다고 생각하는 방식으로 우리의 질병을 이용해 자신의 권능과 영광을 나타내신다. 문제는 "그 방식이 어떻든 기꺼이 복종하겠는가?"라는 것이다. 아무쪼록 모두 큰 믿음을 가지고 주님께 나와서 그분이 우리의 유익과 자신의 영광을 위하신다는 것을 알고, 믿음으로 그분과 그분의 목적을 신뢰함으로써 전에 경험하지 못한 주님과의 교제를 경험할 수 있기를 기도한다.

죽음을 다스리시는 예수님을 기뻐하라

"인간의 숙명인 질병에 어떻게 대처해야 하는가?"라는 질문에 대한 예수님의 두 번째 대답은 예수님이 죽음을 다스리신다는 사실을 기뼈해야 한다는 것이다. 마가복음 4, 5장의 네 가지 기적을 보면 갈수록 더 놀라운 기적이 펼쳐지는 것을 알 수 있다. 이런 사실이 이 심오한 진리 가운데서 분명하게 확인된다. 예수님은 자연과 영적 세계와 질병을 다스리신다. 마가는 기적 가운데 가장 강력하고 뛰어난 기적을 마지막까지 아껴 두었다. 예수님은 죽음을 다스리신다, 이 진리 위에 복음이 서 있고, 현세에서의 우리의 희망이 여기에 있다. 우리는 모두 죽을 수밖에 없는 운명이기 때문에 죽음을 다스리는 예수님의 권능을 분명하게 의식하고 기뻐해야 한다.

마가복음의 본문은 희망을 발견할 수 있는 두 가지 방법을 제시한다. 첫째, 우리는 예수님의 능력을 의심해서는 안 된다. 마가는 야이로의 딸이 죽은 뒤에 그의 집에서 벌어진 상황을 묘사했다(35절 이하). 야이로의 집에서 사람들이 와서 그에게 말한 내용이 35절에 기록되어 있다. "아직 예수께서 말씀하실 때에 회당장의 집에서 사람들이 와서 회당장에게 이르되 당신의 딸이 죽었나이다 어찌하여 선생을 더 괴롭게 하나이까." 한마디로 상황이 모두 끝났다는 것이다. 그들은 야이로의 딸이 예수님을 비롯해 그 누구도 손을 쓸 수 없는 지경에 이르렀다고 생각했다. 질병과 죽음 앞에서는 누구나 그렇게 생각하기 쉽다. 그런 때는 예수님조차도 도움을 주실 수 없다는 생각이 들기 마련이다.

그러나 예수님은 그들의 비관적인 말을 듣고 야이로에게 "두려워하지 말고 믿기만 하라"(36절)고 말씀하셨다. 이 말씀은 하나님의 목적이 무엇인지를 어렴풋이 드러낸다. 예수님은 모든 사람이 크게 통곡하며 슬퍼하는 가운데 소녀의 손을 잡고, "내가 네게 말하노니 소녀야 일어나라"(41절)고 말씀하셨다. 소녀는 즉시 일어났다. 죽음을 비롯해 모든 것을 다스리는 예수님의 권능이 우리의 상상을 초월한다는 사실이 너무나도 감사하지 않은가?

둘째, 우리는 예수님이 우리와 같으시되, 또한 다르시다고 믿어야 한다. 기독교 신앙의 근본 진리 가운데 하나는 예수님이 완전한 인간이지만 죄 없는 삶을 사셨다는 것이다. 만일 예수님이 인간이 아니셨다면 십자가에서 우리의 죄를 대신 짊어질 수도 없고, 우리가 믿음을 통해 그분의 의를 덧입을 수도 없었을 것이다. 그러나 마가복음의 본문에서 알 수 있는 대로 예수님은 완전한 인간이셨지만 우리와는 다르셨다. 그분은 모든 인간이 가지고 싶어 하는 능력, 곧 죽은 자를 살릴 수 있는 능력을 소유하셨다.

예수님이 소녀가 잔다고 말씀하시자 집에 있는 사람들은 모두 그분을 비웃고 조롱했다(40절). 그런데 예수님이 소녀를 살려내시자 그들은 "크게 놀라고 놀랐다"(42절). 왜냐하면 유사 이래로 아무리 강력한 권세를 지닌 사람도 죽은 자를 다시 살릴 수는 없었기 때문이다. 예수님은 그런 기적으로 마가복음 4장 41절의 질문에 대답하셨고, 자신을 지극히 높으신 하나님의 아들이자 죽음을 지배하는 주권자로 계시하셨다.

우리도 본문에 등장하는 사람들과 마찬가지로 죽음을 극복할 능력이 없다. 그러나 예수님은 죽음을 다스리는 권능을 지녔을 뿐 아니라 십자가에서 우리를 대신해 죽었다가 다시 살아나셨다. 그 덕분에 이제는 우리도 그분을 통해 죽음과 무덤을 정복할 수 있게 되었다. 바울은 "만일 우리가 그의 죽으심과 같은 모양으로 연합한 자가 되었으면 또한 그의 부활과 같은 모양으로 연합한 자도 되리라"(롬 6:5)라고 말했다. 그런데도 우리에게 하나님과 화목할 수 있고, 또 살아 계시는 그분의 자녀가 되어 그분과 영원히 살 수 있는 길을 열어주신 하나님의 아들, 곧 주권자이신 주님 외에 다른 사물이나 사람을 의지하거나 그 안에서 희망을 찾으려고 애쓸 셈인가? 이 모든 것이 다 그리스도 때문에 가능해졌다.

결론

친구여, 그리스도를 믿지 않는가? 어찌하여 그리스도 외에 다른 것을 의지하고, 거기에서 희망을 찾으려고 하는가? 생각이나 육체가 고통을 받거나 연약해졌을 때 스스로에게서 희망을 발견할 수 있을 것이라고 생각하는가? 우리의 많은 죄를 심문하실 거룩하신 창조주 앞에 스스로의 선행을 내세울 수 있다고 생각하는가? 사랑하는 친구여, 성경은 그렇게 할 수 없다고 분명하게 말씀한다. 간곡히 권하노니 하나님의 긍휼을 의지하고, 그리스도께로 달려가 다가올 진노를 피하라. 질병을 다스리고, 우리를 대신해 죽음을 정복하신 주님 안에서 참된 희망을 발견하라.

나의 할머니는 예수님을 충실히 따랐다. 할머니는 우리를 대신해 죽음을 정복한 주권자이신 주님 안에서 발견되는 희망을 강력하게 증언하는 증인이었다. 나는 할머니가 병원에서 암 진단을 받은 날에 그 곁에 함께 있었다. 할머니는 참으로 받아들이기 어려운 현실이지만 모든 것을 다 지켜보고 계시는 예수님을 신뢰한다고 말했다. 등에서 심한 고통이 느껴질 때 할머니는 그리스도를 의지하며 그분께 위로를 구했다.

나는 할머니가 또렷한 정신으로 대화를 나누던 마지막 날에도 병원에서 그 곁을 지키면서 그런 믿음을 다시금 확인할 수 있었다. 할머니는 내게 하나님의 말씀을 읽어달라고 부탁했다. 할머니는 예수님이 자신의 질병과 고통과 죽음을 다스리신다고 믿었고, 그 믿음을 통해 그리스도를 끝까지 붙잡을 수 있는 힘을 얻었다(히 3:14). 지금 할머니는 "이는 내게 사는 것이 그리스도니 죽는 것도 유익함이라"(빌 1:21)라는 바울의 말을 온전히 경험하는 특권을 누리고 있다.

그리스도인 친구들이여, 우리도 질병과 죽음의 불확실성 속에서 오직 그리스도를 통해 희망과 기쁨을 발견해야 한다. 우리 자신이나 우리가 사랑하는 누군가가 육체를 쇠약하게 하는 심한 질병이나 암이나 불치병에 걸렸을 때는 오직 주님만이 우리의 희망이요 기쁨이라는 것을 알고, 주권자이신 우리의 구원자, 곧 우리의 질병은 물론, 심지어는 죽음의 상황까지도 능히 다스려 자기 백성을 유익하게 하고, 복음을 밝히 드러내며, 자신의 위대한 이름을 영화롭게 하시는 그리스도를 굳게 의지하자.

12장

절망의 때에 희망을 품고 살아가는 삶 :
사사기의 아름다움과 영광

존 트위드데일

사사기는 절망적이면서도 희망적인 책이다. 사사기가 절망적인 책인 이유는 믿음의 백성 안에서 발생한 영적 쇠퇴의 과정을 보여주고 있기 때문이다. 사사기는 하나님의 백성을 가장 크게 위협하는 것은 외적인 것(가나안 족속의 위협)이 아닌 내적인 것(은혜를 잊고, 불순종하고, 자기만족에 빠진 마음)이었다는 사실을 강력하게 일깨워준다. 그러나 감사하게도 사사기는 그 이상의 의미를 지니는 책이다. 사사기의 중요성은 인간의 타락한 본성에 관한 참담한 현실을 일깨우는 충격적인 가치를 지닌다는 것에 그치지 않는다. 사사기는 희망적인 책이다. 사사기는 죄의 현실만을 되풀이해서 전하지 않는다. 다시 말해 사사기는 죄로 인한 처참한 결과보다는 하나님의 은혜가 지니는 막강한 능력을 강조한다.

이스라엘의 사사 시대에 일어났던 고대의 이야기는 3천 년 전에 처음 기록되었을 때만큼이나 오늘날의 교회에도 매우 적절한 의미를 지닌다.[1] 기독교적 삶의 아름다움과 영광을 묘사하는 내용을 원할 때 사람들이 사사기를 선뜻 선택할 가능성은 거의 없어 보이지만 나는 사사기를 연구하는 것이 우리의 영적 성장에 꼭 필요한 다섯 가지 이유가 있다고 생각한다.

첫째, 사사기는 하나님의 말씀이다. 바울 사도가 말한 대로 구약 성경은 "우리로 하여금 인내로 또는 성경의 위로로 소망을 가지게" 하기 위해 기록되었다(롬 15:4). 지혜로우신 하나님이 사사기를 허락하신 이유는 우리를 격려하고, 믿음 안에서 인내하게 하기 위해서다(히 11:32). 바울은 "모든 성경은 하나님의 감동으로 된 것으로 교훈과 책망과 바르게 함과 의로 교육하기에 유익하니 이는 하나님의 사람으로 온전하게 하며 모든 선한 일을 행할 능력을 갖추게 하려 함이라"(딤후 3:16, 17)라고 말했다. 성경의 영감과 충족성에 관한 바울의 가르침은 우리를 영적으로 온화하고 편안하게 만드는 성경의 내용에만 적용되지 않는다. 그것은 성경 전체에 똑같이 적용된다. 사사기도 성령의 감동하심으로 기록된 무오하고 무류한 하나님의 말씀이기 때문에 우리에게 유익하다.

---

1. 사사기의 저자와 저작 시기는 미상이다. 그러나 "왕이 없었고"라는 말이 반복되고 있는 것으로 볼 때(삿 17:6, 18:1, 19:1, 21:25) 다윗 왕의 통치가 시작되기 전에 기록된 것이 분명한 듯하다. Dale Ralph Davis, *Judges: Such a Great Salvation*, Focus on the Bible (Ross-shire, Scotland: Christian Focus, 2000), 200, n5; see also Gleason L. Archer, Jr., *A Survey of Old Testament Introduction*, rev. ed. (Chicago: Moody, 1985), 280–82; R. K. Harrison, *Introduction to the Old Testament* (Grand Rapids: Eerdmans, 1971), 682–90; George M. Schwab, *Right in Their Own Eyes: The Gospel According to Judges*, The Gospel According to the Old Testament (Phillipsburg, N.J.: P&R, 2011), 3–37.

둘째, 사사기는 청교도가 "죄의 사악함"^{sinfulness of sin}으로 일컬은 곤혹스러운 현실을 묘사한다.[2] 그런 묘사는 예술품 전시장에서 발견되는 예술품, 곧 우리 스스로 주관적인 의미를 부여해야 하는 수수께끼와 같은 작품과는 사뭇 다르다. 우리는 이 현실을 해석할 필요가 없다. 오히려 이 현실이 우리를 해석한다. 사사기는 우리의 피부에서 발견되는 여러 가지 불완전한 것들을 두드러져 보이게 만드는 거울처럼 우리의 영혼에 있는 흠과 결함을 보여줌으로써 하나님이 세우신 구원자(주 예수 그리스도)의 필요성을 강조한다. 아마도 이것이 사사기가 구약성경 가운데 인기 있는 열 권의 책에 포함되지 않을 때가 많은 이유 가운데 하나일지도 모른다. 사사기는 섬뜩한 방식으로 불신앙의 추악한 속성을 여지없이 드러낸다.

아서 쿤덜은 "사사기에는 독자의 마음을 슬프게 만드는 것이 많다. 아마도 성경에서 인간의 연약함을 그토록 생생하게 증언하고 있는 책은 더는 없을 것이다."라고 말했다.[3] 인간의 연약함을 증언하는 것이 사사기가 가르치는 심오한 교훈 가운데 하나다. 로마서 1장과

---

2. "죄의 사악함"이라는 표현은 청교도 문헌을 통해 분명하게 입증되었고 인간의 타락한 본성의 극악함을 강조하기 위해 사용되었다. 여기에 관한 표준적인 작품들인 다음의 책들을 참조하라. the standard treatments by Jeremiah Burroughs, *Evil of Evils: The Exceeding Sinfulness of Sin* (Morgan, Pa.: Soli Deo Gloria, 1992); Edward Reynolds, *The Sinfulness of Sin*, in *The Works of Edward Reynolds*, 6 vols. (London: B. Holdsworth, 1826), 1:102–353; Ralph Venning, *The Sinfulness of Sin* (Edinburgh: Banner of Truth, 1993).

3. Arthur E. Cundall, "Judges," in Arthur E. Cundall and Leon Morris, *Judges and Ruth: An Introduction and Commentary*, Tyndale Old Testament Commentaries (Downers Grove, Ill.: InterVarsity Press, 2008), 11.

에베소서 2장과 같은 성경 본문은 전적 타락의 교리를 예리하고 정밀하게 설명하고 있는 반면에 사사기는 강력한 힘을 지닌 실화들을 통해 그와 동일한 교훈을 베풀고 있다. 싫든 좋든, 이것은 하나님의 백성의 역사다.

성경의 이야기들이 교회에 그토록 중요한 이유 가운데 하나는 성경적 진리라는 뼈대 위에 믿음이라는 살과 피를 덧입힐 수 있게 도와준다는 것이다.[4] 이스라엘 백성이 가나안 땅에서 실패를 거듭한 사실을 통해 죄의 사악함을 분명하게 인식한다면 하나님의 은혜의 위대함과 그 필요성을 좀 더 온전하게 이해할 수 있다. 이것이 라일이 《거룩》Holiness이라는 책에서 아래와 같이 말한 이유다.

기독교적 거룩함에 대해 올바른 견해를 지니기를 원한다면 죄라는 방대하고도 엄숙한 주제를 살펴보는 데서부터 출발해야 한다. 건물을 높게 지으려면 땅을 매우 낮게 깊이 파 내려가야 한다. 여기에서 실수를 저지르면 가장 해롭다. 거룩함에 대한 잘못된 견해는 대부분 인간의 타락에 대한 잘못된 견해에 그 원인이 있다…거룩함의 기준을 더 높게 설정하기 위한 첫 단계는 죄의 엄청난 사악함을 좀 더 온전하게 이해하는

---

4. 구약 내러티브의 유용함에 대해서는 다음의 책을 참조하라. David Murray, *Jesus on Every Page: 10 Simple Ways to Seek and Find Christ in the Old Testament* (Nashville: Thomas Nelson, 2013), 99-114; 더 자세한 논의는 다음의 책을 참조하라. see Dale Ralph Davis, *The Word Became Fresh: How to Preach from Old Testament Narrative Texts* (Ross-shire, Scotland: Mentor, 2006); Richard L. Pratt, *He Gave Us Stories: The Bible Student's Guide to Interpreting Old Testament Narratives* (Phillipsburg, N.J.: P&R, 1993).

것이다.[5]

라일의 말은 옳다. 기독교적 삶의 아름다움과 영광을 밝히 드러내고 싶으면 무엇보다도 먼저 "매우 낮게 파 내려가서" 우리 자신의 타락의 심연을 면밀하게 살펴봐야 한다. 그러나 그렇게 할 때는 조심해야 한다. 우리가 깊이 파 내려가는 이유는 죄의 더러움 속에서 뒹굴기 위해서가 아니라 하나님의 은혜의 탁월함을 경이로워하기 위해서다.[6] 그런 일을 하기 위한 시작점으로 사사기보다 더 나은 것은 없다.

셋째, 사사기는 자기 백성을 끝까지 포기하지 않으시는 하나님에 대한 놀라운 이야기를 전한다. 사사기 저자는 죄보다는 은혜가 더 충격적이라는 사실을 일깨워준다. 사사기에 보면 이스라엘 백성이 가나안의 우상들이 유혹할 때마다 번번이 영적 타락을 일삼았던 것을 알 수 있다. 이런 사실은 그렇게 놀랄 만한 일은 아니다. 아담과 하와의 타락 이후로 온 인류가 그와 똑같이 거듭해서 자기중심적인 반역을 저질러 왔다. 따라서 오히려 하나님이 자기 백성이 간절히 호소할 때마다 구원과 용서를 베푸셨다는 것이야말로 진정 놀라운 사실이 아닐 수 없다. 리처드 갬블은 "사사기의 궁극적인 아름다

---

5. J. C. Ryle, *Holiness* (Darlington, England: Evangelical Press, 1999), 1, 14.

6. "죄의 극도로 사악한 속성은 그리스도께로 더 빨리 달려가도록 독려할 뿐 아니라 하나님의 은혜가 더욱더 은혜롭게 나타나게 만든다."라는 에드워드 레이놀즈의 말과 비교해보라. Reynolds, *Works*, 1:120.

움은 그때나 지금이나 오래 참으며 긍휼을 베푸시는 하나님의 크신 은혜를 보여주는 데 있다."라고 말했다.[7] 사사기가 흥미진진한 책인 이유는 죄의 진창에서 빠져나와 하나님의 품에 안길 수 있는 길을 보여주기 때문이다.

넷째, 사사기는 구원의 역사 가운데서 족장들과 왕들을 연결하는 다리와 같은 역할을 한다. 성경에서 여호수아서와 사사기는 모세와 다윗 사이에 있었던 이스라엘의 역사를 기록하고 있다(이것은 사도행전이 예수님과 바울 사이에 있었던 교회의 역사를 기록하고 있는 것과 매우 흡사하다). 여호수아서는 이스라엘 백성이 가나안 정복 사업에 충실했던 사실을 강조하는 반면에, 사사기는 그들이 불충실한 모습으로 가나안 족속처럼 되어버린 상황을 강조한다. 사사기는 약 350년에 걸친 영적 쇠퇴의 역사를 기록하고 있다. 교회는 그 시기의 이스라엘 역사를 통해 배워야 할 것이 많다. 사사기는, 이스라엘 백성이 하나님의 약속을 도외시하고 가나안의 관습을 받아들임으로써 믿음에서 벗어난 사실, 영적 성장을 위해 하나님이 제공하신 리더십의 중요성, 죄와 유혹의 극복에 꼭 필요한 회개의 핵심적인 역할, 자기 백성을 버리지 않으시는 하나님의 무한한 인내에 대해 가르친다.

마지막으로 사사기는 이스라엘의 왕정 제도의 필요성을 제시한다. 사사기는 왕도, 정부도, 질서도 없이 모든 사람이 자기 소견에

---

7. Richard C. Gamble, *The Whole Counsel of God: Volume 1: God's Mighty Acts in the Old Testament* (Phillipsburg, N.J.: P&R, 2009), 481.

옳은 대로 행하던 무질서한 상황을 묘사함으로써 이스라엘의 왕에 대한 갈망을 불러일으킨다. 바꾸어 말해 하나님이 보시기에 옳은 일을 하는 군주의 필요성을 일깨워준다. 사사기의 중요성은 이스라엘 백성을 구원해줄 다윗 왕의 필요성만이 아니라 우리를 구원해줄 다윗의 위대한 후손이신 그리스도의 필요성을 아울러 상기시켜준다.

이제 이런 이유들을 염두에 두고 본문의 가르침을 살펴보기로 하자. 사사기는 크게 세 부분으로 나뉜다. 구체적으로 말하면 사사기의 전반적인 요약(1:1-3:6), 열두 사사의 행적(3:7-16:31), 이스라엘의 타락(17-21장)이다.[8] 여기에서는 첫 번째 부분에 초점을 맞출 생각이다. 그 이유는 그 부분이 이후의 이야기를 읽는 데 필요한 방향을 제시하고 있기 때문이다. 특히 사사기 2장 6절부터 3장 6절에는 이스라엘의 영적 쇠퇴를 신학적으로 묘사한 내용이 담겨 있다. 우리는 이 내용 가운데서 사사기의 전반에 걸쳐 나타나는 네 가지 교훈을 발견할 수 있다.

---

8. 많은 주석가들이 이런 기본적인 개요에 동의한다. 예를 들어 다음의 주석을 참조하라. Daniel Block, *Judges, Ruth*, The New American Commentary (Nashville: B&H, 1999), 72-73; Davis, *Judges*, 12; Barry G. Webb, *The Book of Judges*, The New International Commentary on the Old Testament (Grand Rapids: Eerdmans, 2012), 32-35.

하나님을 망각함

사사기는 암울한 어조로 시작한다. 여호수아가 사망했다. 모세가 죽으면서 지도자직을 여호수아에게 넘겨주었던 것과는 달리 여호수아의 사후에는 이스라엘 가운데 확실한 계승자가 없었다(수 1:1-9, 삿 1:1, 2:6-10 비교). 이스라엘은 위기에 직면했다. 하나님의 백성은 지도자도 없고, 방어체계도 없는 상태였다. 한마디로 그들은 극도로 취약한 상태였다.

지도자가 없는 상태에서 가나안에서의 미래는 이스라엘 지파들 사이에 큰 불안감을 야기했다. 아마도 그들은 여호수아가 없는 상태에서 "누가 약속의 땅에서 우리를 이끌 것인가? 누가 우리의 미래를 관장할 것인가? 누가 우리에게 하나님의 율법을 가르칠 것인가? 누가 우리의 적들에 맞서 싸울 것인가?"라고 물었을 것이다.

당시는 이스라엘이 시험을 당하는 시기였다(삿 3:1, 4). 지도자가 없는 상태에서 그들이 어떻게 반응하느냐에 따라 약속의 땅에서 신실한 길, 또는 불신실한 길을 걸어갈 것이다. 그렇다면 이스라엘 지파는 어떻게 행동했을까? 그들은 처음에는 하나님이 적들을 자기들의 손에 붙이신 것을 알고, 유다 지파를 필두로 기도하며 무기를 들고 가나안 족속에 맞서 싸웠다(삿 1:2). 그때까지만 해도 모든 것이 좋았다.

그러나 사사기 1장 19절부터 상황이 바뀌기 시작한다. "여호와께서 유다와 함께 계셨으므로 그가 산지 주민을 쫓아내었으나 골짜기의 주민들은 철 병거가 있으므로 그들을 쫓아내지 못하였으며."

이것은 별로 중요하지 않은 사소한 문제인 것처럼 보인다. 그렇지 않은가?

하나님이 유다 지파와 함께 하셨다. 그러나 그들은 과업을 온전히 다 끝마치지 못했다. 서로 모순되는 이 두 가지 진술을 통해 이스라엘 백성의 마음 상태를 엿볼 수 있다. 하나님의 백성은 하나님의 언약적 임재를 통해 유익을 누렸지만 가나안 족속의 월등한 군사 기술 앞에서 싸울 의욕을 잃고 말았다. 그들은 크게 당황한 나머지 불순종의 죄를 저지르고 말았다.

유다 지파는 가나안 족속의 철 병거에 패배할까봐 두려워 자신들의 전력 승수(군대의 임무 성공 가능성을 높여주는 능력, 여기에서는 하나님이 그들과 함께 계신다는 사실—역자주)가 훨씬 더 크다는 사실을 망각하고 말았다. 하나님은 자기 백성에게 자신의 임재를 네 차례나 상기시켜주셨다 (삿 1:2, 4, 19, 22). 그러나 그런 확실한 말씀에도 불구하고 이스라엘 백성은 적들을 쫓아낼 수 없었다. 왜 그랬을까? 그 이유는 적들이 철 병거를 가지고 있었기 때문이다(19절). 유다 지파와 다른 지파들이 순종하지 않은 이유는 하나님보다 가나안 족속이 더 강하다고 생각했기 때문이다. 그런 불신앙은 너무나도 어리석은 것이었다.

이스라엘 백성은 왜 그렇게 모호한 태도를 보였을까? 여호수아의 인도 아래 여리고에서 경험했던 일을(수 6장) 어떻게 잊을 수가 있었을까? 이 두 사건은 서로 극명하게 대조된다. 이스라엘 백성은 여리고에서도 막강한 군사력도, 발전된 기술도, 탁월한 무기도, 전략적 이점도 전혀 갖추지 못했다. 그러나 성벽이 허물어져 내렸다. 왜 그랬을까? 그 이유는 하나님이 여호수아와 함께 여리고의 싸움을 싸우셨기 때문이다(수 6:27, 삿 1:19 비교). 하나님의 백성의 기억이 그렇게 짧다니 참으로 놀라운 일이다.

이스라엘의 망각은 그들의 영적 쇠퇴를 이해하는 열쇠다(신 4:23, 8:19, 삼상 12:9 참조). 사사기의 비극은 이스라엘이 역경에 처한 상태에서 하나님의 약속을 망각했다는 것이다. 그 결과, 주기적인 불순종의 과정이 시작되었다. 하나님은 이스라엘 백성에게 자신의 임재를 거듭 확증하셨고, 그들은 그분의 약속을 습관적으로 무시했다. 여호수아는 이스라엘 백성에게 그들의 적을 물리쳐줄 것이라는 하나님의 약속을 잊지 말라고 경고했다(수 23:5-13 참조). 그러나 그들은 그 말을 듣지 않았다.

이스라엘은 여호수아의 당부를 무시한 탓에 큰 해를 자초하고 말았다. 트렌트 버틀러는 "사사기는 분명하면서도 의도적인 어조로 여호수아가 이룬 모든 것을 뒤집어 버린 역사를 전하고 있다. 진정한 의미에서 여호수아의 죽음은 곧 이스라엘의 죽음이었다."라고 말했다.[9] 사사기 2장 10-12절과 3장 7절에는 여호수아의 사후에 일어난 끔찍한 상황을 묘사하는 내용이 담겨 있다.

"그 세대의 사람도 다 그 조상들에게로 돌아갔고 그 후에 일어난 다른

---

9. Trent Butler, *Judges*, Word Biblical Commentary (Nashville: Thomas Nelson, 2009), lvii.

세대는 여호와를 알지 못하며 여호와께서 이스라엘을 위하여 행하신 일도 알지 못하였더라 이스라엘 자손이 여호와의 목전에 악을 행하여 바알들을 섬기며 애굽 땅에서 그들을 인도하여 내신 그들의 조상들의 하나님 여호와를 버리고 다른 신들 곧 그들의 주위에 있는 백성의 신들을 따라 그들에게 절하여 여호와를 진노하시게 하였으되…이스라엘 자손이 여호와의 목전에 악을 행하여 자기들의 하나님 여호와를 잊어버리고 바알들과 아세라들을 섬긴지라."

이스라엘 백성은 왜 하나님 앞에서 악을 저질렀을까? 그들은 왜 하나님을 버리고 바알을 섬겼을까? 그 이유는 그들이 자신들의 하나님 여호와를 잊었기 때문이다. 하나님을 망각하는 것이 그분을 저버리는 시발점이다.

이스라엘이 하나님을 망각했다는 것은 하나님에 관한 지식이 그들의 기억 속에서 완전히 지워졌다는 의미가 아니다. 아마도 이스라엘 백성 가운데 많은 사람이 여전히 시내산의 소요리문답(신 6:4, 5)을 암송할 수 있었을 것이다. 그 증거가 사사기의 곳곳에서 발견된다. 이스라엘 백성은 필요한 순간마다 하나님께 부르짖을 만큼 충분한 기억을 소유하고 있었다. 이스라엘의 죄는 신학적인 기억 상실이 아닌 무관심이었다. 대니얼 블록이 말한 대로 여호수아 3장 7절에서 "잊어버리고"로 번역된 히브리어는 "무시하다, 생각하지 않다"라는 뜻이다.[10] 그들은 출애굽을 허락하신 옛 하나님보다 가나안의 매혹적인 풍요의 신을 더 좋아했다.

하나님을 망각한다는 것은 하나님의 말씀을 고려하지 않음으로써 그분을 무시하는 것을 의미한다. 그 과정은 미묘하다. 처음에는 복음에 놀라고, 은혜에 감격하지만 차츰 시간이 지나면 하찮은 쾌락에 안주한다. 바알에게 현혹되어, 유일한 참 하나님에 대해서 애증을 함께 느끼기 시작한다. 그분의 말씀이 더 이상 즐겁지 않고, 하나님 앞에서는 따분한 듯 하품을 하고, 다른 것은 정욕이든 야망이든 탐욕이든 상관없이 무엇이나 좋아하게 된다. 기독교적 삶의 아름다움과 영광을 무시하는 이유는 하나님의 아름다움과 영광을 무시하기 때문이다. 디트리히 본회퍼는 "그런 순간이면 하나님은 전혀 현실성 없게 느껴지게 되고…사탄은 그분에 대한 증오가 아닌 망각으로 우리를 가득 채운다."라고 말했다.[11]

하나님을 잊고 싶은 유혹은 이스라엘에게만 국한되지 않는다. 우리도 그들과 마찬가지로 임마누엘이신 그리스도, 곧 하나님이 이스라엘과 함께 계시겠다고 약속하신 것처럼 우리가 하나님의 명령을 수행할 때 우리와 함께 계시겠다고 약속하신 주님(마 1:23, 28:20 참조)을 무시하려는 성향을 지니고 있다. 적이 더 이상 철 병거를 가지고 있지 않아도 우리는 여전히 우리가 그리스도의 지상명령을 이룰 승

---

10. Block, *Judges, Ruth*, 151.

11. Dietrich Bonhoeffer, *Creation and Fall; Temptation: Two Biblical Studies* (New York: Touchstone, 1997), 132.

산이 없는 것처럼 행동한다. 하나님은 우리가 마치 그리스도의 임재가 아무런 의미도 없는 것처럼 무기력한 태도를 보이는 것을 원하지 않으신다. 이것이 바로 예수님이 성찬을 통해 자기를 기념하라고 당부하신 이유 가운데 하나다(고전 11:24, 25 참조). 예수님을 기념하지 않으면 그분을 잊게 될 것이다. 한때 노예 매매상이었다가 "나 같은 죄인 살리신"이라는 찬송가 작시자로 거듭난 존 뉴턴은 성도들이 임마누엘이신 주님을 잊고 저버릴 유혹에 직면했을 때 중요한 길잡이가 될 만한 유명한 말을 남겼다. 그는 인생의 말년에(즉 팔십 대의 노인이 되었을 때) 한 친구에게 "기억력이 거의 사라졌지만 두 가지는 분명하게 기억하네. 하나는 내가 큰 죄인이라는 것이고, 다른 하나는 그리스도께서 위대한 구원자시라는 것이네."라고 말했다.[12] 그리스도의 십자가를 기억하는 것이 영적 무관심을 예방하는 유일한 방어책이다.

많은 점에서 가장 중요한 사사기의 첫 번째 교훈은 하나님의 백성이 그분의 말씀을 잊을 때 죄를 짓게 된다는 것이다.

회개를 기억함

우리는 하나님의 약속을 잊을지라도 그분은 은혜롭게도 우리를 잊

---

12. Jonathan Aitken, *John Newton: From Disgrace to Amazing Grace* (Wheaton, Ill.: Crossway, 2007), 347에 인용되어 있음.

지 않으신다. 사사기의 두 번째 교훈은 하나님이 자기 백성에게 회개할 기회를 주신다는 것이다. 이 주제가 사사기 3장 7-11절에서 다루어지고 있다.

우리는 이 구절에서 열두 사사 가운데 첫 번째 사사, 곧 잘 알려지지 않은 옷니엘이라는 사사와 마주치게 된다. 그는 이스라엘의 위대한 정탐꾼이었던 갈렙의 조카였다. 그는 이스라엘의 밝았던 과거 역사와의 연결 고리를 형성할 뿐 아니라 사사들의 전형을 세운 인물이었다. 사사기의 나머지 내용은 그의 사역으로 이루어진 기본적인 틀을 따른다. 우리는 옷니엘의 사역을 통해 가나안에서 이루어진 이스라엘 백성의 경험을 요약하는 다섯 가지 기본 원리(반역, 심판, 회개, 회복, 안식)를 발견할 수 있다.

반역. 사사기 3장 7절은 "이스라엘 자손이 여호와의 목전에서 악을 행하여 자기들의 하나님 여호와를 잊어버리고 바알들과 아세라를 섬긴지라"라고 말한다. 앞서 말한 대로 이스라엘 백성은 하나님의 말씀을 잊거나 무시함으로써 그분을 거역했다(삿 2:1-3, 16, 17). 그들은 하나님의 기준이 없어도 자기들의 소견에 옳은 대로 행하면 그만이라고 생각했다(삿 17:6, 21:25). 그러나 하나님의 말씀에 주의를 기울이지 않는 것은 결코 작은 죄가 아니다. 본문의 요점은 분명하다. 즉 불순종은 하나님이 보시기에 악하다.[13] 반역은 하나님의 말

---

13. 이스라엘 백성이 "하나님이 보시기에 악한" 것을 행했다는 말이 사사기에서 후렴처럼 반복된다. 이스라엘의 악은 단지 이방 신들을 섬긴 것에 국한되지 않았다. 그러나 그것은 궁극적으로 하나님의 말씀을 무시하는 행위였다. 사사기 2장 11절, 3장 12절, 4장 1

씀을 하찮게 여기는 순간에 일어난다.

심판. 이스라엘의 반역은 심판을 불러들였다. 하나님은 그들의 죄를 정당하게 징벌하셨다. 8절은 "여호와께서 이스라엘에게 진노하사 그들을 메소보다미아 왕 구산 리사다임의 손에 파셨으므로 이스라엘 자손이 구산 리사다임을 팔 년 동안 섬겼더니"라고 말한다. 하나님의 진노를 언급하는 말은 우리의 등골을 오싹하게 하지만 그분의 진노를 이성을 잃고 발작적으로 터뜨리는 격노와 혼동해서는 안 된다. 하나님의 진노는 자신의 영광과 자기 백성의 유익을 위한 강한 열망의 표현이다. 하나님의 행동은 그분의 의로우신 성품과 온전히 일치한다. 그분은 이스라엘 백성에게 반역의 결과에 대해 거듭 경고하셨다(신 7장, 수 23:11-13, 삿 2:1, 2, 20-23). 그들이 하나님을 부인하면 하나님도 그들을 부인하실 것이었다. 이런 심판의 개념은 구약 시대에만 국한되지 않는다. 예수님의 말씀에서도 그와 똑같은 개념이 발견된다. 그분은 "누구든지 사람 앞에서 나를 부인하면 나도 하늘에 계신 내 아버지 앞에서 그를 부인하리라"라고 말씀하셨다(마 10:33, 막 8:38, 살후 1:5-10 참조).

회개. 하나님의 징벌을 받고 나자 이스라엘은 회개하고 돌아왔다. "이스라엘 자손이 여호와께 부르짖으매"(9절). 이스라엘은 큰 곤경에 처했다. 이방 종교의 약속은 헛된 것으로 드러났다. 바알은 그들

절, 6장 1절, 10장 6절, 13장 1절을 살펴보고, 이 구절들을 민수기 32장 13절, 신명기 4장 25절, 31장 29절, 사무엘상 15장 19절과 비교해보라. 하나님을 버리고 바알을 섬긴 것은 이스라엘 백성이 하나님을 망각하게 된 원인이 아닌 그 결과였다.

을 구산 리사다임의 손에서 구원할 수 없었다.[14] 이스라엘이 할 수 있는 일은 자기들이 버린 하나님께 부르짖는 것밖에 없었다. 압제자에게 팔 년 동안 시달린 그들은 구원자가 절실히 필요했다. 하나님의 징계가 그들이 회개할 수 있는 계기가 되었다. 이스라엘은 부르짖었고, 하나님은 구원을 베푸셨다. 하나님은 그들의 호소를 기꺼이 받아주셨다. 본문에서, 타락한 하나님의 백성을 위한 큰 위로가 발견된다. 하나님은 팔 년의 혹독한 시련으로 이스라엘을 징계하셨다. 우리는 하나님의 징계를 가볍게 생각해서는 안 된다(히 12:5, 6). 죄를 버리고 회개하며 하나님께 돌아오려면 징계가 필요하다.

회복. 회개 이후에는 회복이 이루어졌다. "이스라엘 자손이 여호와께 부르짖으매 여호와께서 이스라엘 자손을 위하여 한 구원자를 세워 그들을 구원하게 하시니 그는 곧 갈렙의 아우 그나스의 아들 옷니엘이라 여호와의 영이 그에게 임하셨으므로 그가 이스라엘의 사사가 되어 나가서 싸울 때에 여호와께서 메소보다미아 왕 구산 리사다임을 그의 손에 넘겨 주시매 옷니엘의 손이 구산 리사다임을 이기니라"(9. 10절). 우리는 여기에서 작게 축소된 구원의 역사를 발견할 수 있다. 이런 구원의 유형이 성경 곳곳에서 발견된다. 하나님의 백성이 어려움을 겪으면 주님이 성령의 기름 부음을 받은 종을

---

14. 구산 리사다임이라는 이름의 의미는 "두 배로 악한 구산사람"인데, 이 메소보다미아 왕의 실제 이름은 아니었을 것이다. 이 이름은 사사기 저자에 의해 희롱하기 위해 붙여진 것일 수도 있고, 이스라엘의 누군가가 붙인 것일 수도 있다. 구원받은 백성이 원수를 놀린 셈이다. Block, *Judges, Ruth*, 153; Webb, *The Book of Judges*, 159을 참조하라.

보내 자기 백성을 원수들의 손에서 구원하신다. 이 경우에는 옷니엘이 구원자였다. 물론 궁극적으로는 그리스도께서 구원자이시다 (사 42:1, 마 12:15-21).

안식. 옷니엘의 이야기는 행복하게 끝을 맺는다. 11절은 "그 땅이 평온한 지 사십 년에 그나스의 아들 옷니엘이 죽었더라"라고 말한다. 하나님의 종 옷니엘은 적들을 물리치고 안식을 얻어 이스라엘 백성에게 큰 평안을 안겨주었다. 이스라엘 땅에 전쟁이 그치고, 평화가 찾아왔다. 이스라엘 백성은 본래 의도된 대로 약속의 땅에서 평화로운 삶을 영위했다(수 21:43-45 참조). 그러나 슬프게도 평화는 오래가지 못했다. 사십 년이 지난 후에는 다시 안식이 사라졌다(히브리서 4장 8, 9절과 대조해보라).

반역과 심판과 회개와 회복과 안식의 과정이 사사기 전반에 걸쳐 여러 번 되풀이되었다. 상황은 갈수록 더욱 악화되었다. 가나안의 종교와 관습에 대한 이스라엘 백성의 집착은 더욱 심해졌다. 그들은 결국 더 이상 하나님께 부르짖지 않는 상태에 이르렀다. 사사기의 마지막에 보면 안식도, 구원도, 회개도 없었던 것을 알 수 있다. 사사기 10장 13절에 보면 "너희가 나를 버리고 다른 신들을 섬기니 그러므로 내가 다시는 너희를 구원하지 아니하리라"라는 말씀이 발견된다.

우리가 저지를 수 있는 가장 위험한 일 가운데 하나는 은혜를 빌미 삼아 계속해서 죄를 짓는 것이다(시 19:13, 롬 6:1 참조). "하나님이 우리를 용서하신다"는 확신을 계속되는 죄의 행위를 정당화하는 데 사용한다면 더 큰 위험이 뒤따를 수밖에 없다. 회개를 미뤄서는 안된다. 성경은 "오늘 너희가 그의 음성을 듣거든 너희 마음을 완고하게 하지 말라"(히 4:7)고 말한다. 사사기가 전하는 좋은 소식은 하나님이 성령의 기름 부음을 받은 종을 신뢰하는 사람들을 기꺼이 용서하고 구원하신다는 것이다(행 3:19). 그러나 내일이 아닌 오늘 죄를 회개해야 한다. 지금이 하나님께 부르짖어야 할 때다.

사사들을 판단함

사사기의 세 번째 교훈은 하나님이 자기가 세운 종들을 통해 자기 백성을 구원하신다는 것이다. 사사기는 열두 사사(옷니엘, 에훗, 삼갈, 드보라/바락, 기드온, 돌라, 야일, 입다, 입산, 엘론, 압돈, 삼손)의 사역을 기록하고 있다. 사사들은 제각각 다른 지파에서 나왔다.

"재판관"을 뜻하는 사사라는 용어는 대개 법정에서 재판석에 앉아 소송을 다루는 사람을 가리킨다. 성경에 등장하는 사사들도 정의를 집행하는 역할을 담당했지만 이스라엘 사회에서 그들이 행한 기능을 이해하려면 약간 다른 개념을 적용해야 할 필요가 있다. 이스라엘의 사사는 엄숙한 예복을 입은 판사보다는 손에 칼을 들고 조지 위샤트를 보호했던 존 녹스와 더 비슷하다(스코틀랜드의 대표적인 종교개혁자인 존 녹스는 젊은 시절에 자기보다 한 세대 앞선 개혁자인 조지 위샤트를 무장 경호하는 일을 맡았음—편집주). 이스라엘의 사사들은 하나님의 백성을 보호하는 기능을 했다. 존 녹스의 신조가 "제게 스코틀랜드를 주옵소서. 그렇지 않으면 저를 죽이소서."였다면 사사들의 신조는 "제게 이스라엘을 주옵소서. 그렇지 않으면 저를 죽이소서."였다. 사사들의 책임은 두 가지였다. 하나는 하나님의 율법을 수호하는 것이었고, 다른 하나는 그분의 백성을 원수들에게서 구원하는 것이었다. 그들의 이야기를 읽어보면 최소한 두 가지 사실을 발견할 수 있다.

첫째, 하나님은 하찮아 보이는 사람들을 통해 자기 백성을 보살피신다. 사사들 대부분에 대해서는 알려진 것이 그리 많지 않다. 사사기 10장에 언급된 돌라와 야일이 대표적인 경우다. 그들에 대한 정보는 거의 없다. 그러나 하나님은 그런 사람들을 도구로 사용해 이스라엘 땅에 45년 동안의 평화를 허락하셨다. 그들의 생애에 대해서는 아는 것이 별로 없지만 아마도 그들의 사역을 직접 목격했다면 그들이 충실한 사역자들이었다는 사실을 알 수 있을 것이다. 하나님의 백성은 하찮지만 충실한 종들을 통해 번영을 누린다(골 1:7, 4:12 참조). 예를 들어 이 책을 읽는 독자들은 존 블랙과 찰리 홀리데이라는 사람을 잘 알지 못할 것이다. 그러나 그들은 내가 섬기는 교회의 초대 목사와 9대 목사였다. 그들의 사역 기간을 합치면 88년에 달한다. 그들은 그 기간에 교인들의 결혼, 세례, 장례, 성경 공부, 주일학교 교육, 예배를 이끌었다. 역사는 하나님의 "하찮은" 종들 가운데 대부분을 기억하지 못할 테지만 그들의 충실한 사역은 하나님의 백성을 평안하게 했다.

둘째, 하나님은 흠이 많은 사람을 이용해 자기 백성을 보살피신다. 정보가 좀 있는 사사들도 그다지 인상적이지 않기는 마찬가지다. 에훗은 자객이었고, 바락은 약골이었으며, 기드온은 우상숭배자였고, 입다는 기생의 아들이었으며, 삼손은 여자를 좋아했던 나실인이었다. 그런데도 그들은 이스라엘을 해방하는 도구로 사용되었을 뿐 아니라 그 믿음이 칭송을 받기까지 했다(삼상 12:10, 11, 히 11:32-34 참조). 지혜로우신 하나님은 자기를 망각한 백성들 가운데서 사사들을 선택해 결코 잊을 수 없는 구원의 역사를 일으키셨다. 이스라엘 백성은 대대로 "왼손잡이 에훗이 늙고 비둔한 에글론을 찔러 죽인 것을 기억하라(삿 3:12-30). 하나님이 나약한 바락을 사용해 시스라를 물리치신 것을 기억하라(삿 4, 5장). 사랑에 빠져 두 눈이 뽑힌 삼손이 삼천 명의 블레셋 사람을 죽인 것을 기억하라(삿 13-16장). 우리가 어찌 그런 일들을 잊을 수 있으랴!"라고 말했을 것이 틀림없다. 따라서 하나님이 그보다 훨씬 더 잊을 수 없는 방법으로 죄 없는 독생자를 보내 자기 백성을 구원하게 하신 것은 조금도 놀랍지 않다. 성자께서는 궁궐이 아닌 말구유에서 태어나셨다. 그분은 강력한 통치자가 아닌 동정녀의 아들로 태어나셨다. 그분은 칼이 아닌 십자가로 죄를 정복하셨다. 그분은 현대 의약이 아닌 빈 무덤으로 죽음을 정복하셨다. 그 일을 우리가 어찌 잊을 수 있으랴!

서서히 가나안 족속에게로 기울었던 이스라엘

사사기의 마지막 교훈은 죄를 억제하지 않고 방치하면 하나님의 백성에게 큰 해가 초래된다는 것이다. 사사 시대의 이스라엘 백성은 통제불능의 상태가 되고 말았다. 이 비극적인 이야기를 읽다 보면 이스라엘이 노골적인 혼합주의와 걷잡을 수 없는 우상숭배에서부터 레위인의 첩을 토막 낸 잔혹한 행위와 혼란스러운 내전에 이르기까지 인간이 상상할 수 있는 거의 모든 죄를 저지른 것을 알수 있다. 사사기의 끝부분은 이스라엘이 하나님의 백성이라기보다는 가나안 족속을 더 닮았다는 것을 보여준다. 로버트 보크의 표현을 빌려 말하면 이스라엘 백성은 서서히 가나안 족속에게로 기울었다.[15]

사사기는 죄를 억제하지 않으면 걷잡을 수 없이 무한정 커진다고 경고한다. 청교도 존 오웬은 이렇게 말했다.

> 죄는 항상 최대한의 힘을 발휘하려고 한다. 죄가 나타나 유혹하거나 미혹할 때마다 그것은 최고조에 달할 때까지 발전해 나간다. 불결한 생각이나 눈빛은 간음으로 이어지고, 탐욕스러운 욕망은 압제로 이어지고, 불신앙의 생각은 최대한 자라 무신론으로 이어진다.[16]

지금 어떤 죄로 인해 갈등을 겪고 있든 상관없이 그 죄가 마음속에 오랫동안 머물도록 허용하지 말라. 그 죄가 우리를 장악하기 전

---

15. Robert Bork, *Slouching towards Gomorrah* (New York: HarperCollins, 1997). 이스라엘의 "가나안화" 과정은 다음의 책이 잘 기록하고 있다. Block, *Judges, Ruth*, 58.

16. John Owen, "Mortification of Sin," in *The Works of John Owen*, 24 vols., ed. William H. Goold (Edinburgh: Banner of Truth, 1965), 6:12.

에 그리스도께 고백해야 한다. 아무리 큰 죄를 지었더라도 우리의 구원자는 그보다 더 위대하시다. "어떻게 우상을 버리고 하나님께로 돌아와서 살아 계시고 참되신 하나님을 섬기는지와 또 죽은 자들 가운데서 다시 살리신 그의 아들이 하늘로부터 강림하실 것을 너희가 어떻게 기다리는지를 말하니 이는 장래의 노하심에서 우리를 건지시는 예수시니라"(살전 1:9, 10)라는 말씀대로 우리도 데살로니가 교인들처럼 하나님께로 돌이켜야 한다.

갈보리로 달려가라

사사기는 죄의 처참한 결과와 하나님의 무한한 은혜를 생생하게 묘사한다. 기독교적 삶의 아름다움과 영광을 이해하려면, 이 두 가지 진리를 이해하는 것이 꼭 필요하다. 마틴 로이드 존스는 이렇게 말했다.

> 교회는 항상 승리해 왔고, 인간 본성의 부패함과 그 궁극적인 구원을 위한 하나님의 직접적인 개입의 필요성이라는 이중적인 메시지를 전할 때 가장 큰 승리를 거두었다.[17]

---

17. D. Martyn Lloyd-Jones, *Evangelistic Sermons* (Edinburgh: Banner of Truth, 1983), 1.

간단히 말해 이것은 사사기의 중심적인 메시지와 정확하게 일치한다. 사사기를 읽고, 배우며, 가나안 족속에게로 기울지 않을 수 있는 힘과 은혜를 구하라. 내주하는 죄에 굴복하거나 그것과 싸우는 일이 더 이상 존재하지 않는 세상, 곧 불완전함과 실패가 없을 뿐 아니라 그리스도께서 만유 안에 계시며, 그분을 통해 삼위일체 하나님이 영원한 삶의 아름다움과 영광을 나타내실 세상에 이를 때까지 하나님의 놀라운 은혜를 의지하며, 기독교적 삶의 아름다움과 영광을 추구하게 해달라고 기도하라. 사랑하는 신자들이여, 그때가 되면 악과 실패는 사라지고 오직 선과 아름다움만이 존재할 하늘의 가나안에서 지극히 뛰어나신 성삼위 하나님과 영원히 연합하여 살게 될 것이다.

기고자

마이클 바렛^{Michael Barrett}

퓨리턴리폼드신학교 구약학 교수이자 학과장. FPCNA^{Free Presbyterian Church of North America} 소속 목회자. 바렛 박사는 제네바리폼드신학교 학장을 역임했고, 전문적인 잡지 및 대중적인 잡지에 많은 아티클을 발표했을 뿐 아니라 《*Beginning at Moses: A Guide to Finding Christ in the Old Testament*》, 《*Complete in Him: A Guide to Understanding and Enjoying the Gospel*》, 《*God's Unfailing Purpose: The Message of Daniel*》, 《*The Beauty of Holiness: A Guide to Biblical Worship*》, 《*Love Divine and Unfailing: The Gospel According to Hosea*》, 《*The Hebrew Handbook*》 등 여러 권의 책을 저술했다. 바렛과 그의 아내 산드라는 슬하에 두 아들과 다섯 명의 손자를 두고 있다.

조엘 비키^{Joel R. Beeke}

퓨티턴리폼드신학교 학장이자 조직신학 및 설교학 교수. 미시간주 그랜드래피즈 소재 헤리티지 네덜란드개혁교회 목사. *Banner of Sovereign Grace Truth* 편집자. 리폼드헤리티지북스 편집 주간, 인헤리턴스 출판

사 대표. 네덜란드 리폼드 번역협회 부대표. 그는 70권의 책을 편집 또는
저술했으며(최근 저술로는 《A Puritan Theology: Doctrine for Life》, 《Parenting
by God's Promises: How to Raise Children in the Covenant of Grace》, 《Living for
the Glory of God: An Introduction to Calvinism》 등이 있다.), 개혁주의 도서들,
잡지, 정기간행물, 백과사전에 2천여 편의 아티클을 기고했다. 또한 그는
"Doctrine for Life"라는 블로그를 운영하고 있다. 비키와 그의 아내 메리
는 슬하에 세 자녀를 두고 있다.

제럴드 빌커스 Gerald M. Bilkes

퓨리턴리폼드신학교 신약학 및 성경신학 교수. FPCNA Free Presbyterian Church
of North America 소속 목회자. 그는 《Glory Veiled and Unveiled: A Heart-
Searching Look at Christ's Parables》, 《Memoirs of the Way Home:
Ezra and Nehemiah as a Call to Conversion》을 저술했다. 그와 그의
아내 미셸은 슬하에 다섯 자녀를 두고 있다.

브라이언 크로프트 Brian Croft

켄터키주 루이스빌 소재 오번데일 침례교회의 담임 목사이자 Practical
Shepherding사의 설립자 겸 사역 개발 책임자. 그는 《Visit the Sick:
Ministering God's Grace in Times of Illness》, 《Test, Train,
Affirm and Send into Ministry: Recovering the Local Church's
Responsibility in the External Call》, 《Help! He's Struggling with
Pornography》, 《Conduct Gospel-Centered Funerals: Applying the

Gospel at the Unique Challenges of Death》,《*A Faith That Endures: Meditations on Hebrews 11*》을 저술했다. 특히《*The Pastor's Family*》는 아내와 공동 저술했다. 크로프트 목사와 그의 아내 카라는 슬하에 네 자녀를 두고 있다.

이안 해밀턴 Ian Hamilton

영국 케임브리지 장로교회 목사. 에어셔 소재 스코틀랜드 라우던 교회의 목사를 역임했다. 배너오브트루스 출판사 이사이자 그린빌장로회신학교와 런던신학교 운영 위원. 그린빌장로회신학교 비상근 교수. 그는 《*The Erosion of Calvinist Orthodoxy: Drifting from the Truth in Confessional Scottish Churches*》,《*The Letters of John*》,《*John Calvin's Doctrine of Holy Scripture*》,《*The Faith-Shaped Life*》를 저술했다. 해밀턴과 그의 아내 조안은 슬하에 네 자녀를 두었다.

데이비드 머리 David P. Murray

퓨리턴리폼드신학교 구약학 및 실천신학 교수이자 그랜드래피즈 소재 자유 개혁교회 목사. 그는 《*Christians Get Depressed Too* and *How Sermons Work*》를 저술했으며 《*God's Technology: Training Our Children to Use Technology to God's Glory*》를 공동 저술했다. 그는 "*Head Heart Hand*"라는 블로그를 운영하고 있다. 머리와 그의 아내 쇼나는 슬하에 다섯 자녀를 두었다.

브라이언 나자푸르^{Brian G. Najapfour}

미시간주 칼레도니아 소재 더턴 유나이티드 개혁교회 목사이자 박사과정 학생. 그는《*Taking Hold of God: Reformed and Puritan Perspectives on Prayer*》의 공동 편집자이며《*The Very Heart of Prayer: Reclaiming John Bunyan's Spirituality*》,《*Jonathan Edwards: His Doctrine of and Devotion to Prayer*》의 저자이다. 그와 그의 아내 사라는 슬하에 딸 하나를 두고 있다.

존 트위드데일^{John W. Tweeddale}

피츠버그 소재 제일개혁 장로교회 담임 목사이자 리폼드장로회신학교 교회사 비상근 교수. 그는《*The Ashgate Research Companion to John Owen's Theology*》에 아티클을 기고했다. 또한《*Tabletalk*》,《*The Banner of Truth Magazine*》,《*reformation21*》에 아티클을 싣기도 했다. 그는 또한 데렉 토머스 박사와 함께《*Essential Commentaries for a Preacher's Library*》를 공동 저술했고,《*John Calvin: For a New Reformation*》을 공동 편집했다. 그와 그의 아내는 슬하에 세 자녀를 두었다.

윌리엄 반두드와드^{William VanDoodewaard}

퓨티턴리폼드신학교 교회사 부교수.《*The Marrow Controversy and Seceder Tradition*》을 저술했고, 최근에 출판된 에드워드 피셔의《개혁신앙의 정수》*The Marrow of Modern Divinity*(부흥과개혁사 역간)를 편집했으며 여러 종류의 역사 및 신학 잡지에 글을 기고했다. ARPC^{Associate Reformed Presbyterian Churches} 교단 소속 목사. 그와 그의 아내 레베카는 *"The Christian Pundit"*라는 블로그를 운영하고 있다. 그들은 슬하에 세 자녀를 두었다.

개혁된 실천 시리즈 ————————

1. 조엘 비키의 교회에서의 가정
설교 듣기와 기도 모임의 개혁된 실천
조엘 비키 지음 | 유정희 옮김

이 책은 가정생활의 두 가지 중요한 영역에 대한 실제적 지침을 포함하고 있다. 첫째, 공예배를 위해 가족들을 어떻게 준비시켜야 하는지, 설교 말씀을 어떻게 받아야 하는지, 그 말씀을 어떻게 실천해야 하는지 설명한다. 둘째, 기도 모임이 교회의 부흥과 얼마나 관련이 깊은지 역사적으로 고찰하면서, 기도 모임의 성경적 근거를 제시하고, 그 목적을 설명하며, 나아가 바람직한 실행 방법을 설명한다.

2. 존 오웬의 그리스도인의 교제 의무
그리스도인의 교제의 개혁된 실천
존 오웬 지음 | 김태곤 옮김

이 책은 그리스도인 상호 간의 교제에 대해 청교도 신학자이자 목회자였던 존 오웬이 저술한 매우 실천적인 책으로서, 이 책에서 우리는 청교도들이 그리스도인의 교제를 얼마나 중시했는지 엿볼 수 있다. 이 책은 그리스도인의 교제에 대한 핵심 원칙들을 담고 있다. 교회 안의 그룹 성경공부에 적합하도록 각 장 뒤에는 토의할 문제들이 부가되어 있다.

3. 개혁교회의 가정 심방
가정 심방의 개혁된 실천
피터 데 용 지음 | 조계광 옮김

목양은 각 멤버의 영적 상태를 개별적으로 확인하고 권면하고 돌보는 일을 포함한다. 이를 위해 교회는 역사적으로 가정 심방을 실시하였다. 이 책은 외국 개혁교회에서 꽃피웠던 가정 심방의 실제 모습을 보여주며, 한국 교회 안에서 행해지는 가정 심방의 개선점을 시사

해준다.

4. 네덜란드 개혁교회의 자녀양육
자녀양육의 개혁된 실천
야코부스 꿀만 지음 | 유정희 옮김

이 책에서 우리는 17세기 네덜란드 개혁교회 배경에서 나온 자녀양육법을 살펴볼 수 있다. 경건한 17세기 목사인 야코부스 꿀만은 자녀양육과 관련된 당시의 지혜를 한데 모아서 구체적인 282개 지침으로 꾸며 놓았다. 부모들이 이 지침들을 읽고 실천하면 큰 도움을 받을 수 있게 하였다. 의도는 선하더라도 방법을 모르면 결과를 낼 수 없다. 우리 그리스도인 부모들은 구체적인 자녀양육 방법을 배우고 실천해야 한다.

5. 신규 목회자 핸드북
제이슨 헬로포울로스 지음 | 리곤 던컨 서문 | 김태곤 옮김

이 책은 새로 목회자가 된 사람을 향한 주옥같은 48가지 조언을 담고 있다. 리곤 던컨, 케빈 드영, 앨버트 몰러, 알리스테어 베그, 팀 챌리스 등이 이 책에 대해 극찬하였다. 이 책은 읽기 쉽고 매우 실천적이며 유익하다.

6. 신약 시대 신자가 왜 금식을 해야 하는가
금식의 개혁된 실천
대니얼 R. 하이드 지음 | 김태곤 옮김

금식은 과거 구약 시대에 국한된, 우리와 상관없는 실천사항인가? 신약 시대 신자가 정기적인 금식을 의무적으로 행해야 하는가? 자유롭게 금식할 수 있는가? 금식의 목적은 무엇인가? 이 책은 이런 여러 질문에 답하면서, 이 복된 실천사항을 성경대로 회복할 것을 촉구한다.

7. 개혁교회 공예배
공예배의 개혁된 실천
대니얼 R. 하이드 지음 | 이선숙 옮김

많은 신자들이 평생 수백 번, 수천 번의 공예배를 드리지만 정작 예배에 대해서 제대로 이해하지 못하는 경우가 많다. 당신은 예배가 왜 지금과 같은 구조와 순서로 되어 있는지 이해하고 예배하는가? 신앙고백은 왜 하는지, 목회자가 왜 대표로 기도하는지, 말씀은 왜 읽는지, 축도는 왜 하는지 이해하고 참여하는가? 이 책은 분량은 많지 않지만 공예배의 핵심 사항들에 대하여 알기 쉽게 알려준다.

8. 아이들이 공예배에 참석해야 하는가
아이들의 예배 참석의 개혁된 실천
대니얼 R. 하이드 지음 | 유정희 옮김

아이들만의 예배가 성경적인가? 아니면 아이들도 어른들의 공예배에 참석해야 하는가? 성경은 이에 대해 무엇을 말하는가? 아이들의 공예배 참석은 어떤 유익이 있으며 실천적인 면에서 주의할 점은 무엇인가? 이 책은 아이들의 공예배 참석 문제에 대해 성경을 토대로 돌아보게 한다.

9. 마음을 위한 하나님의 전투 계획
청교도가 실천한 성경적 묵상
데이비드 색스톤 지음 | 조엘 비키 서문 | 조계광 옮김

묵상하지 않으면 경건한 삶을 살 수 없다. 우리 시대에 일어나고 있는 일이 바로 이것이다. 오늘날은 명상에 대한 반감으로 묵상조차 거부한다. 그러면 무엇이 잘못된 명상이고 무엇이 성경적 묵상인가? 저자는 방대한 청교도 문헌을 조사하여 청교도들이 실천한 묵상을 정리하여 제시하면서, 성경적 묵상이란 무엇이고, 왜 묵상을 해야 하며, 어떻게 구체적으로 묵상을 실천하는지 알려준다. 우리는 다시금 이 필수적인 실천사항으로 돌아가야 한다.

10. 장로와 그의 사역
장로 직분의 개혁된 실천
데이비드 딕슨 지음 | 김태곤 옮김

장로는 무슨 일을 하는 사람인가? 스코틀랜드 개혁교회 장로에게서 장로의 일에 대한 조언을 듣자. 이 책은 장로의 사역에 대한 지침서인 동시에 남을 섬기는 삶의 모델을 보여주는 책이다. 이 책 안에는 비단 장로뿐만 아니라 모든 그리스도인이 본받아야 할, 섬기는 삶의 아름다운 모델이 담겨 있다. 이 책은 따뜻하고 영감을 주는 책이다.

11. 9Marks 마크 데버, 그렉 길버트의 설교
설교의 개혁된 실천
마크 데버, 그렉 길버트 지음 | 이대은 옮김

1부에서는 설교에 대한 신학을, 2부에서는 설교에 대한 실천을 담고 있고, 3부는 설교 원고의 예를 담고 있다. 이 책은 신학적으로 탄탄한 배경 위에서 설교에 대해 가장 실천적으로 코칭하는 책이다.

12. 북미 개혁교단의 교회개척 매뉴얼
URCNA 교단의 공식 문서를 통해 배우는 교회개척 원리와 실천

이 책은 북미연합개혁교회(URCNA)라는 개혁교단의 교회개척 매뉴얼로서, 교회개척의 첫걸음부터 그 마지막 단계까지 성경의 원리에 입각한 교회개척 방법을 가르쳐준다. 모든 신자는 함께 교회를 개척하여 그리스도의 나라를 확장해야 한다.

13. 예배의 날
제4계명의 개혁된 실천
라이언 맥그로우 지음 | 조계광 옮김

제4계명은 십계명 중 하나로서 삶의 골간을 이루는 중요한 계명이다. 하나님의 뜻을 따르는 우리는 이를 모호하게 이해하고, 모호하게 실천하면 안 되며, 제대로 이해하고, 제대로 실천해야 한다. 이를 위해 우리는 이 계명의

참뜻을 신중하게 연구해야 한다. 이 책은 가장 분명한 논증을 통해 제4계명의 의미를 해석하고 밝혀준다. 하나님은 그날을 왜 제정하셨나? 그날은 얼마나 복된 날이며 무엇을 하면서 하나님의 복을 받는 날인가? 교회사에서 이 계명은 어떻게 이해되었고 어떤 학설이 있고 어느 관점이 성경적인가? 오늘날 우리는 이 계명을 어떻게 지킬 것인가?

14. 생기 넘치는 교회의 4가지 기초
건강한 교회 생활의 개혁된 실천
월리엄 보에케스타인, 대니얼 하이드 공저

이 책은 두 명의 개혁과 목사가 교회에 대해 저술한 책이다. 이 책은 기존의 교회성장에 관한 책들과는 궤를 달리하며, 교회의 정체성, 권위, 일치, 활동 등 네 가지 영역에서 성경적 원칙이 확립되고 '질서가 잘 잡힌 교회'가 될 것을 촉구한다. 이 4가지 부분에서 성경적 실천이 조화롭게 형성되면 생기 넘치는 교회가 되기 위한 기초가 형성되는 셈이다. 이 네 영역 중 하나라도 잘못되고 무질서하면 그만큼 교회의 삶은 혼탁해지며 교회는 약해지게 된다.

15. 9Marks 힘든 곳의 지역 교회
가난하고 곤고한 곳에 교회가 어떻게 생명을 가져다 주는가
메즈 맥코넬, 마이크 맥킨리 지음 | 김태곤 옮김

이 책은 각각 브라질, 스코틀랜드, 미국 등의 빈궁한 지역에서 지역 교회 사역을 해 오고 있는 두 명의 저자가 그들의 실제 경험을 바탕으로 쓴 책이다. 이 책은 그런 지역에 가장 필요한 사역, 가장 효과적인 사역, 장기적인 변화를 가져오는 사역이 무엇인지 가르쳐준다. 힘든 곳에 사는 사람들을 긍휼히 여기는 마음이 있다면 꼭 참고할 만한 책이다.

16. 단순한 영성
영적 훈련의 개혁된 실천
도널드 휘트니 지음 | 이대은 옮김

본서는 단순한 영성을 구현하기 위한 영적 훈련 방법에 대한 소중한 조언으로 가득하다. 성경 읽기, 성경 묵상, 기도하기, 일지 쓰기, 주일 보내기, 가정 예배, 영적 위인들로부터 유익 얻기, 독서하기, 복음전도, 성도의 교제 등 거의 모든 분야의 영적 훈련에 대해 말하고 있다. 조엘 비키 박사는 이 책의 내용의 절반만 실천해도 우리의 영적 생활이 분명 나아질 것이라고 한다. 그리고 한 장씩 주의하며 읽고, 날마다 기도하며 실천하라고 조언한다.

17. 지상명령 바로알기
지상명령의 개혁된 실천
마크 데버 지음 | 김태곤 옮김

이 책은 지상명령의 바른 이해와 실천을 알려준다. 지상명령은 복음전도가 전부가 아니며 예수님이 분부하신 모든 것을 가르쳐 지키게 하는 것까지 포함하는 포괄적인 명령이다. 따라서 이 명령 아래 살아가고 있는 그리스도인들은 모든 것을 가르쳐 지키게 하는 그러한 시스템을 구축하고 이를 실천해야 한다. 이 책은 예수님이 이 명령을 교회에게 명령하셨다고 지적하며 지역 교회가 이 일을 수행할 수 있는 실천적 방법들을 구체적으로 다루고 있다. 삶으로 그리스도를 따르는 제자들로 가득 찬 교회를 꿈꾼다면 이 책이 큰 도움이 될 것이다.